'24-'25年版

32日完成!

ユーキャンの FP3級 きほんテキスト

金財・日

CBT試験 2024年6

ユーキャン

もくじ

本書の使い方

1日1Section！
がんばるニャ！

Step 1

Sectionの学習項目を確認

そのSectionで学習する内容を読んで、まずは、ざっくり全体像をつかみましょう。

ゴールが明確！

用語の定義や具体例、諸要件などを囲みで整理

考え方やプロセスをイメージでつかむ

Chapter 5 Section 4

不動産にかかる税金(1)

26日目
32

ここをまなぶよ

❶不動産の取得にかかる税金
- 不動産取得税
- 登録免許税
- 消費税
- 印紙税

❷不動産の保有にかかる税金
- 固定資産税
- 都市計画税

❸不動産の譲渡にかかる税金
- 譲渡所得

◆ **消費税**

不動産の取引については、消費税の対象になるものと、ならないものがあります。たとえば、**建物**には消費税が**課税**されますが、**土地**については消費税は**非課税**となります。

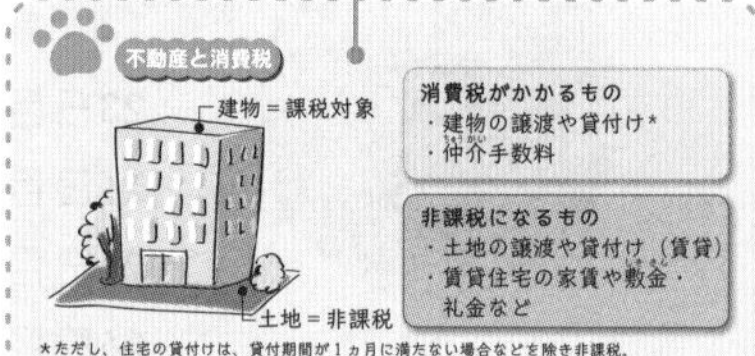

不動産と消費税
建物＝課税対象
土地＝非課税
消費税がかかるもの
・建物の譲渡や貸付け*
・仲介手数料
非課税になるもの
・土地の譲渡や貸付け（賃貸）
・賃貸住宅の家賃や敷金・礼金など
*ただし、住宅の貸付けは、貸付期間が1ヵ月に満たない場合などを除き非課税。

◆ **印紙税**

不動産取引にあたって、一定の文書を作成した場合には、印紙税が課税されます。印紙税は、文書の記載金額に応じた収入印紙を貼付することで納付します。印紙には消印▼または署名をします。

売主、買主の分として2通作成してそれぞれに印紙を貼るニャ

印紙を貼付していない・消印をしていないなどの場合でも、契約書の内容・効果には影響しないニャ

印紙税が課税される文書
- 不動産売買契約書
- 工事請負契約書
- 金銭消費貸借契約書　など

印紙税の税額は、契約書に記載された契約金額に応じて定められています。

用語
消印…印紙等とその下の文書にまたがって押す印のこと。印紙等の再使用を防ぐ。

1日1Section。
学習量が多ければ、項目ごとにクリアしていくのもOKニャ

本文中のわかりにくい用語などを解説。
解説する用語には▼がついてます。

赤字や太字を中心にポイントを押さえる

本文の学習

まず、ざっと読んで全体の流れを理解し、そのあと細かく覚えてゆくのが学習のコツです。本文の赤字や太字、囲み、計算式、図表を中心にポイントを押さえて効率的に学びましょう。

練習問題にチャレンジ

各Sectionの最後には、○×形式の練習問題があります。問題を解き、次のページの解答を読んで、理解度をチェックしましょう。

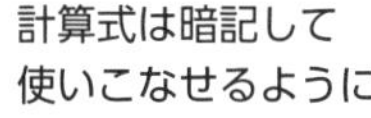

26日目 Chapter5 不動産 Section4 不動産にかかる税金（1）

2．課税標準と税率

登録免許税の計算

登録免許税＝課税標準*（固定資産税評価額）×税率

＊抵当権設定登記の場合は、債権金額。

3．軽減税率

登録免許税には、2種類の税率軽減の特例があります。

①土地の売買による登記の際、税率が軽減される特例

②自己の居住用家屋に対する軽減措置

登録免許税の税率

特記事項		税率（原則）	自己の居住用家屋の軽減税率（2027年3月31日まで）
所有権保存登記		0.4%	0.15%(0.1%)**
所有権移転登記	売買等	2.0%*	0.3%(戸建て0.2%、マンション0.1%)**
	相続	0.4%	—
	遺贈・贈与	2.0%	
抵当権設定登記		0.4%	0.1%

＊土地の売買等の所有権の移転登記については、原則の2.0%が2027年3月31日まで1.5%となる軽減措置がある。

＊＊（　）は長期優良住宅の場合（2027年3月31日まで）。

軽減税率の適用を受けるための住宅要件

	要件	用途	床面積	登記の時期
新築住宅	2027年3月31日までの新築、取得	自己の居住用	50㎡以上	新築または取得後1年以内
中古住宅	築後20年（耐火住宅は25年）以内等			

余白に書き込むことでオリジナルノートを作成するニャ！

図表で要点を整理して効率的に理解

26日目 Chapter5 不動産 Section4 不動産にかかる税金（1）

Chapter 5 Section 4
不動産にかかる税金（1）

練習問題

次の各記述のうち、正しいものに○、誤っているものに×をつけなさい。

不動産の取得にかかる税金

1．中古住宅で不動産取得税の課税標準等に関する特例を受けることができるのは、自己の居住用の住宅に限られる。

2．不動産取得税については、宅地の取得について、課税標準が固定資産税評価額×2/3に軽減される特例がある。

3．建物を登記する場合、登録免許税の特例税率が受けられるのは自己居住用の建物に限られる。

4．土地、建物のいずれについても、消費税は課税される。

5．印紙税を貼付していない、あるいは消印していない場合でも、契約書の効力には影響しない。

不動産の保有にかかる税金

6．固定資産税の新築住宅の税額軽減の特例が適用されるのは、一般の住宅の場合、新築後4年間に限られる。

7．都市計画税の小規模住宅用地の課税標準の特例の計算式は、「固定資産税評価額×1/3」である。

不動産の譲渡にかかる税金

8．居住用財産の3,000万円特別控除と、特定の居住用財産の買換え特例は併用できる。

9．居住用財産の買換え等の譲渡損失の損益通算および繰越控除については、その年の合計所得金額が3,000万円超の人は、利用することができない。

練習問題で知識定着！姉妹書の「きほん問題集」でさらに実力をつけるニャ！

問違えたら本文に戻るニャ！

FPをはじめて受検する人もこれを読めば安心です。
資格や試験についての疑問をスッキリ解決し、
合格を目指して頑張りましょう！

日本FP協会と金財、
どっちを受けたらいいのかニャ？

学科試験は共通ですが、実技試験が異なります。
実技試験には、日本FP協会の「資産設計提案業務」、金財の「個人資産相談業務」、「保険顧客資産相談業務」の３科目があります。
実技科目で何を選択するかを考え、それに応じた受検機関の検定を受検するとよいでしょう。どちらで合格しても、資格の価値に違いなどはありません。

学科試験と実技試験、
何が違うのかニャ？

両方ともコンピュータ端末を使って解答するCBT(Computer Based Testing)で、学科試験は○×式と三答択一式による60問です。
実技試験は、何か具体的な作業をするのではなく選択式の試験です。きんざいの場合は科目は選択性で、受検申請の際に１つを選択します。

実技試験はどれを受けたらいいのかニャ？

実技試験はテーマ別に３種類あり、実施団体も異なります。FPの知識をご自身の家計の改善に活かしたい方、あるいはFPとして、年金・保険・資産運用・不動産・相続など顧客のさまざまな相談に乗りたいとお考えの方は日本FP協会の「資産設計提案業務」または、金財の「個人資産相談業務」を受検するとよいでしょう。
一方、業務として保険を扱う方や、保険への関心の高い方は、金財の「保険顧客資産相談業務」を受検されることをお勧めします。

法令基準日ってなに？
それはいつかニャ？

法律は改正されることがありますが、試験の直前直後とその時期が重なった場合、旧法律と新法律のどちらを判断の基準にしたらよいのでしょうか。それを迷うことがないように定められているのが法令基準日です。問題文に特に断りのない限り、受験日が６月１日から翌年２月末までの場合は今年度の４月１日、受験日が４月１日から５月31日までの場合は、前年度の４月１日となります。

FP3級 資格・試験について

３級FP技能検定の試験概要（2024年度分）

◆学科試験、実技試験の共通事項

受検資格	FP業務に従事している者、従事しようとしている者
受検手数料	学科と実技8,000円。どちらか一方4,000円 （学科または実技のみの受検が可能）
申込方法	インターネット（通年受付）
試験日	通年（休止期間を除く）
合格発表	受験日翌月中旬にwebサイトで発表

◆学科試験

実施機関	金財・日本FP協会（共通の内容）
試験時間	90分
出題形式	CBT試験　60問（○×式、三答択一式）
合格基準	36点以上／ 60点満点

◆実技試験

実施機関	金財	日本FP協会
試験時間	60分	60分
出題形式	CBT事例形式５題	CBT択一式20問
合格基準	30点以上／ 50点満点	60点以上／ 100点満点
選択科目	個人資産相談業務または保険顧客資産相談業務のどちらかを選択	資産設計提案業務

３級FP技能検定の試験科目

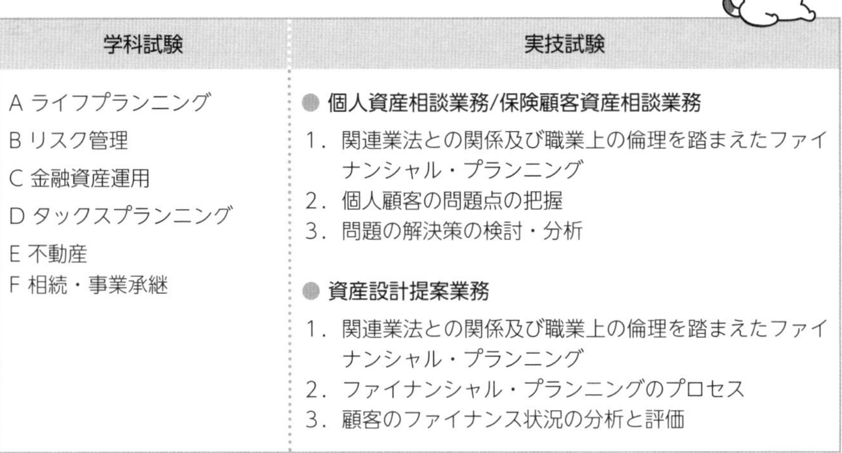

学科試験	実技試験
A ライフプランニング B リスク管理 C 金融資産運用 D タックスプランニング E 不動産 F 相続・事業承継	● **個人資産相談業務/保険顧客資産相談業務** 1．関連業法との関係及び職業上の倫理を踏まえたファイナンシャル・プランニング 2．個人顧客の問題点の把握 3．問題の解決策の検討・分析 ● **資産設計提案業務** 1．関連業法との関係及び職業上の倫理を踏まえたファイナンシャル・プランニング 2．ファイナンシャル・プランニングのプロセス 3．顧客のファイナンス状況の分析と評価

３級FP学科試験データ

試験実施年月	実施機関	受検者数	合格者数	合格率
2023年５月	金財	17,297人	9,364人	54.13%
	日本FP協会	35,568人	31,388人	88.25%
2023年９月	金財	18,314人	6,812人	37.19%
	日本FP協会	31,431人	23,505人	74.78%
2024年１月	金財	17,185人	7,974人	46.40%
	日本FP協会	39,370人	32,732人	83.14%

３級FP技能士試験と２級FP技能士試験の体系

◆３級FP技能士試験

受検資格	FP業務に従事している者、従事しようとしている者
科目	学科試験
	実技試験（以下のなかから１科目選択） ・個人資産相談業務 ・保険顧客資産相談業務 ・資産設計提案業務

◆２級FP技能士試験

受検資格	実務経験２年以上・３級合格者*・日本FP協会認定のAFP研修を修了した者 *金融渉外技能審査３級の合格者を含む
科目	学科試験
	実技試験（以下のなかから１科目選択） ・個人資産相談業務 ・中小事業主資産相談業務 ・生保顧客資産相談業務 ・損保顧客資産相談業務 ・資産設計提案業務

問い合わせ先

試験に関する詳細情報は試験実施機関のホームページ等でご確認下さい。

●一般社団法人金融財政事情研究会（金財）
TEL 03-3358-0771（検定センター）
URL https://www.kinzai.or.jp/

●NPO法人日本ファイナンシャル・プランナーズ協会（日本FP協会）
TEL 03-5403-9890（試験業務部）
URL https://www.jafp.or.jp/

FP合格カレンダー

／　／	／　／	／　／	／　／	／　／	／　／	／　／
1日目	2日目	3日目	4日目	5日目	6日目	7日目
／　／	／　／	／　／	／　／	／　／	／　／	／　／
8日目	9日目	10日目	11日目	12日目	13日目	14日目
／　／	／　／	／　／	／　／	／　／	／　／	／　／
15日目	16日目	17日目	18日目	19日目	20日目	21日目
／　／	／　／	／　／	／　／	／　／	／　／	／　／
22日目	23日目	24日目	25日目	26日目	27日目	28日目
／　／	／　／	／　／	／　／			
29日目	30日目	31日目	32日目			

２つの日付欄の左側には学習予定日を、右側には実際に学習した日を記入するんだニャ！
32日で合格を目指すニャ！

記入例

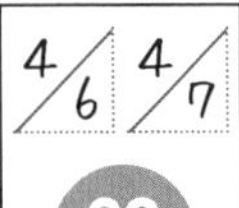

監修　安藤　絵理
一級ファイナンシャル・プランニング技能士（CFP®）、DCプランナー・金融広報アドバイザー。個人のコンサルティングを行う傍ら、金融機関研修講師、FP養成講座講師、セミナー講師、ＴＶやラジオ出演、雑誌の執筆など幅広く活動を行う。

執筆　黒澤　真紀（Chapter 1～3）
堀　容優子（Chapter 4～6）

校閲　大林　香世（安藤絵理FP事務所）

イラスト　あらいぴろよ

カバーデザイン　喜來　詩織（エントツ）

おことわり

＊法令などの基準について

本書は、2024年4月1日現在施行の法令等に基づいて編集されています。本書の記載内容に関し、執筆以降の法改正情報などで試験に関連するものについては、『ユーキャンの本』ウェブサイト内「法改正・追録情報」コーナーにて、適宜お知らせいたします。

➡https://www.u-can.co.jp/book/information

Chapter 1 ライフプランニング Section 1

ファイナンシャル・プランニングの倫理と関連法規

FP（ファイナンシャル・プランナー）
とはどんな仕事なのでしょうか？
まずはFPの社会的役割と職業倫理を理解し、
FP業務で気をつけたい
関連法規とは何かを確認します。

Chapter 1 Section 1

ファイナンシャル・プランニングの倫理と関連法規

1日目 32

❶ファイナンシャル・プランニングと倫理

- FPとは
- FPの社会的役割
- FPの職業倫理
- FPの６つのステップ

❷ファイナンシャル・プランニングと関連法規

❸ライフプランニングの考え方

- ライフプランニングの目的と考え方
- ライフプランニングの手法

❶ファイナンシャル・プランニングと倫理

◆ FPとは

ファイナンシャル・プランニングとは、個人の**ライフプラン**を実現するために資金に関するさまざまな計画を立てることです。ファイナンシャル・プランナー(FP) とは、ファイナンシャル・プランニングを行う専門家のことです。

◆ FPの社会的役割

FPは、国民一人ひとりの経済的自立を支援する社会的役割を担います。必要に応じて弁護士や税理士などと連携をとり、専門的で**包括的な**▼プランニングを行います。

◆ FPの職業倫理

FPは、顧客の収入や支出、資産、負債など、顧客のプライベートな情報を把握しなければなりません。顧客と信頼関係を築くために、次のような職業倫理が必要です。

1．顧客利益の優先

顧客の立場に立って、顧客の利益を最優先し、FPの利益を優先してはなりません。

2．守秘義務の厳守

顧客の個人情報を、顧客の同意なく第三者に漏らしてはなりません。ただし、他の専門家に相談する場合など、FPの業務遂行上必要で、顧客の了承を得ている場合を除きます。

用語

包括的…全体を１つにまとめること。FPには幅広い知識や視野が求められることから、よく使われる表現。

◆ FPの6つのステップ

FPの業務を行う際には次の6つのステップを踏む必要があります。

FPの6つのステップ

①

顧客との関係確立とその明確化

顧客と意思疎通を図り、お互いの考え方を認識する

▼

②

顧客データの収集と目標の明確化

顧客の収支、資産、負債、性格、価値観などの情報を収集する

▼

③

顧客のファイナンス状態の分析と評価

キャッシュフロー表、個人バランスシートの作成などを行い、分析する

▼

④

プランの検討・作成と提示

顧客のライフプランに基づき、実行できる環境を検討する

▼

⑤

プランの実行援助

ライフプランの実行に向けてアドバイスや実行の援助などを行う

▼

⑥

プランの定期的見直し

世の中の経済環境や顧客の環境、職業などが変化した場合、その都度プランの見直しを行う

❷ファイナンシャル・プランニングと関連法規

FPの業務は、税理士や弁護士、保険募集人などの業務と重なり合うことがあります。しかし、資格を持った専門家しか行うことができないと関連業法で決められている特定の業務があるため、注意が必要です。

FP業務と関連業法等の具体例

税理士法	税理士の資格がないFPは、**有償（ゆうしょう）・無償（むしょう）を問わず**、顧客の代わりに**税務書類の作成**を行ったり、税務相談を受けたりしてはならない。法律上の条文を基に一般的な説明をすることは税理士法に抵触しない
弁護士法	弁護士資格がないFPは、法律に関する具体的な判断をしてはならない。民法の条文を基に一般的な説明をすることは弁護士法に抵触しない。弁護士でないFPであっても、遺言作成の証人になったり、任意後見契約の任意後見人となることはできる
金融商品取引法	投資助言、代理業、投資運用業を営（いとな）もうとするFPは、金融商品取引業者としての**内閣総理大臣**の登録を受ける必要がある
保険業法	保険募集人の資格がないFPは、**保険商品の販売や勧誘（かんゆう）**を行ってはならない。保険商品の一般的な商品性を説明したり、必要保障額の試算を行うことはできる

用語

税務書類…税務官公署に提出する申告書等のこと。決算書、確定申告書、法定調書など。

❸ライフプランニングの考え方

◆ ライフプランニングの目的と考え方

ライフプランとは、充実した人生を送るための生涯の生活設計のことです。ライフプランをもとに家族の希望をかなえるためにどのような暮らし方をしていくのがよいかを具体的に考えていくのが**ライフプランニング**です。

1．ライフプランニングの目的

ライフプランを作成することで、人生の**3大資金**（教育資金・住宅取得資金・老後資金）など、資金の額が大きくなるものにも的確に対応できるようになります。

2．ライフプランニングの考え方

年代やその家族の**ライフステージ**によって、どのようなイベントが発生するのかを事前に把握（はあく）しておくことが重要です。

◆ ライフプランニングの手法

ライフプランニングを行う際には、ライフイベント表、キャッシュフロー表、個人バランスシートを利用します。

1．ライフイベント表とは？

ライフイベント表とは、個人や家族の将来の予定と、それに必要と思われる資金を、時系列にまとめた表のことです。

川村家のライフイベント表

西暦	2024	2025	2026	2027	2028	2029	2030	2031	2032	2033	2034
年齢											
川村　武	40	41	42	43	44	45	46	47	48	49	50
川村　敦子	38	39	40	41	42	43	44	45	46	47	48
川村　加奈	11	12	13	14	15	16	17	18	19	20	21
川村　浩二	9	10	11	12	13	14	15	16	17	18	19
家族のライフイベント											
川村　武	家族旅行		家族旅行	車の購入				独立・開業			
川村　敦子											
川村　加奈			中学校入学			高校入学			大学入学		
川村　浩二					中学校入学			高校入学			

2．キャッシュフロー表とは？

キャッシュフロー表とは、ライフイベント表や現在の収入、支出をもとに、将来の収入、支出の状況や金融資産残高を予想してまとめた表のことです。キャッシュフロー表に決まったフォームはありませんが、年間収入、年間支出、年間収支、金融資産残高の４項目は必須項目です。

川村家のキャッシュフロー表

① ②

（単位：万円）

経過年数		現在	1	2	3	4	5
西暦		2024	2025	2026	2027	2028	2029
氏名	続柄						
川村　武	世帯主	40	41	42	43	44	45
川村　敦子	配偶者	38	39	40	41	42	43
川村　加余	長女	11	12	13	14	15	16
川村　浩二	長男	9	10	11	12	13	14
家族のライフイベント							
家族予定		家族旅行		家族旅行	車の購入		
長女予定				中学校入学			高校入学
長男予定						中学校入学	
収支	⑤ 変動率						
可処分所得（世帯主）	2%	562	573	585	596	608	620
③ 可処分所得（配偶者）	-	100	100	100	100	100	100
一時的収入	-	0	0	0	0	0	0
収入合計		662	673	685	696	708	720
基本生活費	1%	240	242	245	247	250	252
住居費（住宅ローン）	-	120	120	120	120	120	120
④ 教育費	2%	75	77	105	107	130	150
保険料	-	45	45	45	45	45	45
一時的支出	1%	30		31	200		
その他支出	1%	60	61	61	62	62	63
支出合計		570	545	607	781	607	630
⑥ 年間収支		92	128	78	△85	101	90
⑦ 金融資産残高	1%	750	886	973	898	1,008	1,108

キャッシュフロー表作成のポイント

①1月1日～12月31日を「1年」とする
②家族の年齢は12月31日現在で記入
③収入欄には**可処分所得**(かしょぶんしょとく)を記入する
→ **年収 －（社会保険料＋所得税＋住民税）**
④支出欄には支出金額（基本生活費など）を記入する
⑤変動率とは、将来の変化の割合のこと。年収は昇給(しょうきゅう)率、生活費は物価上昇率など。住宅ローンや保険料など将来の変動が大きくないものは、変動率ゼロとする場合もある。金融資産残高の場合は変動率＝運用率となる。α年後の金額＝現在の金額×（1＋変動率）$^{\alpha}$
⑥年間収支欄には、収入合計から支出合計を差し引いた金額を記入する
⑦金融資産残高欄には、**その年の金融資産残高**を記入する
→ **前年の金融資産残高×(1＋運用率)±年間収支**

3．個人バランスシートとは？

個人バランスシートとは、ある時点の資産と負債のバランスをあらわした表のことをいいます。

川村家の個人バランスシート

資産		負債	
預貯金	450万円	住宅ローン	2,800万円
株式等の有価証券	220万円	負債合計	2,800万円
自宅マンション	2,500万円	**純資産**	
生命保険（解約返戻金(かいやくへんれいきん)▼相当額）	200万円		720万円
車	150万円		
資産合計	3,520万円	負債・純資産合計	3,520万円

個人バランスシート作成のポイント

①**資産**…現金・預貯金・株式・投資信託(しんたく)・生命保険（解約返戻金相当額）、自宅や車など。**時価（現在の価値）で計上**するのがポイント。2年前に200万円で買った車を今売ると150万円である場合には、150万円で記入する
②**負債**…住宅や車のローンなどのこと（借入額ではなく、残債(ざんさい)▼）
③**純資産**…資産合計から負債合計を差し引いたもの

解約返戻金… →p.120
残債…借入金のうち、まだ返済していない金額のこと。

4．係数とは？

現在の金額を運用した場合の将来の金額や、目標金額に達するために毎年いくら積み立てるべきかなどは、係数を用(もち)いて計算します。

資金計画を立てる際の6つの係数

	係数／利率	1%	2%	3%	4%	5%
1	終価係数	1.105	1.219	1.344	1.480	1.629
2	現価係数	0.905	0.820	0.744	0.676	0.614
3	年金終価係数	10.462	10.950	11.464	12.006	12.578
4	減債基金係数	0.096	0.091	0.087	0.083	0.080
5	資本回収係数	0.106	0.111	0.117	0.123	0.130
6	年金現価係数	9.471	8.983	8.530	8.111	7.722

※期間10年の場合

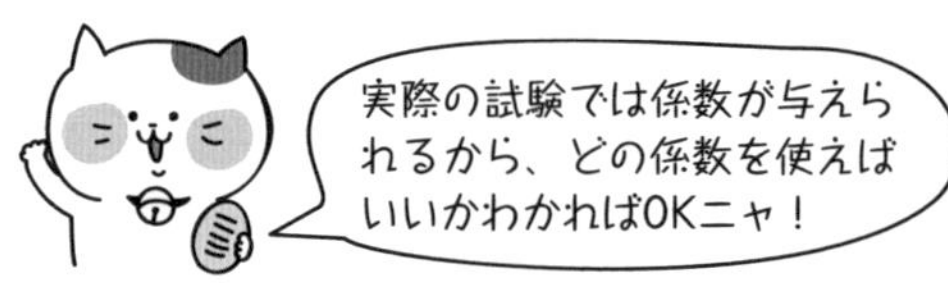

1 終価(しゅうか)係数　現在の資金を複利(ふくり)運用したら、将来いくらになるかを求める場合に用いる係数

例：年利2%で100万円を運用した場合の10年後の金額はいくらか？

最後の金額→「終価」

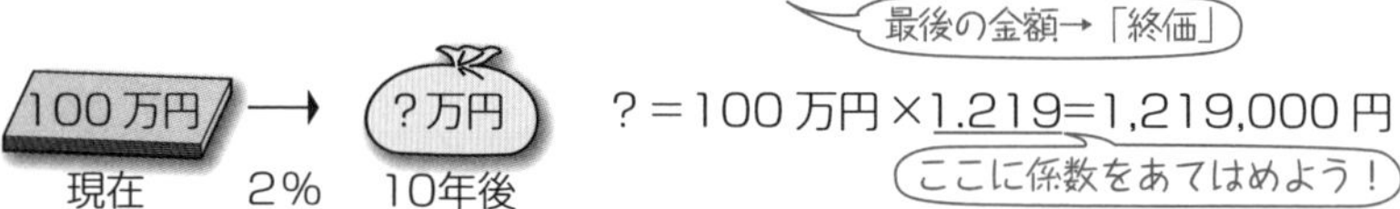

？＝100万円×1.219=1,219,000円

ここに係数をあてはめよう！

2 現価(げんか)係数　将来の目標金額のために現在いくら必要かを求める場合に用いる係数

例：年利2%で10年後に100万円を貯めるには、今いくら必要か？

？＝100万円×0.820=820,000円

3　年金終価係数　毎年の積立額から、将来の元利合計を求める場合に用いる係数

例：毎年5万円を年利2%で積み立てた場合の10年後の金額はいくらか？

「年金」形式

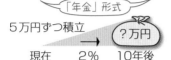

5万円ずつ積立　?万円
現在　2%　10年後

？＝5万円×10.950＝547,500円

4　減債基金係数　将来の目標金額のために必要な毎年の積立額を求める場合に用いる係数

例：年利2%で10年後に100万円を貯める場合の毎年の積立額はいくらか？

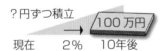

?円ずつ積立　100万円
現在　2%　10年後

？＝100万円×0.091＝91,000円

5　資本回収係数　現在の額を運用しながら受け取れる年金額や住宅ローンなどの借入額に対する利息を含めた毎年の返済額を求める場合に用いる係数

例：100万円を年利2%で運用しながら10年間で取り崩した場合、毎年受け取れる年金額はいくらか？

現在ある元手→「資本」
「回収」すること

100万円　?円ずつ受取
現在　2%　10年後

？＝100万円×0.111＝111,000円

6　年金現価係数　希望する年金額を受け取るために必要な年金原資（元本）や、住宅ローンなどの年間のローン返済額から借入可能額を求める場合に用いる係数

例：年金を毎年100万円ずつ10年間にわたって受け取りたい場合、年利2%だといくらの元本が必要か？

「年金」形式
現在の金額→「現価」

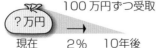

100万円ずつ受取
現在　2%　10年後

？＝100万円×8.983＝8,983,000円

電卓の便利な使い方

キャッシュフロー表での“α年後の収入額”など、ライフプランニングにおいて「○○の△乗」という計算が出てくることがあります。こういった累乗計算は、電卓を使えば簡単に求められます（できない電卓もあります）。以下の方法を覚えておくとよいでしょう。

例　$(1+0.02)^2$
▶1＋0.02 [×] [×] [＝] 1.0404

$(1+0.02)^3$
▶1＋0.02 [×] [×] [＝] [＝] 1.061208

$(1+0.02)^4$
▶1＋0.02 [×] [×] [＝] [＝] [＝] 1.08243216

[×]を必ず2回押してから、2乗なら1回、3乗なら2回……[＝]を押すのがポイントです。これを押さえれば、次のような計算も可能です。

例　現在の支出額30万円、変動率1%の場合の、5年後の支出額は？
$=300{,}000\times(1+0.01)^5$
＝1＋0.01 [×] [×] [＝] [＝] [＝] [＝] ×300,000
＝315,303.01503（円）

Chapter 1 Section 1

ファイナンシャル・プランニングの倫理と関連法規

練習問題

次の各記述のうち、正しいものに○、誤っているものに×をつけなさい。

ファイナンシャル・プランニングと関連法規

1．税理士資格のないFPは、無償の場合のみ顧客の代わりに税務書類の作成を行うことができる。

ライフプランニングの考え方

2．ライフイベント表は、年次、本人や家族の年齢・イベントや、現在価値での予算を記入したものに年間の収支を加えたものである。

3．キャッシュフロー表とは、現在の収支状況や今後のライフプランをもとに、将来の収支状況や金融資産残高などの推移を表にまとめたものである。

4．個人バランスシートには、資産、負債、純資産の3つを記載する。

5．退職金のうち、1,500万円を年利２％で複利運用しながら15年間均等に取り崩すこととした場合、毎年の生活資金に充てることができる金額は、資本回収係数を用いて求められる。

6．一般に、可処分所得を求めるために収入から控除するのは社会保険料と所得税のみである。

いい
スタート
だニャ！

解答

1 × 有償・無償を問わず禁止されている。

2 × 年間の収支はキャッシュフロー表に示すのが正しい。

3 ○ キャッシュフローとは「資金収支」という意味である。資金の流れ、もしくはその結果としての資金の増減を指す。

4 ○ 個人バランスシートは、ある時点の資産と負債のバランスを表している。

5 ○ 係数を使う問題は頻出問題なので、使い方を正確に覚えておこう。

6 × 住民税も控除する。

正解

6問

Chapter 1 ライフプランニング Section 2

社会保険

社会保険は、日本の社会保障制度の分野の１つです。
まずは各社会保険制度の概要を確認し、
公的な医療保険と介護保険、労災保険と雇用保険について
理解を深めます。

Chapter 1 Section 2

社会保険

2 日目 32

❶社会保険の概要

❷公的医療保険

- 健康保険とは
- 国民健康保険
- 後期高齢者医療制度
- 退職者向けの公的医療保険
- 公的介護保険
- 健康保険以外からの給付制度

❸労働者災害補償保険（労災保険）

- 労災保険とは
- 特別加入制度

❹雇用保険

- 対象者と保険料
- 基本手当（求職者給付）
- 教育訓練給付
- 雇用継続給付
- 育児休業給付
- 就職促進給付

❶社会保険の概要

社会保険には、人びとの生活を守ってくれる機能があるニャ

社会保険制度とは、国などの公的機関が保険者となって、病気やケガ、出産、死亡、老齢（ろうれい）、業務災害、失業などの万が一の場合、加入者やその家族に保険給付を行うことで**生活を保障する制度**です。

社会保険の種類

- 社会保険（広義）
  - 労働保険
    - 雇用（こよう）保険
    - 労災保険
  - 社会保険（狭義）
    - 介護保険
    - 年金保険
      - 国民年金
      - 厚生年金保険*
    - 医療保険
      - 健康保険
      - 国民健康保険
      - 後期高齢者医療制度

*共済年金は2015年10月より厚生年金に統一された。

給与所得者、自営業者などのカテゴリーによって、加入する社会保険の種類が異なるんだニャ

❷公的医療保険

公的医療保険とは、病気やケガ、死亡などの場合に保険給付を受け取ることができる**社会保険制度**です。公的な医療保険には、健康保険、国民健康保険、後期高齢者医療制度があります。

公的医療保険の種類と対象

健康保険………………会社員とその家族（被扶養者(ひふようしゃ)）
国民健康保険…………他の医療保険制度に加入していない人（主として自営業者とその家族）
後期高齢者医療制度…75歳以上の人

押さえておきたい保険制度用語

保険者……保険事業の運営主体
被保険者…原則として保険の対象となる人（一定の要件を満たせば、パートタイマー・アルバイトなどでも健康保険の被保険者となる）
被扶養者…日本国内に住所を有しており健康保険の被保険者に扶養される人（年収が130万円*（60歳以上または障害者は180万円）未満で、かつ被保険者の年収の1/2未満である人）保険料負担はない

＊勤務先が従業員101人以上（2024年10月からは従業員51人以上）の企業など一定の要件にあてはまる場合は年収106万円以上でも被保険者となるため、年収130万円未満であっても被扶養者とならない場合もある。

◆ 健康保険とは

健康保険には、全国健康保険協会が保険者の協会けんぽ（全国健康保険協会管掌(かんしょう)健康保険）と、健康保険組合が保険者の組合健保（組合管掌健康保険）があります。

協会けんぽの被保険者はおもに中小企業の会社員で、組合健保の被保険者はおもに大企業の会社員です。組合健保の保険料率は一定の範囲内で組合が決めることができます。

1．対象者と保険料（協会けんぽの場合）

健康保険の対象は、被保険者である会社員とその家族（被扶養者）です。

保険料は、被保険者である会社員の月収（標準報酬月額）と賞与（標準賞与額）に保険料率を掛けて計算し、その金額を会社と被保険者（会社員）で半分ずつ負担します（**労使折半**）。

産前産後休業中・育児休業中、産後パパ育休中の健康保険料は事業主が申し出ることにより、被保険者負担分、事業主負担分ともに免除されます。

2．おもな給付の種類とその内容

●療養の給付（家族療養費）

日常生活（業務災害以外）の病気、ケガについて、診察、投薬、入院、手術などの治療が受けられます。なお、医療行為を受ける際は、医療機関の窓口で、一定の自己負担があります。

自己負担割合	
	0歳～小学校就学前…２割
	小学生～ 70歳未満 …３割
	70歳～ 75歳未満 ……２割（現役並み所得者は３割）

●高額療養費

同一月に同一の医療機関の医療費の自己負担額が一定額を超えた場合、申告すると、超えた部分について高額療養費が支給されます。事前に保険者から「所得区分」の認定証を発行してもらうことにより、医療機関の窓口での支払を負担の上限額までにとどめることもできます。保険適用外の差額ベッド代などは対象外となります。

70歳未満の自己負担限度額

所得区分	自己負担限度額
標準報酬月額83万円～ （年収約1,160万円～）	252,600円＋(医療費－842,000円)×1％
標準報酬月額53万円～ 79万円 （年収約770万円～ 1,160万円）	167,400円＋(医療費－558,000円)×1％
標準報酬月額28万円～ 50万円 （年収約370万円～ 770万円）	80,100円＋(医療費－267,000円)×1％
標準報酬月額26万円以下 （～年収約370万円）	57,600円
住民税非課税世帯（低所得者）	35,400円

※実際の試験では、計算式が与えられます。

●傷病手当金

被保険者が、病気やケガのため働けず給与が受けられず、会社を連続する３日間を含み４日以上休んだときに、欠勤**４日目**から通算**１年６ヵ月**までの間支給されます。給与が傷病手当金の額未満のときは、差額が支給されます。支給額は休業１日につき、「支給開始日以前の継続した12ヵ月間の各月の標準報酬月額の平均÷30×**2/3**」で計算されます。

例　支給開始日以前の継続した12ヵ月間の各月の標準報酬月額の平均が27万円の人が、病気で10日間仕事を休んだ場合

1. **支給対象期間内の休業日数**……10日－３日＝７日
2. **１日当たりの傷病手当金**………270,000円÷30×2/3＝6,000円
3. **支給総額**…………………………6,000円×７日=42,000円

●出産手当金

被保険者が、出産のため働けず給与が受けられない場合に、出産前の42日間、出産後の56日間のうちで仕事を休んだ日数分の金額が支給されます。支給額は休業期間は１日につき、「支給開始日以前の継続した12ヵ月間の各月の標準報酬月額の平均÷30×**2/3**」で計算されます。

例 支給開始日以前の継続した12ヵ月間の各月の標準報酬月額の平均が27万円の人が、出産前30日間、出産後1年間、仕事を休んだ場合

1. **支給対象期間内の休業日数**……30日+56日=86日
2. **1日当たりの出産手当金**………270,000円÷30×2/3=6,000円
3. **支給総額**…………………………6,000円×86日=516,000円

●出産育児一時金（家族出産育児一時金）

被保険者または被扶養者が妊娠4ヵ月以上で出産した場合（死産、流産、婚姻外も含む）、1児ごとに50万円（産科医療補償制度に加入している病院等で出産した場合）が支給されます。

●埋葬料（家族埋葬料）

被保険者または被扶養者の死亡によって遺族が葬儀を行った場合、一律5万円が支給されます。

3．健康保険の任意継続被保険者

被保険者である会社員が退職した場合、健康保険の被保険者の資格はなくなりますが、**一定の要件**（健康保険に継続して2ヵ月以上加入／退職日の翌日から20日以内に申請）を満たせば、退職後2年間、**退職前の健康保険**に加入することができます。この場合、保険料は全額自己負担となります。

任意継続したい場合は
退職日の翌日から
20日以内に申請しないと
ダメだニャ

◆ 国民健康保険

都道府県・市区町村の国民健康保険

対象者……自営業者やフリーター、定年退職した人などで、都道府県に住所があり健康保険に加入できない人（窓口は市区町村）

保険料……前年の所得をもとに算出し、被保険者が全額を負担する

給付内容…健康保険とほぼ同じだが、業務上の病気やケガも対象となる。一般的に出産手当金と傷病手当金の給付はない

後期高齢者医療制度

日本国内に住む75歳以上（一定の障害がある人は65歳以上）の高齢者が対象となります*。自己負担額は医療費の１割ですが、現役並みの所得がある人は３割（ただし、一定の条件を満たす場合は、申請により１割とすることも可）です。2022年10月１日からは、一定以上の所得のある人は、現役並み所得者を除き、２割になりました。ただし、2022年10月から2025年9月までは、負担割合引き上げに伴う1カ月の外来医療費の負担増加額は3,000円までに抑えられます。保険料は各都道府県ごとの後期高齢者医療広域（こういき）連合によって決められ、公的年金等からの天引（てんび）きで徴収（ちょうしゅう）されるのが原則となっています。

＊健康保険や国民健康保険の被保険者は、75歳になると資格を喪失（そうしつ）し、後期高齢者医療制度の被保険者となる。

退職者向けの公的医療保険

退職後に再就職しない場合でも、いずれかの公的医療保険に加入しなければなりません。公的医療保険への加入方法には次の３つがあります。①任意継続する場合と②国民健康保険に加入する場合は、保険料を全額自己負担しなければなりません。③被扶養者となる場合は保険料負担はありません。

退職後の公的医療保険

①任意継続被保険者	条　　件：継続した被保険者期間が2ヵ月以上 資格喪失（そうしつ）日（退職日の翌日）から20日以内に申請する 手 続 き：加入していた健康保険組合・住所がある都道府県の協会けんぽ支部 加入期間：退職後2年間
②国民健康保険に加入する	条　　件：他の公的な医療保険に加入していない 生活保護を受けていない 手 続 き：住所がある市区町村の国民健康保険担当窓口
③被扶養者となる	条　　件：年間収入が130万円（60歳以上・障害者は180万円）未満で、かつ被保険者の年収の1/2未満 手 続 き：家族の勤務先

公的介護保険

公的介護保険制度は、各市区町村が運営しています。介護保険とは、介護を理由として保険金が給付される制度のことです。給付を受けるためには、市区町村の要介護認定を受けなければなりません。

介護保険の概要

	第1号被保険者	第2号被保険者
対象者	65歳以上の人	40歳以上65歳未満の人
受給者	要介護者・要支援者	老化に起因する特定疾病によって、要介護者・要支援者になった場合のみ
保険料	・市区町村が所得に応じて決定 ・年金が年額18万円以上の人は年金から天引きで納付。それ以外の人は個別に市町村に納付	健康保険の場合：加入している医療保険に上乗せして徴収 国民健康保険の場合：前年の所得等に応じて決定
自己負担	原則として1割 ＊第1号被保険者は合計所得金額が一定額以上の場合は2割負担もしくは3割負担となる。負担割合は合計所得金額の他、世帯人数によっても異なる。	

健康保険以外からの給付制度

健康保険からの給付ではありませんが、2023年1月から「出産・子育て応援交付金」制度が創設され、恒久化が目指されています。

妊娠届出時に5万円相当、出生届時に5万円相当の経済的支援が行われるもので、2022年4月以降に妊娠届出した妊婦・出生した児童を養育する方が支援の対象となります。経済的支援は市区町村（民間等への委託も可）を通じて行われ、支援の実施方法は以下のような方法の中から、各自治体が判断します。

出産・子育て応援交付金による支援（例）

- 給付金（現金）
- 出産・育児関連商品の商品券（クーポン）
- 妊婦健診交通費やベビー用品等の費用助成
- 産後ケア・一時預かり・家事支援サービス等の利用料助成・利用料減免

③労働者災害補償保険（労災保険）

労災保険の手続きは労働基準監督署で行うニャ

労災保険とは

労災保険とは、業務上や通勤途中の事故による労働者のケガや疾病（しっぺい）、障害、死亡などに対して保険金が給付される制度です。

対象者…すべての労働者（日雇（ひやと）い労働者、パートタイマーなどを含む）。原則、社長や役員は労働者ではないので対象外だが、使用人の職務を兼（か）ねている人は対象となる

保険料…事業内容ごとに保険料率が決められ、全額を事業主が負担する。１人以上の労働者を使用する事業所は強制加入となる

労災保険の給付内容

	業務災害	通勤災害
病気・ケガ	療養補償給付*、休業補償給付**、傷病補償年金	療養給付、休業給付、傷病年金
障害	障害補償給付	障害給付
介護	介護補償給付	介護給付
死亡	遺族補償給付、葬祭料（そうさい）	遺族給付、葬祭給付

＊業務災害の場合は療養補償給付、通勤災害の場合は療養給付となる。
＊＊労働者が病気などで休業した場合、4日目から給付基礎日額の60%と併（あわ）せて休業特別支援金が20%支給される。

特別加入制度

役員、自営業者などは、経営者のため労災保険の対象となりませんが、労災保険の適用を受けない中小企業主や、個人タクシー、大工、左官（さかん）などのいわゆる「一人親方（労働者を使用しないで１人で事業を行う人）」、海外派遣者などのために**特別加入制度**があり、申請によって任意加入できます。

④雇用保険

雇用保険の手続きはハローワーク（公共職業安定所）で行うニャ

雇用(こよう)保険とは、労働者が失業したときに必要な給付をするなど、再就職の支援や教育訓練などの給付を行う制度です。

◆ 対象者と保険料

対象者…労働者。パートや派遣労働者については、１週間の所定労働時間が20時間以上、かつ31日以上の雇用見込があること。ただし、社長や役員、個人事業主およびその家族は対象外

保険料…事業主と労働者で負担する。保険料率と負担割合は業種によって異なる。

◆ 基本手当（求職(きゅうしょく)者給付）

失業保険と呼ばれているもので、65歳未満の失業者（働く意思と能力はあるが失業している人）に対する給付のことです。労働者が失業した場合に、賃金日額(ちんぎんにちがく)（離職前の６ヵ月間に支払われた賃金総額÷180日）の50％～80%（60歳～64歳については45～80%）が支給されます。基本手当が受けられる所定給付日数は、失業の理由や被保険者期間、離職(りしょく)時の年齢によって異なります。

雇用保険のおもな給付内容

- **基本手当**（求職者給付）（→p.37,38）
- **教育訓練給付**（→p.38,39）
- **雇用継続給付**（→p.39）
- **育児休業給付**（→p.40）
- **就職促進(そくしん)給付**（→p.40）

基本手当の給付日数

●自己都合・定年退職などの場合

年齢＼被保険者期間	1年以上10年未満	10年以上20年未満	20年以上
全年齢（65歳未満）	90日	120日	150日

●会社都合の解雇・倒産などによる離職者の場合

年齢＼被保険者期間	1年未満	1年以上5年未満	5年以上10年未満	10年以上20年未満	20年以上
30歳未満	90日	90日	120日	180日	―
30歳以上35歳未満		120日	180日	210日	240日
35歳以上45歳未満		150日	180日	240日	270日
45歳以上60歳未満		180日	240日	270日	330日
60歳以上65歳未満		150日	180日	210日	240日

●受給要件

離職前の２年間に被保険者期間が通算12ヵ月以上あることが条件です。ただし、倒産や解雇（かいこ）等の場合には、離職前の１年間に被保険者期間が通算６ヵ月以上あれば受給することができます。居住地のハローワークに離職票を持参します。

●待期（たいき）期間と給付制限期間

最初の受給資格決定日から7日間の**待期期間**（支給されない期間）があります。2020年10月１日以降に自己都合退職した場合は、７日間の待期期間に加え、５年間のうち２回までは２ヵ月間の給付制限期間があり、３回目以降や自己の責めに帰すべき重大な理由で退職した場合は３ヵ月間の給付制限期間があります。

◆ 教育訓練給付

教育訓練給付とは、所定の要件を満たす雇用保険の被保険者（または被保険者であった人）が、厚生労働大臣の指定する講座を受講し、修了した場合に、かかった費用の一部が支給される制度です。

●一般教育訓練給付

一般教育訓練給付は、雇用保険の被保険者期間が３年以上（初受講の場合は１年以上）の人が給付を受けられます。給付額は、受講料等の20%相当額（上限は10万円）です。

●特定一般教育訓練給付

2019年10月から創設された、厚生労働省の指定する「速(すみ)やかな再就職と早期のキャリア形成に資(し)する講座（税理士、社会保険労務士などの資格取得や介護職員初任者研修など）」を受講する場合に給付を受けられる制度です。受講料等の40%相当額（上限は20万円）が支給されます。

◆ 雇用継続給付

雇用の継続が困難な場合に給付されます。

雇用継続給付

	給付を受けられる人	給付額
高年齢雇用継続給付*	60歳以上65歳未満で、被保険者期間が５年以上の人が、60歳以降の賃金が60歳時点に比べて75%未満となった場合	各月の賃金額の最大15%
介護休業給付	**要介護状態**にある配偶者(はいぐうしゃ)や父母、子などを介護する一定の条件を満たした被保険者	休業開始時賃金の67%

＊高年齢雇用継続基本給付金は60歳以上も雇用されている人に、高年齢再就職給付金は基本手当を受給後、再就職した場合に支給される。

◆ 育児休業給付

原則１歳未満の子を養育するために育児休業（２回まで分割取得できます）を取得した場合には、一定の要件を満たすと「育児休業給付金」の支給を受けることができます。

また、育児休業とは別に、一定の要件を満たす雇用保険の被保険者が、子の出生後８週間の期間内に合計４週間分（28日）を限度として、産後パパ育休（出生時育児休業・２回まで分割取得できる）を取得した場合、「出生時育児休業給付金」の支給が受けられます。

育児休業給付金・出生時育児休業給付金ともに、支給額は休業開始時賃金の67％（休業開始後6カ月経過後は50％）です。

育児休業と産後パパ育休（2022年10月～）

	育児休業	産後パパ育休 （育児休業とは別に取得可能）
対象期間・取得可能日数	原則子が1歳（最長2歳）まで	子の出生後8週間以内に4週間まで取得可能
申出期限	原則1か月前まで	原則休業の2週間前まで
分割取得	分割して2回取得可能 （取得の際にそれぞれ申し出ることが必要）	分割して2回取得可能 （初めにまとめて申し出ることが必要）
休業中の就業	原則就業不可	労使協定を締結している場合に限り、労働者が合意した範囲で休業中に就業することが可能

◆ 就職促進給付

就職促進給付のうち、「就職促進手当」として「再就職手当」、「就職促進定着手当」、「就職手当」などがあります。

Chapter 1 Section 2
社会保険

練習問題

次の各記述のうち、正しいものには○を、誤っているものには×をつけなさい。

社会保険の概要

1．協会けんぽの保険料は、会社と労働者が折半で負担する。

公的医療保険

2．被保険者が出産した場合の出産育児一時金は、産科医療補償制度に加入している病院で出産した場合、１児ごとに45万円である。

3．後期高齢者医療制度の被保険者は、後期高齢者医療広域連合の区域内に住所を有する70歳以上の者、または後期高齢者医療広域連合の区域内に住所を有する60歳以上70歳未満の者であって、所定の障害の状態にある旨（むね）の当該連合の認定を受けた者である。

4．公的介護保険の保険者は国である。

5．介護保険の自己負担額は原則３割である。

労働者災害補償保険（労災保険）

6．労災保険は、業務災害、通勤災害のどちらの場合も給付の対象となる。

雇用保険

7．法人の役員は原則として、雇用保険には加入できない。

解答

1 ○　労使折半である。

2 ×　出産育児一時金は50万円である。

3 ×　後期高齢者医療広域連合の区域内に住所を有する75歳以上の者、または後期高齢者医療広域連合の区域内に住所を有する65歳以上75歳未満の一定の障害のある者である。

4 ×　公的介護保険の保険者は市区町村である。

5 ×　介護保険の自己負担額は原則１割（第１号被保険者で一定の所得がある場合は２割もしくは３割）である。

6 ○　労災保険の対象は、業務上や通勤途中の事故による労働者のケガや疾病、障害、死亡などである。

7 ○　経営者である社長や役員、自営業者などは、雇用保険の対象外である。

正解

7問

Chapter 1 ライフプランニング Section 3

公的年金制度の概要

日本の公的年金にはどのようなものがあるのでしょうか。
ここでは、公的年金制度の概要と国民年金や厚生年金の被保険者・保険料について理解を深めます。

Chapter 1 Section 3

公的年金制度の概要

3日目
32

①公的年金制度の概要

- 公的年金制度とは

②国民年金

- 被保険者
- 任意加入被保険者
- 保険料の納付
- 保険料の免除と猶予（第1号被保険者のみ）

③年金の請求手続き

- 年金の裁定請求
- 年金の受給開始と受給期間

④年金額の改定

- マクロ経済スライド
- 2024年度の年金額

❶公的年金制度の概要

◆ 公的年金制度とは

日本の公的年金制度は、**国民年金**を基礎年金として、会社員等の場合は**厚生年金保険**が上乗せされた２階建て年金になっています。

また、公的年金には、老齢給付、障害給付、遺族給付の３種類があります。

国民年金………20歳以上60歳未満のすべての人が加入
厚生年金保険…会社員や公務員が加入

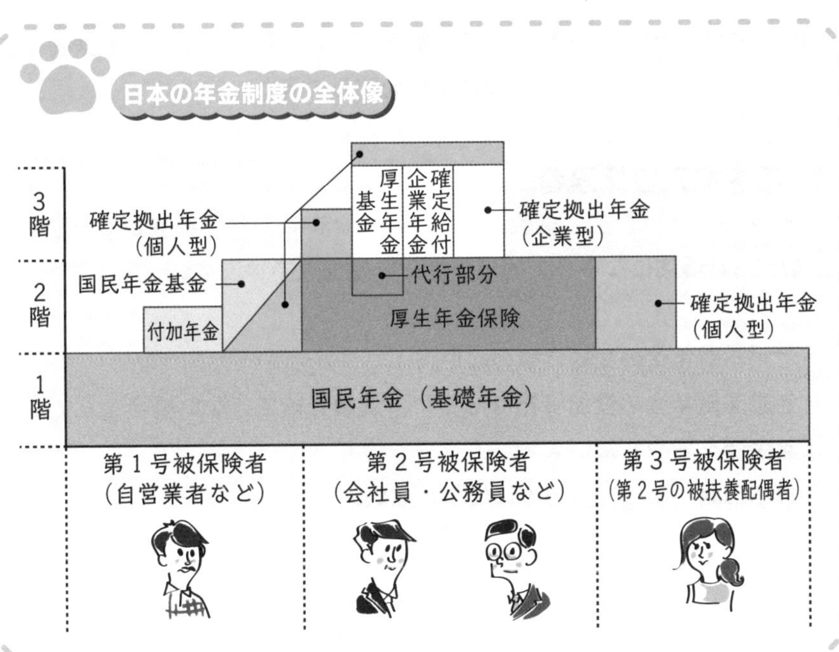

②国民年金

国内に住所を有する20歳以上60歳未満の人は、すべて国民年金に加入しなければなりません。60歳以上65歳未満の人が年金受給額を満額に近づけるために、国民年金に任意で加入することもできます。

◆ 被保険者

国民年金の強制加入被保険者は、次の３種類に分けられます。

第１号被保険者……20歳以上60歳未満の国内に居住する自営業者、学生、無職の人など
第２号被保険者……厚生年金保険に加入している人
第３号被保険者……20歳以上60歳未満の第２号被保険者の被扶養（ふよう）配偶者（会社員や公務員の妻など）

◆ 任意加入被保険者

次のような人は、加入は義務づけられていませんが、希望して一定条件を満たせば65歳になるまで国民年金に任意加入できます。

・老齢基礎年金の受給資格のない人
・老齢基礎年金の受給資格はあるが、満額受給できない場合などで、年金額を増やしたい人
・日本国籍があっても日本に住所がない人

保険料の納付

保険料

	月額	ポイント
第１号被保険者	16,980円（2024年度の額）	保険料の納付方法には金融機関、郵便局、コンビニ等の窓口での納付のほか、口座振替納付、クレジットカード納付、電子納付がある。
第２号被保険者	標準報酬月額・標準賞与額 ×18.300% 2017年９月より固定	・厚生年金保険に加入すると、厚生年金保険の保険料として支払う。自動的に国民年金に加入することになるが、厚生年金制度から、まとめて国民年金に拠出されるので、個別に国民年金の保険料を納付する必要はない。 ・保険料は事業主と従業員で半分ずつ負担する（**労使折半**（ろうしせっぱん））※
第３号被保険者	保険料の負担はない	

※産前産後休業を取得している厚生年金保険の被保険者の厚生年金保険料は、所定の手続きにより、被保険者負担分・事業主負担分ともに免除される。

第１号被保険者の保険料の納付期限

原則	翌月末日
例外	①口座振替（当月末日引き落とし） ②前納（ぜんのう）（６ヵ月前納、１年前納、２年前納） → 保険料の割引あり
ポイント	保険料が未納の場合、後から２年以内の分しか支払うことができない

保険料の免除と猶予（第１号被保険者のみ）

１．保険料を免除または猶予（ゆうよ）する制度

第1号被保険者については、保険料の納付が困難な場合、免除や猶予（支払いの先送り）がなされる制度があります。

①法定免除（ほうていめんじょ）

障害年金を受給している人や生活保護法の生活扶助（ふじょ）を受けている人は、届け出によって保険料の**全額**が免除されます。

②申請免除

経済的な理由（失業など）で、保険料を納付することが困難な人（所得が一定以下の人）が申請し、認められた場合には、保険料の全額または一部が免除されます。（全額免除・3/4免除・半額免除・1/4免除）

③産前産後の免除制度

国民年金第１号被保険者が申請した場合、出産予定日または出産日が属する月の前月から４か月間、国民年金保険料が免除されます。多胎妊娠の場合には、出産予定日または出産日が属する月の３か月前から６か月間の国民年金保険料が免除されます。

④学生納付特例制度

第１号被保険者で、本人の前年所得が一定以下の学生が申請した場合、保険料の納付が猶予されます。

⑤納付猶予制度

50歳未満の第1号被保険者で、本人および配偶者の所得が一定以下の人が申請した場合、保険料の納付が猶予されます。

2．追納

保険料の免除または猶予を受けた期間に関しては、10年以内ならば追納することができます。その場合、保険料の納付期間は老齢基礎年金額（→p.56 ）に反映されます。

年金を多く受け取りたい場合は
追納したほうがいいんだニャ！

3．免除期間の年金額への反映

①法定免除、②申請免除、③産前産後の免除制度

保険料を免除された期間も、保険料を納付した期間として扱われ、老齢基礎年金の受給額に反映されます。

④学生納付特例制度、⑤納付猶予制度（追納しなかった場合）

保険料を免除された期間も、年金受給資格期間には算入されますが、老齢基礎年金の受給額には反映されません。

❸年金の請求手続き

請求先は加入していた年金によって異なるニャ

年金の裁定請求

公的年金を受給する場合、受給する権利のある人が自(みずか)ら年金の請求を行わなければなりません。これを**裁定請求**(さいていせいきゅう)といいます。

年金の裁定請求先（加入制度別）

加入制度		請求先
国民年金		住所地の市区町村の国民年金課
	第３号被保険者の期間がある人	年金事務所
厚生年金		年金事務所
国民年金と厚生年金	最後が厚生年金	年金事務所
	最後が国民年金	年金事務所
厚生年金（旧共済年金）		加入した各共済組合 もしくは年金事務所

年金の受給開始と受給期間

年金の受給は誕生月の翌月から開始し、死亡した月まで支給されます。ただし、支給を停止すべき事情が発生した場合、その発生月の翌月からその事由が消滅する月までの間、支給が停止されます。なお、年金は**偶数月**の各15日に、前月までの**２ヵ月分**が振り込まれます。

④年金額の改定

マクロ経済スライドは
2015年に初めて適用さ
れたんだニャ

◆ マクロ経済スライド

マクロ経済スライドとは、そのときの社会情勢（公的年金の被保険者の減少や平均寿命の伸び）にあわせて年金の給付水準を自動的に調整するしくみのことです。

◆ 2024年度の年金額

2024年度の年金額は、国民年金は満額で月額68,000円（1956年４月２日以降生まれの場合・2023年度から1,750円増）、厚生年金（夫婦２人分の老齢基礎年金を含む標準的な年金額）は月額230,483円（6,001円増）です。

Chapter 1 Section 3
公的年金制度の概要

練習問題

次の各記述のうち、正しいものには○を、誤っているものには×をつけなさい。

公的年金

1．厚生年金保険料は、従業員が全額を負担する。

2．第２号被保険者の被扶養配偶者は国民年金の第３号被保険者とされる。

3．国民年金の保険料は、納付書を用(もち)いて納(おさ)める方法のほかは、口座振替による納付方法だけである。

4．第１号被保険者の学生は申請により、無条件で国民年金保険料が猶予される。

5．第１号被保険者が保険料の免除または猶予を受けた場合、５年以内なら追納ができる。

年金の請求手続き

6．老齢基礎年金を実際に受け取るためには、受給権者は裁定請求手続きをしなければならない。

7．年金は奇数月の各15日に、前月までの２ヵ月分が振り込まれる。

次に
進むニャ

解答

1　×　　厚生年金保険料は、労使折半で負担する。

2　○　　第３号被保険者は、保険料の自己負担はない。

3　×　　ほかに、クレジットカードによる納付、電子納付がある。

4　×　　第１号被保険者の学生で、本人の所得金額が一定額以下の場合、国民年金保険料が猶予される。

5　×　　保険料の免除または猶予を受けた場合の追納期間は10年が正しい。

6　○　　国民年金第１号被保険者期間のみの人は、住所地の市区町村役場に請求し、厚生年金の加入期間や第３号被保険者期間がある人は、最寄りの年金事務所へ請求する。

7　×　　年金は偶数月の各15日に、前月までの２ヵ月分が振り込まれる。

正解

7問

Chapter 1 ライフプランニング Section 4

公的年金からの給付（1）

ここからは公的年金からの給付について学習します。
公的年金からの給付には老齢給付、障害給付、
遺族給付の３つがあります。
初日の今日は公的年金からの給付の概要と
老齢給付について整理していきましょう。

Chapter 1 Section 4

公的年金からの給付(1)

4日目 32

❶公的年金給付の概要

- 公的年金の給付と請求
- 公的年金の併給調整

❷老齢給付-1 老齢基礎年金

- 受給資格期間
- 年金額
- 繰上げ受給・繰下げ受給
- 付加年金
- 振替加算

❸老齢給付-2 老齢厚生年金

- 受給要件と受給開始年齢
- 特別支給の老齢厚生年金の年金額
- 老齢厚生年金の繰上げ・繰下げ
- 在職老齢年金
- 離婚時の年金分割制度
- 老齢年金生活者支援給付金

❶公的年金給付の概要

◆ 公的年金の給付と請求

公的年金の給付には、老齢給付、障害給付、遺族給付の３つがあります。

公的年金制度の給付内容

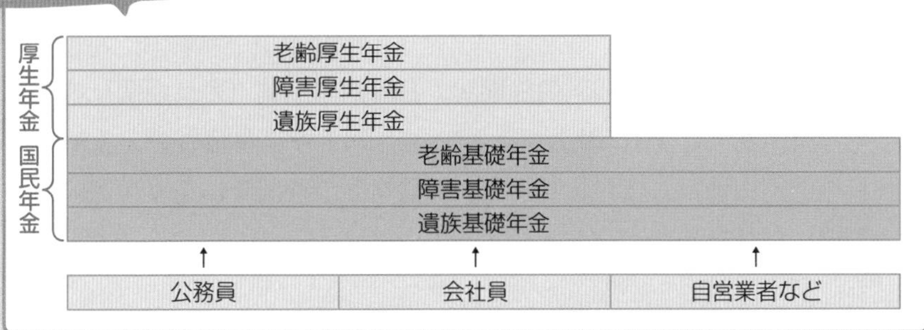

公的年金を受給するには、受給者が自（みずか）ら、年金加入期間等の確認をし、**受給権**があるかどうかを日本年金機構に確認したあと、裁定（さいてい）請求書を提出します。年金は受給権が発生した月の翌月から受給権が消滅した月まで支給されます（→p.49）。

◆ 公的年金の併給調整

公的年金では一人一年金が原則です。２つ以上の年金の受取が可能になった場合、原則として、受給する年金を１つ選択しなければなりません。これを**併給（へいきゅう）調整**といいます。しかし、国民年金と厚生年金では、次の組合せにおいては一人一年金の原則の例外となります。

国民年金と厚生年金の併給調整

○：併給可能　×：併給不可

	老齢厚生年金	障害厚生年金	遺族厚生年金
老齢基礎年金	○	×	65歳以上は併給可能
障害基礎年金	65歳以上は併給可能	○	65歳以上は併給可能
遺族基礎年金	×	×	○

②老齢給付-1 老齢基礎年金

平成29年8月から、
受給資格期間の条件が
原則25年から10年に
短縮されたニャ！

老齢基礎年金は、一定の受給資格期間を満たせば、65歳から受給することができます。

◆ 受給資格期間

保険料納付済期間、保険料免除期間、合算対象期間（カラ期間）の３つを合計したもので、10年以上が必要です。第３号被保険者である期間は、保険料を個別に納付していませんが、保険料免除期間ではなく、保険料納付済期間になります。

老齢基礎年金の受給資格期間

保険料納付済期間	第1号から第3号の各被保険者として、保険料を納めた期間
保険料免除期間	第1号被保険者として**法定免除**や申請免除により免除を受けた期間
合算対象期間（カラ期間）	受給資格期間に算入されるが、実際の年金額の計算には反映されない期間

◆ 年金額

老齢基礎年金額の満額は816,000円（2024年度の額）です。ただし、免除期間等がある人はこの金額よりも少なくなります。

老齢基礎年金額の計算式

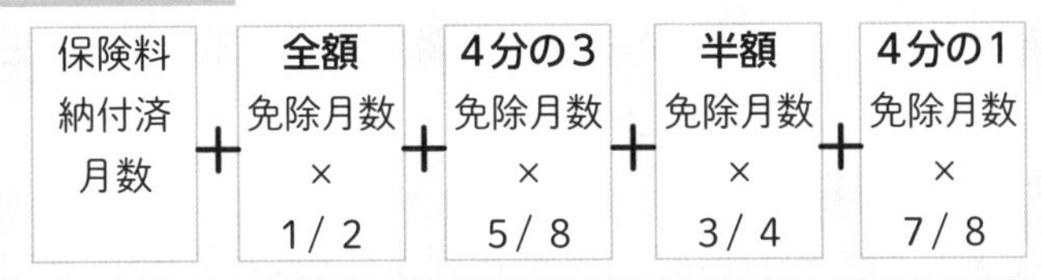

$$816{,}000\text{円}\times\frac{\text{保険料納付済月数}+\text{全額免除月数}\times 1/2+\text{4分の3免除月数}\times 5/8+\text{半額免除月数}\times 3/4+\text{4分の1免除月数}\times 7/8}{\text{40年（加入可能年数）}\times\text{12月（=480月）}}$$

※2009年３月以前の期間（基礎年金の国庫負担▼が1/3の場合）は、反映率を次のように置き換える。1/2→1/3、5/8→1/2、3/4→2/3、7/8→5/6

例 山田さんの老齢基礎年金

山田さん（下記）が65歳から受け取れる年金額はいくらか？

【山田さんの情報】

①保険料納付済期間　38年 ← 38年×12ヵ月＝456月

②学生納付特例期間　２年 ← 年金額に反映されない
（追納していない）

$$816{,}000\times\frac{456}{480}=775{,}200\text{円}$$

用語

国庫負担…基礎年金の費用の一部を国が負担すること。

繰上げ受給・繰下げ受給

老齢基礎年金は、原則として65歳から受給できますが、本人の希望によっては**繰上げ受給**（くりあげ）や**繰下げ受給**（くりさげ）ができます。繰上げ受給した場合は減額した受給額が、繰下げした場合は増額した受給額が一生続きます。

繰上げ受給……60歳から64歳の間に受給を開始すること。年金受給額は減少する

繰上げ減額率
＝0.4％×繰上げ請求月から65歳到達月の前月までの月数（最大60月）

繰下げ受給……66歳から75歳の間に受給を開始すること。年金受給額は増加する

繰下げ増額率
＝0.7％×65歳到達月から繰下げ申出前月までの月数（最大120月）

繰上げ受給した場合のデメリット

・減額された受給額の変更や取消しができない。
・65歳前に障害状態になったり夫と死別したりして、障害年金や寡婦年金（→p.73）の受給資格が発生しても受給できない

付加年金

付加年金（ふか）とは、第1号被保険者だけが任意で入れるものです。月額400円を付加保険料として納付すれば、付加保険料の納付期間に200円を掛けた金額が、老齢基礎年金額に上乗せされます。保険料納付免除者や滞納者（たいのう）、国民年金基金（→p.85）に加入している人は付加年金に加入できません。

老齢基礎年金を繰上げ・繰下げ受給する場合は、付加年金も繰上げ・繰下げとなり、老齢基礎年金と同率で減額・増額されます。

付加年金額＝200円×付加保険料納付月数

付加保険料400円、
付加年金200円は、
よく出題される
ニャ！

振替加算

振替加算（ふりかえかさん）とは、国民年金（基礎年金）に上乗せされるものです。老齢厚生年金（退職共済年金）の加給年金額（かきゅうねんきんがく）（→p.61）の対象になっていた配偶者が、自らの老齢基礎年金を受けられるようになったときに加算されます。

振替加算の額は、加給年金額の対象となっていた配偶者の生年月日によって異なり、1966年４月２日以降生まれの配偶者には支給されません。

③老齢給付-2
老齢厚生年金

計算式よりも、
老齢厚生年金の
基本的なしくみを
押さえるニャ！

厚生年金から支給される老齢給付には、生年月日によって60歳から64歳まで受給できる特別支給の老齢厚生年金と、65歳から受給できる老齢厚生年金があります。特別支給の老齢厚生年金は、**定額部分**（加入期間に応じた金額）と**報酬比例部分**（在職時の報酬に比例した金額）とに分かれます。

受給要件と受給開始年齢

老齢基礎年金の受給資格期間を満たした上で、特別支給の老齢厚生年金は厚生年金加入期間が１年以上、老齢厚生年金は１ヵ月以上必要です。

特別支給の老齢厚生年金のうち定額部分の受給開始年齢は、生年月日によって次のように段階的に引き上げられています。さらに、報酬比例部分も段階的に引き上げられ、最終的に、1961年４月２日生まれ以降の男性（会社員の女性は1966年４月２日生まれ以降）は、老齢厚生年金の受給が65歳からとなります。公務員の女性の受給開始年齢は男性と同様です。

特別支給の老齢厚生年金の受給開始年齢（男性）

生年月日（西暦）	支給開始年齢		生年月日（西暦）	支給開始年齢	
	定額部分	報酬比例部分		定額部分	報酬比例部分
1941年4月1日以前	60歳	60歳	1949年4月2日～1953年4月1日	支給なし	60歳
1941年4月2日～1943年4月1日	61歳		1953年4月2日～1955年4月1日	支給なし	61歳
1943年4月2日～1945年4月1日	62歳		1955年4月2日～1957年4月1日	支給なし	62歳
1945年4月2日～1947年4月1日	63歳		1957年4月2日～1959年4月1日	支給なし	63歳
1947年4月2日～1949年4月1日	64歳		1959年4月2日～1961年4月1日	支給なし	64歳
			1961年4月2日以降	支給なし	支給なし

＊会社員の女性は５年遅れ。

特別支給の老齢厚生年金の年金額

1．報酬比例部分

65歳以降に受給できる老齢厚生年金の年金額と同じで、在職中の報酬額に応じて計算します。

報酬比例部分の年金額の計算式（本来水準の計算）

報酬比例部分＝①＋②

①平均標準報酬月額＊1 × $\frac{7.125^{*2}}{1,000}$ × 2003年3月以前の被保険者期間の月数

②平均標準報酬額＊3 × $\frac{5.481^{*2}}{1,000}$ × 2003年4月以後の被保険者期間の月数

＊1 **平均標準報酬月額**：2003年３月以前の被保険者期間中の標準報酬月額を平均した額。標準報酬月額は、被保険者が事業主から受ける毎月の給料などの報酬の月額を区切りのよい幅で区分したもの

＊2：1946年４月１日以前に生まれた人は生年月日によって乗率が変わる

＊3 **平均標準報酬額**：2003年４月以後の被保険者期間中の標準報酬月額と標準賞与額の総額を、2003年４月以後の被保険者期間の月数で割ったもの

2．定額部分

65歳以降に受給できる老齢基礎年金に相当する額です。在職中の報酬額に関係なく決まります。

定額部分の年金額の計算式（本来水準の計算）

定額部分=**1,701円**(2024年度)×**単価乗率**(たんかじょうりつ)*×被保険者期間月数(上限480月)

＊**単価乗率**…生年月日によって1.000～1.875

3．加給年金額（かきゅう）

原則として厚生年金の被保険者期間**20年**以上の人が、特別支給の老齢厚生年金の定額部分が支給されるとき、あるいは、定額部分が支給されない場合は65歳になって老齢厚生年金が支給されるときに、生計を維持されている65歳未満の配偶者や18歳到達年度の末日までの間の子がいる場合、それぞれの分が加給年金（2024年度価格：234,800円*、３人目以降の子は各78,300円）として支給されます。

＊老齢厚生年金を受けている人の生年月日に応じて、配偶者の加給年金額に34,700円～173,300円が特別加算される。

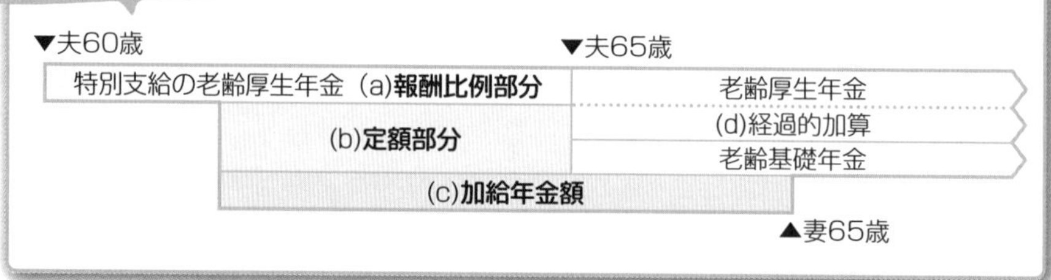

老齢厚生年金の繰上げ・繰下げ

特別支給の老齢厚生年金の報酬比例部分が61歳以降に支給される人は、老齢厚生年金の繰上げ受給を請求できます。繰上月数は60月が上限で、繰上げの減額率は、老齢基礎年金と同じく「繰上月数×0.4%」です（最大60月×0.4%＝24%）。老齢厚生年金の繰上げ請求をするときは、その請求と同時に老齢基礎年金の繰上げ受給の請求も行わなければなりません。

また、老齢厚生年金も繰下げ受給の申し出ができます。ただし、特別支給の老齢厚生年金は繰下げ受給の対象にはなりません。繰下げの増額率は、老齢基礎年金と同じく「繰下月数×0.7%」です（最大120月×0.7%＝84%）。繰下げ請求は、老齢基礎年金、老齢厚生年金で同時に行う必要はなく、いずれかのみ繰り下げることもできます。

繰下げ請求をせず、66歳以降に、65歳にさかのぼって本来の年金額を請求すると、65歳に達した月の翌日から請求日までの老齢年金が一括で支払われ、請求月の翌月から本来の年金額が支給されます。

なお、手続き時点から5年以上前の年金は時効により受け取れません。70歳以降に65歳からの年金をさかのぼって受け取ることを選択した場合は、請求の5年前に繰下げ受給の申出があったものとみなして、増額された年金を一括で受け取ることができます（特例的な繰下げみなし増額制度）。

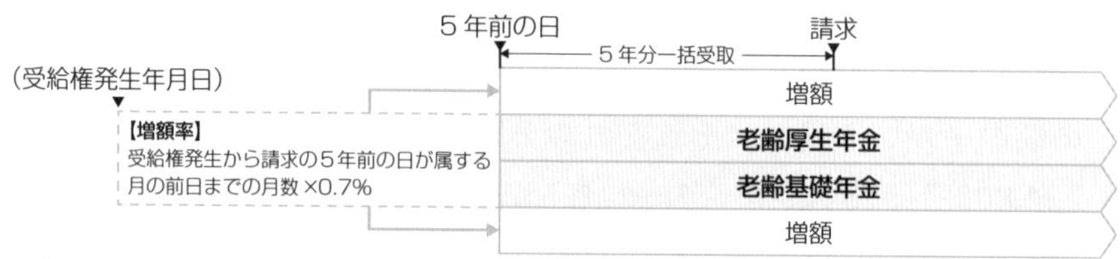

65歳からの年金をさかのぼって受け取るときの特例は、1952年４月２日以降に生まれた方（または2017年４月１日以降に受給権が発生した方）で、2023年４月１日以降に年金の請求を行う方が対象です。

在職老齢年金

在職老齢年金（ざいしょくろうれいねんきん）とは、年金を受給している人が60歳以降も勤めていると、老齢厚生年金の一部または全部が支給されなくなる制度のことです。厚生年金加入者で、総報酬月額相当額*と基本月額**の合計が50万円（支給停止基準額）を超える人が対象となります。

*総報酬月額相当額……………その月の標準報酬月額＋その月以前１年間の標準賞与額の総額÷12
**基本月額（60歳台前半）……加給年金額を除いた特別支給の老齢厚生（退職共済）年金の月額
基本月額（60歳台後半）………加給年金額を除いた老齢厚生（退職共済）年金の月額

在職老齢年金ー年金額の減額調整ー

60歳台前半（60歳～64歳）	総報酬月額相当額＋基本月額＞50万円のとき →年金額が減額調整される
60歳台後半（65歳～69歳）	総報酬月額相当額＋基本月額＞50万円のとき →年金額（老齢厚生年金）が減額調整される ただし、老齢基礎年金は減額されない
70歳以降	60歳台後半と同じ。ただし、年金保険料の納付はない

*在職老齢年金が満額受給できる場合
①勤務先が厚生年金の適用事業所に該当しない
②適用事業所でも、通常社員の労働時間の3/4未満で働く（パートタイマーなど）
③自営業の場合　など

離婚時の年金分割制度

離婚したのが2007年４月以降の場合、夫婦間の合意または裁判所の決定によって、**婚姻（こんいん）期間中の厚生年金**（夫婦の報酬比例部分の合計）を分割することができます。分割割合の上限は1/2で、夫婦で決められます。

離婚したのが2008年５月以降の場合、**夫婦間の合意がなくても**2008年４月以降の第３号被保険者期間について、第２号被保険者の厚生年金の1/2を分割することができます。

老齢年金生活者支援給付金

「年金生活者支援給付金制度」は、消費税引上げ分を活用し、公的年金等の収入金額や所得が一定基準額以下の人に対する生活支援を目的として、年金に上乗せして給付金が支給される制度で、老齢年金生活者支援給付金、障害年金生活者支援給付金（→p.71）、遺族年金生活者支援給付金（→p.75）があります。

1．支給対象

老齢年金生活者支援給付金は、以下の３つの支給要件をすべて満たしている人が対象となります。

支給対象

①65歳以上の老齢基礎年金の受給者である

②同一世帯の全員が市町村民税非課税である

③前年の公的年金等の収入金額*とその他の所得との合計額が878,900円以下である

＊ 障害年金・遺族年金等の非課税収入は含まれない。

2．給付額

月額5,310円を基準に保険料納付済期間等に応じて算出され、原則として次の①、②の合計額となります。

給付額（2024年度）

①保険料納付済期間に基づく額（月額）

＝5,310円×保険料納付済期間／被保険者月数480月

②保険料免除期間に基づく額（月額）

＝11,333円×保険料免除期間／被保険者月数480月

Chapter 1 Section 4

公的年金からの給付（1）

練習問題

次の各記述のうち、正しいものには○を、誤っているものには×をつけなさい。

老齢給付-1 老齢基礎年金

1．老齢基礎年金は、受給資格期間が10年以上の人が60歳になったときに受け取ることができる。

2．老齢基礎年金額の計算上、国民年金の第３号被保険者期間は、保険料免除期間として計算する。

3．繰下げ受給をした場合、一生涯同じ受給額が続く。

4．月額400円を付加保険料として国民年金保険料に上乗せして納付すれば、付加保険料の納付期間に400円を掛けた金額を、付加年金として老齢基礎年金に上乗せして受給できる。

老齢給付-2 老齢厚生年金

5．60歳台前半の在職老齢年金は、総報酬月額相当額と基本月額の合計が50万円以下の場合には、全額が支給される。

6．老齢厚生年金は、老齢基礎年金の受給資格期間を満たしたうえで、厚生年金加入期間が１ヵ月以上ある人が65歳になったときに受給できる。

7．繰下げ請求は、老齢基礎年金、老齢厚生年金で同時に行う必要がある。

4日がんばれたら
もう大丈夫だニャ

解答

1	×	老齢基礎年金は、受給資格期間が10年以上の人が65歳になったときに受け取ることができる。
2	×	第３号被保険者期間は、受給資格期間の計算においても、老齢基礎年金額の計算においても、保険料納付済期間として計算する。
3	○	繰下げ受給した場合も、繰上げ受給した場合も、一生涯同じ受給額が続く。
4	×	付加保険料の納付期間に200円を掛けた金額を、付加年金として老齢基礎年金に上乗せして受給できる。
5	○	総報酬月額相当額と基本月額の合計額が50万円を超えると年金の一部または全部が支給されなくなる。
6	○	老齢厚生年金は、老齢基礎年金の受給資格期間を満たしたうえで、厚生年金加入期間が１ヵ月以上ある人が65歳になったときに受給できる。
7	×	繰下げ請求は、老齢基礎年金、老齢厚生年金で同時に行う必要はなく、いずれかのみ繰下げることもできる。

正解

7問

Chapter 1 ライフプランニング Section 5

公的年金からの給付（2）

今日は、公的年金からの給付のうち障害給付・遺族給付について学んでいきます。
保険料納付要件などは出題頻度が高いので、きちんと押さえましょう。

Chapter 1 Section 5

公的年金からの給付(2)

ここをまなぶよ

❶障害給付

- 障害基礎年金
- 障害厚生年金
- 65歳以降の障害基礎年金と厚生年金保険の給付
- 障害年金生活者支援給付金

❷遺族給付

- 遺族基礎年金（国民年金）
- 寡婦年金と死亡一時金
- 遺族厚生年金
- 遺族年金生活者支援給付金
- 中高齢寡婦加算と経過的寡婦加算（遺族厚生年金）

❶障害給付

年金上の「子」とは18歳に達する日以後の最初の3月31日までの間にある子（障害等級１・２級に該当する場合は20歳未満の子）のことだニャ

所定の障害状態になった場合に支給される障害給付としては、国民年金の障害基礎年金、厚生年金の障害厚生年金があります。

◆ 障害基礎年金

障害基礎年金を受給するためには、次の①～③のすべての要件を満たすことが必要です。

障害基礎年金の受給条件

①初診日に国民年金の被保険者であること
②障害認定日に１級または２級の障害状態にあること
③保険料納付要件を満たしていること

保険料納付要件は、よく試験に出題されるニャ！

保険料の納付要件は以下の通りです。

障害基礎年金の保険料の納付要件

- 初診日の前日に、初診日のある月の前々月までの被保険者期間で、保険料納付済期間と保険料免除期間を合わせた期間が被保険者期間の2/3以上であること
- 上記に該当しない場合は、初診日が2026年３月31日までの場合、初診日において65歳未満で、初診日の前日において初診日のある月の前々月までの直近１年間に保険料の未納がないこと

年金額は以下の通りです。

障害基礎年金の年金額（2024年度）

１級…1,020,000円（2級の金額の1.25倍）
２級…816,000円（老齢基礎年金と同額）
子の加算：２人目まで234,800円、３人目以降78,300円

◆ 障害厚生年金

厚生年金の被保険者が障害等級1級または２級に該当した場合、国民年金から障害基礎年金、厚生年金から障害厚生年金の２つが受給できます。障害厚生年金には、厚生年金の被保険者期間中に初診日があるという条件がつき、また、障害等級３級や、障害手当金（一時金）もあります。

障害等級１級・２級の場合、配偶者加給年金額が加算されます。

障害厚生年金を受給するためには、次の①～③のすべての要件を満たすことが必要です。

障害厚生年金の受給要件

①初診日に厚生年金の被保険者であること

②障害認定日に１級から３級の障害状態にあること

③障害基礎年金の保険料納付要件を満たしていること

年金額は以下のとおりです。

障害厚生年金の年金額（2024年度）

１級…報酬比例部分×1.25＋配偶者加給年金額（234,800円）

２級…報酬比例部分＋配偶者加給年金額（234,800円）

３級…報酬比例部分のみ（最低保障額612,000（67歳以下の場合）円）

＊被保険者期間が300月（25年）未満の場合、300月で計算。

◆ 65歳以降の障害基礎年金と厚生年金保険の給付

65歳以上の障害基礎年金の受給者は、障害厚生年金、老齢厚生年金、遺族厚生年金と組み合わせての受給が可能ですが、老齢基礎年金と障害厚生年金を併給（へいきゅう）することはできません（→p.55）。

◆ 障害年金生活者支援給付金

1．支給対象

以下の２つの要件をいずれも満たしている人が対象となります。

支給対象

①障害基礎年金の受給者である

②前年の所得*が4,721,000円**以下である

＊障害年金等の非課税収入は年金生活者支援給付金の判定に用いる所得には含まれない。

＊＊扶養親族の数に応じて増額。

2．給付額

給付額は以下のとおりです。

給付額（2024年度）

障害等級１級：6,638円（月額）

障害等級２級：5,310円（月額）

②遺族給付

◆ 遺族基礎年金（国民年金）

国民年金の被保険者や老齢基礎年金の受給権者が亡くなった場合、一定の要件を満たす遺族は**遺族基礎年金**を受給できます。

遺族基礎年金の概要

①支給要件……次の１から４のいずれかの要件を満たしている者が死亡したとき

1．国民年金の被保険者である間に死亡したとき*

2．国民年金の被保険者であった60歳以上65歳未満の者で、日本国内に住所を有していた者が死亡したとき*

3．老齢基礎年金の受給権者であった者が死亡したとき**

4．老齢基礎年金の受給資格を満たした者が死亡したとき**

＊死亡日の前日において、保険料納付済期間（保険料免除期間を含む）が国民年金加入期間の３分の２以上あることが必要。ただし、死亡日が令和８年３月末日までのときは、死亡した者が65歳未満であれば、死亡日の前日において、死亡日が含まれる月の前々月までの直近１年間に保険料の未納がなければ受けられる。

＊＊保険料納付済期間、保険料免除期間および合算対象期間を合算した期間が25年以上ある者に限られる。

②遺族の範囲……………死亡した者に生計を維持されていた子***のある配偶者または子

＊＊＊公的年金制度における「子」の年齢要件・18歳到達年度の末日（3月31日）を経過していない子
・20歳未満で障害年金の障害等級１級または２級の子

③年金額（2024年度）…老齢基礎年金と同じ816,000円。子の加算については２人目まで234,800円、３人目以降78,300円

寡婦年金と死亡一時金

第１号被保険者のみ、遺族基礎年金を受けられない遺族には寡婦(かふ)年金や死亡一時金があり、両方を受給できる場合は、どちらか一方を選択しなければなりません。

1．寡婦年金

寡婦年金とは、国民年金の第１号被保険者として保険料を納めた期間（免除期間を含む）が10年以上ある夫が年金を受け取らずに死亡した場合に、妻が受給できる年金です。

寡婦年金の概要

①夫が死亡した場合に支給される
　→妻が死亡の場合、夫には支給されない
②10年以上の婚姻期間があった妻のみ、受け取ることができる
③受給期間は妻が60歳から65歳に達するまで
④年金額は夫の老齢基礎年金額の3/4

2．死亡一時金

死亡一時金とは、第１号被保険者として保険料を納付した期間が合計３年以上ある人が、年金を受け取らずに死亡した場合、遺族基礎年金を受け取ることができない遺族に、保険料納付済期間等に応じた一定額が遺族に支給されるものです。

子のない妻は、死亡一時金を受け取ることができます。

◆ 遺族厚生年金

厚生年金保険の被保険者や老齢厚生年金の受給資格期間が25年以上ある人が死亡した場合、遺族基礎年金に**遺族厚生年金**を上乗せして受給できます。さらに、一定の条件を満たした妻は、**中高齢寡婦加算**や**経過的寡婦加算**が加算されます（→p.76）。

なお、夫死亡時に**30歳未満で子のない妻**に対する遺族厚生年金は、**5年間の有期年金**となっています。

遺族厚生年金のイメージ図と概要 ※妻が老齢厚生年金を受給できない場合

▼妻40歳　夫死亡	▼子18歳	▼妻65歳
遺族基礎年金		老齢基礎年金
	中高齢寡婦加算	経過的寡婦加算
遺族厚生年金		

受給要件	①厚生年金の被保険者が死亡したとき ②被保険者の期間中に初診日のある人が、初診日から５年以内に死亡したとき ③１級・２級の障害厚生年金の受給権者が死亡したとき ④老齢厚生年金受給権者または受給資格期間を満たした人が死亡したとき ⑤上記①②の場合、保険料納付要件が必要
遺族の範囲	死亡当時、生計を維持されていた子のある妻または子、子のない妻*、55歳以上の夫・父母・祖父母（60歳までは原則支給停止）、孫
年金額	死亡日以前の厚生年金の加入期間**に基づく報酬比例部分×3/4

＊夫死亡時に30歳未満で子のない妻に対する遺族厚生年金は、夫死亡から５年間しか支給されない。
＊＊被保険者期間が**300月（25年）未満の場合**、300月で計算。

◆ 遺族年金生活者支援給付金

1．支給対象

以下の２つの要件をいずれも満たしている人が対象となります。

支給対象

①遺族基礎年金の受給者である

②前年の所得*が4,721,000円**以下である

＊遺族年金等の非課税収入は年金生活者支援給付金の判定に用いる所得には含まれない。
＊＊扶養親族の数に応じて増額。

2．給付額

給付額は以下のとおりです。

給付額（2024年度）

5,310円（月額）

ただし、２人以上の子が遺族基礎年金を受給している場合は、5,310円を子の数で割った金額がそれぞれに支払われる

中高齢寡婦加算と経過的寡婦加算（遺族厚生年金）

1．中高齢寡婦加算

中高齢寡婦加算とは、夫の死亡当時40歳以上65歳未満の妻、または夫の死亡時に子のある妻が40歳未満で、遺族基礎年金を受けられなくなった時点で40歳以上だった場合に、40歳以後65歳未満の間、遺族厚生年金に加算されるもの（2024年度は612,000円）です。

なお、遺族基礎年金が支給されている間は、中高齢寡婦加算は支給停止されます。

2．経過的寡婦加算

経過的寡婦加算とは、妻が65歳になって中高齢寡婦加算が加算されなくなったあと、**1956年４月１日以前**生まれの妻に、生年月日に応じた一定額が加算される制度です。

3．65歳以降の老齢給付と遺族厚生年金

遺族厚生年金を受給している人が65歳になって自分の老齢厚生年金も受給できる場合は、老齢基礎年金と老齢厚生年金は全額支給され、遺族厚生年金は老齢厚生年金に相当する額の支給が停止されます。

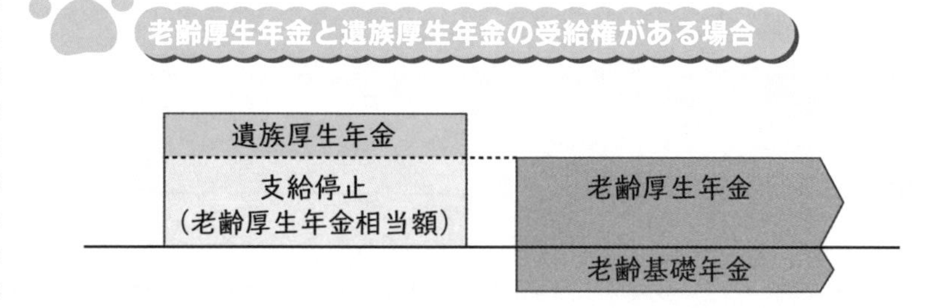

Chapter 1 Section 5

公的年金からの給付（2）

練習問題

次の各記述のうち、正しいものには○を、誤っているものには×をつけなさい。

障害給付

1．障害基礎年金は保険料納付要件をすべて満たせば支給される。

2．障害基礎年金の１級の年金額は、２級の年金額の1.5倍である。

3．障害厚生年金の受給要件の１つに、障害基礎年金の保険料納付要件を満たしていることがある。

4．障害等級３級の人は障害厚生年金を受給することができない。

遺族給付

5．遺族基礎年金および遺族厚生年金は、子のない妻には支給されない。

6．夫死亡時に、30歳未満で子のない妻に対する遺族厚生年金は、５年間の有期年金となっている。

7．遺族厚生年金を受給している人が65歳になって自分の老齢厚生年金を受給できる場合は、老齢基礎年金と遺族厚生年金は全額支給され、老齢厚生年金は遺族厚生年金に相当する額の支給が停止される。

よしよし
ニャン

解答

1 × 障害基礎年金を受給するためには保険料納付要件だけでなく初診日に国民年金の被保険者であるなどの要件も満たす必要がある。

2 × 障害基礎年金の１級の年金額は、２級の年金額の1.25倍である。

3 ○ 障害厚生年金の受給要件には、初診日に厚生年金の被保険者であること、障害認定日に障害等級１級から３級の状態にあること、障害基礎年金の保険料納付要件を満たしていることがある。

4 × 障害等級３級の人は障害基礎年金は受給できないが、障害厚生年金は受給することができる。

5 × 遺族厚生年金は、子のない妻にも支給される。

6 ○ 30歳未満で子のない妻に対する遺族厚生年金は、５年間の有期年金である。

7 × 遺族厚生年金を受給している人が65歳になって自分の老齢厚生年金を受給できる場合は、老齢基礎年金と老齢厚生年金は全額支給され、遺族厚生年金は老齢厚生年金に相当する額の支給が停止される。

正解

7問

6 日目
32
やってみると
おもしろいんだ
ニャ

Chapter 1 ライフプランニング　Section 6

企業年金等

企業年金にはどのようなものがあるのでしょうか。
ここでは、企業年金、年金と税金の
しくみについて理解を深めます。

Chapter 1 Section 6

企業年金等

6日目 32

❶企業年金

- 企業年金の概要
- 確定給付型年金
- 確定拠出年金
- 自営業者などの年金

❷年金と税金

- 公的年金等にかかる税金
- 個人年金にかかる税金

❶企業年金

◆ 企業年金の概要

企業年金とは、企業が公的年金に加えて任意に設けている制度です。従業員の老後の生活をより安定させることを目的としており、**確定給付型年金**と**確定拠出型年金**に分類できます。

企業年金の分類

	確定給付型			確定拠出型
	厚生年金基金	確定給付企業年金		確定拠出年金（企業型）
		基金型	規約型	
運営主体	厚生年金基金	基金	事業主	原則事業主
掛金拠出者	事業主（加入者負担がある場合もある）			原則事業主
運用結果に対する責任	事業主			加入者個人

◆ 確定給付型年金

確定給付型年金とは、あらかじめ年金の給付額が確定している年金制度のことです。**厚生年金基金**や**確定給付企業年金**があります。

1．厚生年金基金

厚生年金基金は、厚生年金の一部です（代行部分▼）。代行部分は必ず終身年金▼となります。さらに基金独自に給付を上乗せすることもでき、退職一時金として受け取ることもできます。

2014年４月１日に基金制度の見直しに関する改正法が施行され、基金の新設禁止などが規定されました。

用語

代行部分…国に代わって給付する部分。
終身年金…支給開始時点から被保険者が一生涯受け取れる年金保険のこと。

2．確定給付企業年金

確定給付企業年金は、従業員が受け取る年金の額があらかじめ決まっている年金制度のことです。現在、最も普及しています。

確定給付企業年金には、厚生年金基金の受け皿としての**基金型**と、適格退職年金（2012年３月末廃止）の受け皿としての**規約型**があります。

3．中小企業退職金共済制度（中退共）

中小企業退職金共済制度は、独自の退職金制度を持つことが厳しい中小企業を支えるための制度です。掛金は、全額事業主が負担しますが、一部を国が負担する制度があります。原則として従業員は全員加入で、役員、個人事業主およびその配偶者は加入できません。

なお、同居親族であっても使用従属（じゅうぞく）関係が認められれば、その同居親族も加入できるようになっています。

◆ 確定拠出年金

確定拠出年金（DC（ディーシー））とは、企業型の場合、掛金は原則、企業が拠出（選択型DCの場合は、従業員が拠出）しますが、運用は従業員自身が行い、その結果で将来の年金額が決まる年金制度です。つまり、運用実績によって受け取る年金額が変わるということです。

確定拠出年金は企業が掛金を拠出する**企業型**と、個人が任意に加入する**個人型**（iDeCo（イデコ））の２つがあります。個人型の掛金は月々 5,000円からで、1,000円単位で決めることができます。

確定拠出年金のポイント

①転職・退職などの際に原則、資産の移換が必要（ポータビリティ）
②掛金拠出時、運用時、受取り時にそれぞれ**税制優遇**がある
③国民年金の保険料未納者、免除者は加入することができない

確定拠出年金(DC)の企業型と個人型の概要

<table>
<tr><th colspan="2"></th><th>企業型</th><th>個人型</th></tr>
<tr><td colspan="2">加入対象者</td><td>確定拠出年金を導入している企業の従業員
(規約により最高70歳未満まで)</td><td>原則65歳未満*の公的年金の被保険者</td></tr>
<tr><td colspan="2">加入</td><td>原則全員加入（規約に基づく）</td><td>任意加入</td></tr>
<tr><td colspan="2">掛金の拠出</td><td>原則として企業(規約により従業員の拠出＜マッチング拠出＞も可能)
選択型DC（給与財源DCや賞与財源DC）の場合は従業員</td><td>加入者個人で拠出</td></tr>
<tr><td colspan="2">給付</td><td colspan="2">老齢給付金、障害給付金、死亡一時金の３種類
老齢給付金は、60歳から75歳までに受給開始。ただし60歳から受給するためには10年以上の通算加入者期間が必要
＊一定の要件を満たせば脱退一時金も可</td></tr>
<tr><td colspan="2">運用時課税</td><td colspan="2">非課税</td></tr>
<tr><td rowspan="2">税制</td><td>掛金</td><td colspan="2">企業：損金算入
個人：小規模企業共済等掛金控除</td></tr>
<tr><td>給付</td><td colspan="2">老齢給付：年金…雑所得（公的年金等控除の適用あり）
一時金…退職所得（退職所得控除の適用あり）</td></tr>
</table>

＊60歳以上は、第２号被保険者もしくは国民年金に任意加入している人

確定拠出年金(DC)の掛金限度額

		企業の限度額（月額）	個人の限度額（月額）
企業型	企業型DCのみ	55,000円	事業主掛金の金額を超えない。かつ、事業主掛金と従業員掛金（マッチング拠出）を合計して法定の上限を超えない
	企業型DC＋確定給付企業年金等	27,500円	
個人型	自営業者等（第１号被保険者）	−	68,000円*
	勤務先に企業年金のない会社員	−	23,000円
	企業型DCのある会社員	−	20,000円**
	確定給付企業年金等のある会社員	−	12,000円**
	公務員	−	12,000円
	専業主婦等（第３号被保険者）	−	23,000円

＊国民年金基金や付加保険料と合わせての限度額となる。

＊＊企業型DCの事業主掛金とiDeCoの掛金、これらの合計額がそれぞれ以下の表のとおりであることが必要である。また、企業型DCにおいて加入者掛金を拠出(マッチング拠出)している場合などには、iDeCoに加入できない。

	企業型DCに加入している人が、iDeCoに加入する場合（月額）	企業型DCと確定給付型に加入している人がiDeCoに加入する場合（月額）
企業型DCの事業主掛金(①)	55,000円以内	27,500円以内
iDeCoの掛金(②)	20,000円以内	12,000円以内
①＋②	55,000円以内	27,500円以内

※個人型の掛金は毎月定額を拠出するのが基本だが、掛金の拠出を1年単位で考え、加入者が年1回以上、任意に決めた月にまとめて拠出（年単位）することも可能。

確定給付型と確定拠出型との違い

確定給付型……年金の受給額が確定している

確定拠出型……掛金の拠出額が確定している

◆ 自営業者などの年金

自営業者などの年金制度として、**小規模企業共済**や**国民年金基金**、確定拠出年金（個人型）があります。

1．小規模企業共済

小規模企業共済とは、常時使用する従業員が20人（商業とサービス業では５人）以下の個人事業主や会社の役員等が、退職金などを用意する共済制度です。

掛金は**月額1,000円～70,000円**（500円単位）で、全額が**小規模企業共済等掛金控除**の対象となります。給付は、一時金として受け取る共済金は退職所得扱い、年金形式で受け取る共済金は公的年金等控除の対象となります。

小規模企業共済の掛金はいつでも増額や減額ができるニャ

2．国民年金基金

国民年金基金は、国民年金の第１号被保険者の上乗せ年金制度で、**全国国民年金基金**と同一事業または業務ごとの**職能型国民年金基金**（しょくのう）の２形態があり、どちらか１つの基金に加入することができます。

原則として、国民年金保険料の未納者や免除者、付加保険料を払っている人は加入できません。なお、2013年４月１日より加入対象が拡大され、国民年金の任意加入被保険者（60歳以上65歳未満の人）も加入できるようになりました。掛金は、確定拠出年金と合わせて**月額68,000円まで**で，全額が**社会保険料控除**の対象となります。加入は口数制となっており、１口目は終身年金（Ａ型・Ｂ型）のいずれかを選択します。加入時の年齢や性別により掛金の額は異なります。受給する年金には**公的年金等控除が適用**されます。なお、国民年金基金の加入員になると、**付加保険料は納付できなくなります**。

②年金と税金

受給時には公的年
金も個人年金も雑
所得になるニャ

◆ 公的年金等にかかる税金

1．保険料の支払時

国民年金、**厚生年金**、**国民年金基金**などの保険料や掛金は、全額が社会保険料控除となります。

2．年金受給時

老齢基礎年金や**老齢厚生年金**などの老齢給付を受給したときは、公的年金等控除が適用され、雑所得の対象となります。ただし、障害給付や遺族給付は非課税です。

3．企業年金と税金

加入者負担分の保険料や掛金の控除は、以下のようになります。

厚生年金基金	社会保険料控除
確定給付企業年金	生命保険料控除
確定拠出年金	小規模企業共済等掛金控除

公的年金と同じく受け取った年金は雑所得として課税の対象となります。ただし、一括で受け取った場合は、退職所得として課税の対象となります。

個人年金にかかる税金

1．個人年金とは

個人年金は老後の生活資金を貯めるものです。生命保険会社、かんぽ生命、共済などが取り扱う**保険型**が主流です。

●保険料の支払時

一定の要件に該当する個人年金保険契約の場合、一般の生命保険料とは別枠で個人年金保険料控除が受けられます。

●年金受給時

生命保険契約や共済契約から受け取る年金は、公的年金等と同じく**雑所得**として課税の対象となります。ただし、公的年金等控除の適用はありません。なお、一時金として受け取った場合は一時所得として課税の対象となります。

年金の税務上の取扱い

年金制度		保険料（掛金）負担時		年金受給時	
		本人負担分	企業負担分	課税	公的年金等控除
公的年金*		社会保険料控除	全額損金算入	雑所得	適用あり
企業年金	厚生年金基金				
	確定給付企業年金	生命保険料控除			
	確定拠出年金(企業型)	小規模企業共済等掛金控除			
	確定拠出年金(個人型)		—		
個人年金（保険型）		生命保険料控除	—		適用なし

＊ 公的年金のうち、老齢による給付は雑所得だが、障害年金や遺族年金は非課税。

· MEMO ·

Chapter 1 Section 6

企業年金等

練習問題

次の各記述のうち、正しいものには○を、誤っているものには×をつけなさい。

企業年金

1．将来支払われる年金の額があらかじめ決まっている年金制度を確定給付型という。

2．自営業者が、確定拠出年金（個人型）に加入した場合、拠出限度額は国民年金基金の掛金と合算して月額70,000円である。

3．確定拠出年金(企業型)の掛金拠出者はいかなる場合も企業のみである。

4．確定給付型年金は厚生年金基金だけである。

年金と税金

5．確定拠出年金（企業型）の本人負担掛金（保険料）は、社会保険料控除の対象になる。

6．保険型個人年金から受け取る年金は、雑所得の対象となるが、公的年金等控除の適用はない。

よく勉強
したニャ

解答

1 ○　企業年金には確定給付型年金と確定拠出型年金がある。

2 ×　自営業者が、確定拠出年金（個人型）に加入した場合、拠出限度額は国民年金基金の掛金と合算して月額68,000円である。

3 ×　確定拠出年金(企業型)の掛金拠出者は、原則企業だが、規約で定めれば従業員も拠出できる（マッチング拠出)。また最近では選択型DCと呼ばれる、従業員のみが拠出するタイプもある。

4 ×　確定給付型年金には厚生年金基金や確定給付企業年金がある。

5 ×　確定拠出年金(企業型)の本人負担掛金（保険料）は、全額小規模企業共済等掛金控除の対象になる。

6 ○　保険型個人年金から受け取る年金には公的年金等控除は適用されない。

正解

6問

Chapter1は
あと１日だニャ
7日目
32

Chapter 1 ライフプランニング Section 7

ライフプラン 策定上の資金計画

ライフプランの策定（さくてい）において、
どのように資金計画を立てればよいのでしょうか。
ここでは、住宅取得、教育資金、リタイアメントの
資金計画について理解を深めるほか、
ローンとカードの概要を学びます。

Chapter 1 Section 7

ライフプラン策定上の資金計画

7日目 32

❶住宅取得プランニング

- 住宅取得の考え方と購入時の諸経費
- 住宅ローンのしくみ
- 住宅ローンの種類と内容
- 住宅ローンの借換え
- 住宅ローンの繰上げ返済
- 団体信用生命保険

❷教育資金プランニング

- 教育資金の準備方法
- 教育ローン・奨学金

❸リタイアメント・プランニング

- 老後の資金プランの作成
- 老後生活のリスクとその手当て

❹ローンとカード

- おもなカード(決済手段)と返済方法
- キャッシングやカードローン
- 総量規制

❶住宅取得プランニング

頭金、住宅ローンの期間などしっかりとしたプランニングが必要だニャ！

◆ 住宅取得の考え方と購入時の諸経費

住宅は高価なので、購入には住宅ローンを利用し、長期間返済していくのが一般的です。

最近の住宅ローンは、物件価格の100％まで融資（ゆうし）するところが多くなっていますが、返済開始後のライフプランや借入時の金利優遇等を考慮（こうりょ）すると20％程度は自己資金で準備したいものです。また、手続き上の費用や登記（とうき）関係の税金、引越しや家具の購入費用などの諸経費も必要です。

つまり、自己資金で**物件価格の30%前後**（頭金20%+諸経費10%）を準備するのが望ましいといえます。

◆ 住宅ローンのしくみ

住宅ローンについては、借入先や商品の種類、金利のしくみや返済方法などについて理解が求められます。

住宅ローンの返済負担には「借入額」「金利」「返済期間」が大きく影響します。その他の条件が同じなら、借入額が多いほど、金利が高いほど、返済期間が長いほど支払い利息は多くなります。

住宅ローンの金利

固定金利型…………申込時や契約時の金利が返済終了まで変わらない

変動金利型…………通常、適用金利は**半年ごと**、返済額は**５年ごと**に見直される

固定金利選択型……変動金利型の一種で、返済当初の一定期間（２年、５年など）のみ固定金利で、固定金利期間終了後、再度、固定金利型か変動金利型かを選択する

住宅ローンの返済方法には、**元利均等返済**(がんりきんとうへんさい)と**元金均等返済**(がんきんきんとうへんさい)があります。

元利均等返済…返済額が毎月一定なので、返済計画が立てやすい。返済当初は毎月返済額に占める利息部分が多いが、返済期間の経過とともに元金部分の占める割合が多くなる

元金均等返済…毎月返済額に占める元金額が一定。したがって返済が進むにつれ、毎月返済額は少なくなる。返済当初の毎月返済額が高い

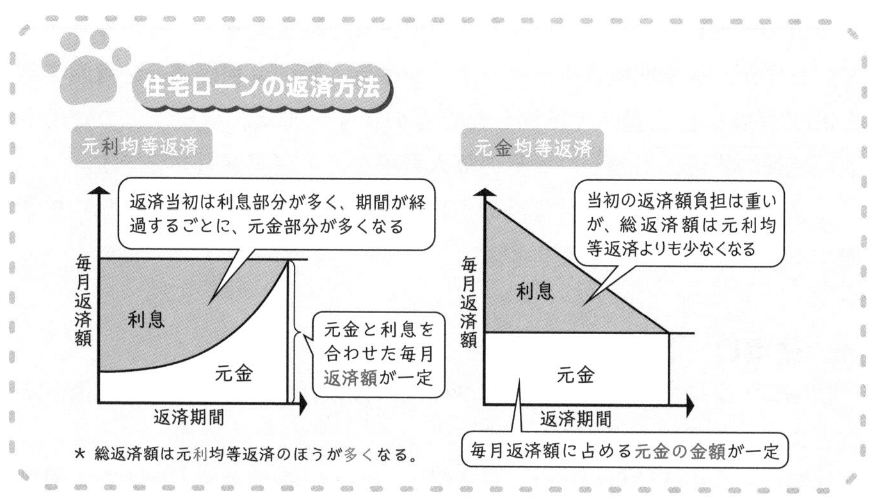

◆ 住宅ローンの種類と内容

住宅ローンは公的融資と民間融資（銀行等、JA、生命保険会社、ノンバンクなど）に大きく分けられます。公的融資の代表的なものに財形住宅融資があります。民間融資は取扱金融機関によっても違いますが、公的融資よりも、物件に対する規制や収入基準などが一般的にゆるやかです。

住宅ローンの種類

●財形住宅融資

財形貯蓄をしている人が利用できる融資制度のこと。

金利	5年間固定金利（5年経過ごとに見直し）
申込年齢	申込日現在70歳未満
融資金額	貯蓄残高の10倍以内（最高4,000万円）、 実際に要する費用の90%以内
収入基準	年収に占めるすべての借入れの総返済負担率が 年収400万円未満：30%以下　年収400万円以上：35%以下 （住宅金融支援機構の場合）
返済期間	最長35年（完済（かんさい）時年齢は80歳まで）
その他	・財形貯蓄を1年以上継続し、残高が50万円以上あること ・同じ住宅に対して夫婦・親子それぞれで申込み可能

●フラット35（買取型）

住宅金融支援機構が民間金融機関の住宅ローン債権を買い取って行う証券化ローン。申込みは民間金融機関。フラット35は、家族構成と建て方などの組み合わせにより条件を満たせば、最大年1.0%の金利引き下げを受けられます。金利引下げの条件を満たすごとにポイント換算され、合計ポイント数によって金利引下げ幅が決まります。

金利	固定金利（融資実行日の金利、取扱金融機関で異なる）
申込年齢	申込日現在70歳未満（親子リレー返済の場合は70歳以上でも利用可）
融資金額	融資限度額は8,000万円、建築費等の100%まで
収入基準	年収に占めるすべての借入れの総返済負担率が 年収400万円未満：30%以下　年収400万円以上：35%以下
返済期間	15年～35年（完済時年齢は80歳まで）
その他	・保証人や保証料は不要 ・繰上げ返済の際の手数料は不要 ・繰上げ返済の最低繰上額　{金融機関窓口の場合　→100万円以上／インターネットの場合→10万円以上} ・財形住宅融資との併用は可

用語

総返済負担率…年収に占めるすべての借入れの年間返済額の割合のこと。
総返済負担率（%）＝すべての借入れの年間返済額÷年収×100%

フラット35は、住宅金融支援機構と民間金融機関が提携（ていけい）して行う証券化ローンです。2023年４月からは、新築住宅については国の省エネ基準を満たしていない物件は借り入れができません。

◆ 住宅ローンの借換え

借換え（かりかえ）とは、利息負担を少なくするために、現融資よりも金利が低い住宅ローンに組み換えることです。ただし、借換えには諸経費がかかり、原則として公的融資への借換えはできません。

借換えの効果があるかどうかの
一般的な目安は金利差１％以上、
残りの返済期間10年以上、
残債1,000万円以上だニャ！

◆ 住宅ローンの繰上げ返済

繰上げ返済とは、決められた毎月の返済額以外にまとまった金額を追加して支払って、ローンの元金の一部または全部を返済することです。返済した元金に対する利息を支払わなくて済むので、利息負担を減らすことができます。

繰上げ返済の種類

●返済期間短縮型

毎月の返済額を変えずに、返済期間を短縮する方法。早期に実行するほど、利息軽減効果は大きくなる。

同一条件なら利息軽減効果は返済額軽減型より**大きくなる**。

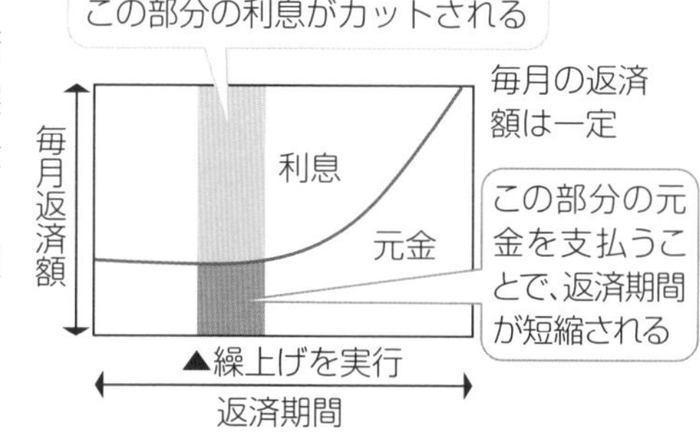

●返済額軽減型

返済期間を変えずに、毎月の返済額を軽減する方法。

同一条件なら利息軽減効果は返済期間短縮型より**小さくなる**。

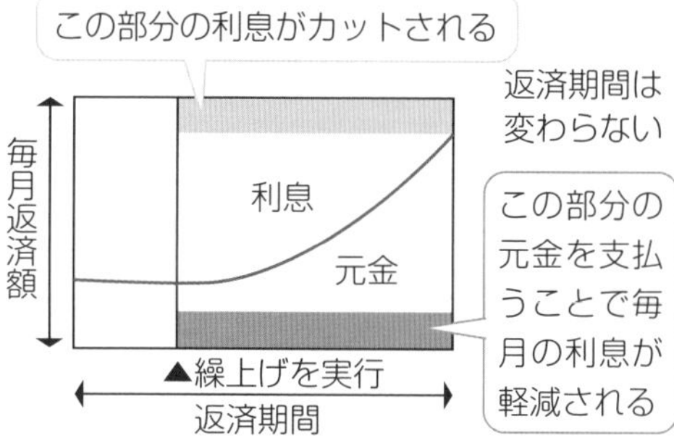

◆ 団体信用生命保険

団体信用生命保険とは、被保険者を住宅ローンを借りた人、保険金受取人を金融機関とする生命保険です。住宅ローンを借りた人が死亡、または高度障害になった場合、住宅ローンの残高分が保険金として金融機関に支払われて、ローンは完済します。

❷教育資金プランニング

子どもの教育費は計画的に早めに準備しておくことが必要だニャ。
学校教育費はもちろん、学校外教育費も忘れずにニャ

◆ 教育資金の準備方法

教育資金の準備方法には、大きく分けてこども保険（学資保険）などの保険商品と、一般財形貯蓄（P.236）や積立定期預金などの積立商品を利用する方法があります。最近では、子どもが小さい家庭では、教育資金準備の一部を投資信託の積立で行う人も増えてきました。

教育資金の準備方法の例

こども保険、学資保険（生損保、JA等）	・満期は、17歳・18歳、21歳・22歳など、保険会社や商品によって異なり、選択できる場合もある ・貯蓄機能と育英資金機能がある ・満期時に満期保険金が受け取れる ・進学時の祝金や契約者である親の死亡後に育英年金が受け取れるタイプもある ・契約者である親が死亡した場合、以後の保険料払込みは免除される	保険商品

◆ 教育ローン・奨学金

1．教育ローン

公的融資と民間金融機関の教育ローンがあります。

●教育一般貸付（国の教育ローン）

教育一般貸付には次のような特徴があります。

教育ローンは親が借りて返すけど、奨学金は学生本人が借りて、卒業後に本人が返すんだニャ！

教育一般貸付

金利	固定金利	
融資限度額	下記いずれかの資金として利用する場合 ・自宅外通学 ・修業年限５年以上の大学（昼間部） ・大学院 ・海外留学	学生１人につき 450万円
	上記以外の場合	学生１人につき **350万円**
返済期間	最長18年	
取扱金融機関	日本政策金融公庫	
その他	・世帯の年収制限がある（子どもの人数によって異なる） ・在学中は元金据え置きで利息分だけ返済することも可能 ・日本学生支援機構の奨学金と重複して利用することも可能	

●都市銀行や地方銀行、信用金庫（民間金融機関）の教育ローン

融資条件等は顧客との取引内容などによってそれぞれ異なり、固定金利型や変動金利型、無担保(たんぽ)ローンや有担保ローンなどさまざまなタイプがあります。

2．奨学金

代表的な奨学金制度である日本学生支援機構の奨学金制度は、特に優れた学生および生徒で経済的理由で修学が難しい人を対象にした第一種奨学金（無利息）と、一般の学生などを対象にし、本人の学力や家計の収入等の基準がゆるやかな第二種奨学金（有利息、在学中は無利息）の貸与(たいよ)型奨学金、そして経済的に困難な状況にある低所得の世帯の生徒を対象とした給付型奨学金（返還不要）があります。給付型奨学金の対象者は大学等へ申請することにより授業料・入学金の減免(げんめん)も受けられます。対象となるのは住民税非課税世帯およびそれに準ずる世帯の、進学先で学ぶ意欲のある学生です。意欲は成績だけでなくレポートなどでも評価されます。

③リタイアメント・プランニング

老後の「生きがい」「生活資金」「健康（医療保障）」についての計画を立てることだニャ！

老後の資金プランの作成

老後の生活資金は公的年金と退職金、貯蓄が３つの大きな柱です。生命保険文化センターの2022年度の調査によると、夫婦２人の老後に必要な最低日常生活費は月額約23万円、ゆとりのある老後の生活費は月額約38万円となっています。

老後資産運用の考え方のポイント

①分散投資でリスクを軽減
②老後の資産運用は、収益性より安全性・流動性を重視
③各金融機関の健全性や金融商品のセーフティネットにも注意

セーフティネット？
くわしくは14日目で
勉強するニャ！

老後生活のリスクとその手当て

老後生活では、長生きリスクに徐々にウエイトが移ってきます。

老後保障の考え方のポイント

①死亡保障より、病気や要介護状態等の医療保障（医療保険、がん保険、介護保険、傷害保険などへの加入を検討）を重視する
②保険と預貯金とのバランスをとる
③相続対策も検討

用語

長生きリスク…想定よりも長生きすることで貯蓄がなくなり、経済的に困窮状態に陥ること。

④ローンとカード

クレジットカードを使っても、1回払いなら利息はかからないニャ！

おもなカード（決済手段）と返済方法

カード（決済手段）のしくみ

●カードの分類

クレジットカード	利用者の返済能力について審査があり、信用に基づいて発行される。買い物などの利用代金はクレジットカード会社が支払い、後日、クレジットカード会社に利用代金を支払うことになる。返済方法によって、金利・手数料がかかる。原則、18歳以上であれば契約ができる
デビットカード	加盟店での買い物などの利用代金が、その都度即時あるいは数日後に、そのカードを発行した銀行等の利用者の口座から引き落とされる
電子マネー	現金の情報をICカードに記録したもので、支払い前にチャージ（入金）しておくプリペイド（前払い）タイプと、クレジットカード等で決済する後払いのタイプがある
コード決済	バーコードやQRコードを使って支払う方法。コードは商品・サービスを提供する店舗側の情報や利用者側の支払い情報などに関連づけられており、コードを通して利用金額とともに読み込むことで、決済アプリやクレジットカードから利用額が引き落とされる。 消費者がスマートフォンにコードを表示して店側で読み取る消費者提示型と、店側がコードを表示して消費者が読み取る店舗提示型がある

●返済方法の種類

一括払い	利用代金を1回払いで返済する方法。一般にクレジットカードを一括払いで利用した場合には、日本では金利・手数料はかからない
分割払い	購入代金を数回に分けて行う支払い方式。元利均等方式と元金均等方式がある
リボルビング方式	利用限度額の範囲内で、利用金額や件数にかかわらず、毎月、原則として一定金額あるいは一定割合を支払っていく方式。未返済残高に対して利息が発生する
アドオン方式	借入当初の元金に対して返済期間と所定の年利率を掛けて利息額を算出し、元金と利息の総額を返済回数で割って毎回の返済額を決める方式

◆ キャッシングやカードローン

担保不要で貸付けする**無担保ローン**には、キャッシングやカードローン、使途自由のフリーローンなどがあります。一般的に、有担保で使途が限定されているローンに比べると金利は高めです。

キャッシングとカードローン

キャッシング	クレジットカード会員などに対して行う小口融資。クレジットカードを使ってATMから融資が受けられる。
カードローン	銀行やクレジットカード会社、消費者金融会社などが、返済能力などを審査したうえで発行するリボルビング方式の無担保ローン。キャッシュカードや貸付専用のカードを使ってATMから融資が受けられる。

◆ 総量規制

貸金業法により、貸金業者（消費者金融業者等）から個人が融資を受ける場合には融資額の総量規制が実施されています。総量規制により、１人当たりの無担保借入額(利用枠設定の場合は利用枠、キャッシングサービスの限度額を含む)の合計額は、申込者の希望する金額の範囲内で、かつ、他社の借入残高と合算して**年収額の1/3以内**に制限されます。

クレジットカードでキャッシングした場合も総量規制の対象となりますが、商品を購入（ショッピング）する行為は総量規制の対象となりません。

銀行や信用金庫からの借入は貸金業法の規制対象ではないので、総量規制は適用されません。

Chapter 1 Section 7

ライフプラン策定上の資金計画

練習問題

次の各記述のうち、正しいものには○を、誤っているものには×をつけなさい。

住宅取得プランニング

1．住宅ローンの返済方法において、元利均等返済方式と元金均等返済方式を比較した場合、返済期間や金利などの他の条件が同一であれば、一般的に利息を含めた総返済金額が少ないのは元金均等返済方式である。

2．フラット35の借入金利は利用する金融機関にかかわらず同じである。

3．借入れ中の民間住宅ローンを他の民間住宅ローンに借換えすることはできない。

教育資金プランニング

4．使途が海外留学の場合、教育一般貸付の融資限度額は学生1人につき500万円である。

5．日本学生支援機構が行う貸与型奨学金制度には、無利息の第一種奨学金と有利息の第二種奨学金がある。

6．教育一般貸付の返済期間は原則として20年である。

「きほん問題集」で
実力アップだニャ！
→問題集p.12-29,
p.122-145

解答

1 ○ 元金均等返済方式は、元利均等返済方式よりも元金の減少が早いため、同じ返済期間の場合、元利均等返済方式よりも返済金額の合計が少なくなる。

2 × フラット35の借入金利は、取扱金融機関が独自に定めている。そのため、利用する金融機関によって異なる場合がある。

3 × 公的融資（財形住宅融資など）への借換えはできないが、民間住宅ローンに借換えすることはできる。

4 × 海外留学を目的として、教育一般貸付を利用する場合の融資限度額は学生１人につき450万円である。

5 ○ 無利息の第一種奨学金は、特に優れた学生などを対象にしている。

6 × 原則として18年である。

正解
　
6問

Chapter 2 リスク管理 | Section 1

リスクマネジメント、保険制度全般の理解

ここでは、リスクマネジメントの概要を理解し、
保険制度全般について理解します。
特に保険業法や
金融サービスの提供及び利用環境の整備等に関する法律の
出題頻度は高くなっています。

Chapter 2 Section 1

リスクマネジメント、保険制度全般の理解

8日目
32

❶リスクマネジメント

- リスクマネジメントの概念
- リスクマネジメントの手法

❷保険制度全般

- 社会保険制度と民間保険
- 保険募集の形態
- 契約者保護に関する制度および規制
- ソルベンシー・マージン比率
- 保険契約者保護機構

❶リスクマネジメント

死亡や病気、事故等
さまざまな
リスクがあるニャ！

私たちが生きていくうえで、避けられない危険（リスク）に備えることをリスクマネジメント（リスク管理）といいます。

◆ リスクマネジメントの概念

リスクマネジメントとは、起きてほしくはないが、起こりうる可能性のある事態の発生を防ぎ、損失を軽減するために、最小の費用で最大の効果をあげるための対策を計画・実行する手段です。

◆ リスクマネジメントの手法

リスクマネジメントは、次の手順で行われます。

ただし、リスクへの対応策を実行した後も、経済状況や環境変化に応じて、定期的な見直しが必要になります。

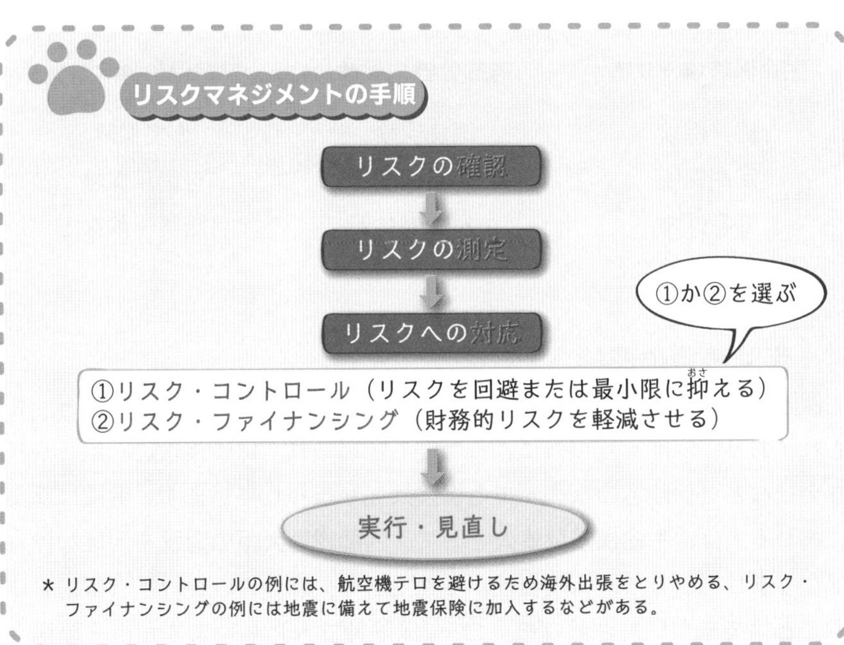
リスクマネジメントの手順
リスクの確認
リスクの測定
リスクへの対応
①か②を選ぶ
①リスク・コントロール（リスクを回避または最小限に抑える）
②リスク・ファイナンシング（財務的リスクを軽減させる）
実行・見直し
＊ リスク・コントロールの例には、航空機テロを避けるため海外出張をとりやめる、リスク・ファイナンシングの例には地震に備えて地震保険に加入するなどがある。

❷保険制度全般

たくさん種類が
あるから、まずは
全体像をつかむニャ

保険制度とは、あらかじめ一定の保険料を支払っておくことで、事故が起きた場合に保険金が受け取れるしくみのことです。

◆ 社会保険制度と民間保険

保険制度には、**社会保険**（公的年金や公的医療保険など）と**民間保険**（民間の会社が保険者）の２つがあります。民間保険は、社会保険を補(おぎな)うための保険で、人間の生命に関するリスクに備える**生命保険**（第一分野）と、人間もしくは物の損害に関するリスクに備える**損害保険**（第二分野）があります。また、第一分野と第二分野の中間に位置し、医療・介護・傷害などに関する保険を**第三分野の保険**といい、生命保険会社も損害保険会社も取り扱うことができます。

民間保険の具体例

生命保険（第一分野）	第三分野の保険	損害保険（第二分野）
終身保険	医療保険	火災保険
定期保険	介護保険	自動車保険
養老保険	がん保険など	自賠責保険など
個人年金保険など		

◆ 保険募集の形態

保険募集は、法令上「**保険契約の締結の代理または媒介を行うこと**」とされており、保険会社以外による販売も認められ、保険代理店、銀行や証券会社など（保険窓口販売）でも保険販売が行われています。実際に募集に携わる人は、**生命保険募集人**として、**内閣総理大臣**の**登録**を受けなければなりません。また、保険会社から独立して、媒介のみを行う（契約を結ぶことはできない）保険ブローカー（保険仲立人）もいますが、その場合も生命保険募集人の登録が必要です。

保険商品の募集行為ができる人

生命保険募集人…顧客と保険会社の契約締結の代理または媒介を行う
保険代理店………顧客と保険会社の契約締結の代理または媒介を行う
保険ブローカー…保険契約の媒介をする。契約締結権、保険料受領権、
（保険仲立人）　告知受領権は認められていない
保険窓口販売……銀行等による窓口販売

契約者保護に関する制度および規制

保険契約においては、契約者を保護するためにさまざまな制度や法律が定められています。

1．保険とコンプライアンス（法令遵守義務）

保険の募集を含めた保険事業が健全に運営されるために、**保険業法**が定められています。また、2010年４月に施行された保険法には、保険契約者保護のために契約当事者間における契約ルールが定められています。

保険は金融商品の１つであり、保険契約は消費者と事業者の間で交わされるものであるため、金融サービスの提供及び利用環境の整備等に関する法律（金融サービス提供法）と消費者契約法のいずれも対象となります。保険業法において、以下のような行為は禁止されています。

保険募集のおもな禁止行為

①虚偽の説明行為
②契約内容の違法な比較行為
③告知義務違反を勧める行為
④契約の不当な乗換え行為
⑤特別な利益の提供行為
⑥威迫、業務上の地位の不当利用
⑦契約者配当、剰余金分配の予想等の行為

保険に関するおもな法律

保険業法	・共済契約には適用されない ・保険募集の禁止行為や、違反をした際の処分や罰則を規定 ・クーリングオフに関する規定
保険法	・契約当事者間における契約ルールを規定 ・生命保険、損害保険に加え、傷害疾病保険（第三分野の保険）の規定が新設。共済契約にも適用
金融サービスの提供及び利用環境の整備等に関する法律	・重要事項の説明義務違反は、損害賠償請求が可能 ・顧客への勧誘方法などに関する勧誘方針を策定
消費者契約法	・重要事項の誤認・不退去・監禁等の場合、契約の取消しが可能

2．クーリングオフ

クーリングオフとは、一定期間内であれば契約を一方的に取り消すことができる制度のことです。契約を転換した場合を含め、一定の新規契約はクーリングオフの対象になります。書面やFAX、メール等の電磁的記録による申し出が必要です。

保険契約におけるクーリングオフのポイント

適用期間	当日*を含めて８日以内（保険会社によってはもっと長いことも）
適用外となる保険契約	・契約にあたって医師による診査（→p.120）を受けた場合 ・電話等（口頭）で伝えた場合 ・保険期間が１年以内の契約の場合 ・法人が契約者である場合 ・法律上加入が義務づけられている場合（自賠責保険）

＊契約の申込みの撤回についての事項を記載した書面を交付した日、または申込みをした日のいずれか遅い日のこと。

◆ ソルベンシー・マージン比率

ソルベンシー・マージン比率（支払余力）とは、地震など通常の予測を超えるリスクに対して、どれだけ保険金の支払能力がある保険会社なのかを数値で表すものです。ソルベンシー・マージン比率が200%を下回った保険会社に対しては、金融庁による早期是正措置の対象となり、経営を改善するよう促されます。

保険契約者保護機構

保険契約者保護機構とは、保険会社が破たんした場合に契約者を保護するための制度で、生命保険・損害保険にわかれて設立されています。保険会社は、原則として強制加入となっています。共済や少額短期保険業者（→p.137）、簡易保険は対象外ですが、郵政民営化後のかんぽ生命の生命保険は対象となっています。加入窓口が銀行等であっても、保険であれば保険契約者保護機構による補償の対象となります。

生命保険契約者保護機構では加入している生命保険会社が破たんした場合、原則として責任準備金（→p.120）の90%まで補償されます。この場合、補償されるのが「契約金額」ではないことに注意しましょう。

また、破たん保険会社から救済保険会社（または機構）に保険契約が移転される場合、予定利率の変更や短期の解約にペナルティが課される可能性もあります。

保険契約者保護機構の補償内容

契約の種類	補償の範囲	
生命保険の補償	全契約の責任準備金の90% （高予定利率契約を除く*）	
損害保険の補償	保険金支払	解約返戻金・ 満期返戻金など
自賠責保険・地震保険	補償割合100%	
自動車保険	破たん後3ヵ月間は 保険金の100% （3ヵ月経過後は80%）	補償割合80%
火災保険		
その他の損害保険 （賠償責任保険など）		
短期傷害・海外旅行傷害保険		
年金払積立傷害保険	補償割合90%*	補償割合90%*
上記以外の傷害・所得補償・ 医療・介護（費用）保険など		補償割合90%* （積立型保険の積立部分は80%）

＊高予定利率契約に該当する場合、補償割合が追加で引き下げられる場合もある。

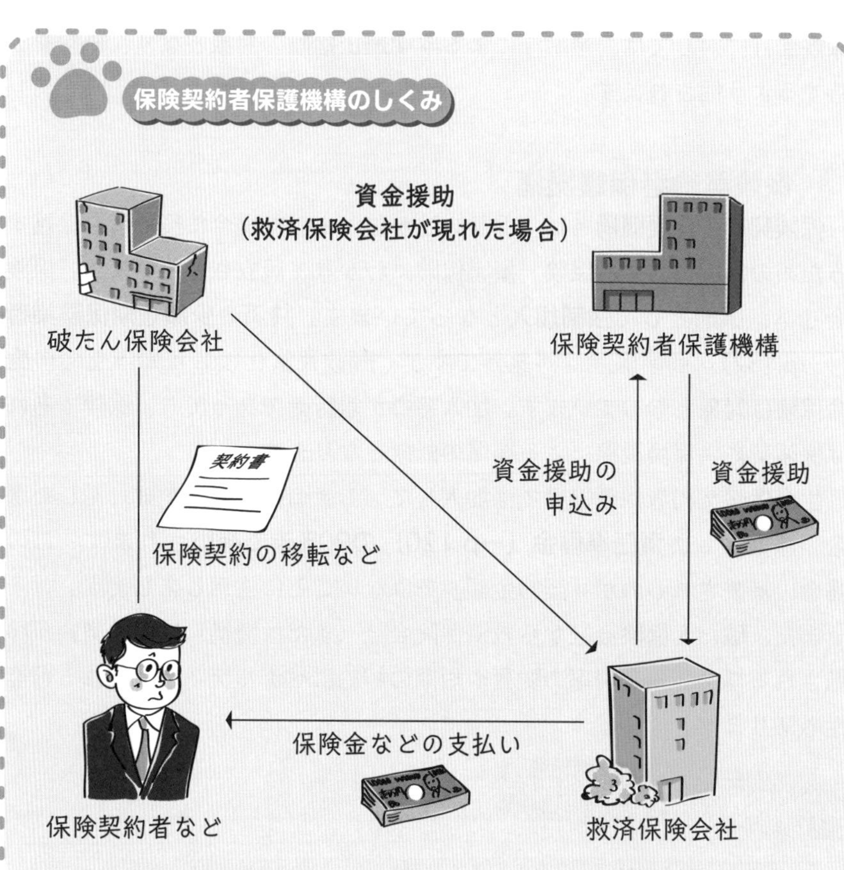
保険契約者保護機構のしくみ
資金援助
（救済保険会社が現れた場合）
破たん保険会社
保険契約者保護機構
契約書
保険契約の移転など
資金援助の
申込み
資金援助
保険金などの支払い
保険契約者など
救済保険会社

Chapter 2 Section 1

リスクマネジメント、保険制度全般の理解

練習問題

次の各記述のうち、正しいものには○を、誤っているものには×をつけなさい。

リスクマネジメント

1. 企業のリスク管理におけるリスク・コントロールの例として、飛行機事故に遭わないように飛行機に乗らないなどがある。

保険制度全般

2. 生命保険募集人が保険募集の際に、保険契約者に不実の告知を勧めたり、告知を妨げたりする行為は禁止されている。

3. 保険募集人の資格を持たないFPでも、保障内容の説明や保険証券分析ができれば、具体的な勧誘や販売をすることも可能である。

4. 消費者契約法によって、「重要事項の説明義務違反があった場合は損害賠償請求が可能」だと定められている。

5. 共済、少額短期保険業者、郵政民営化後のかんぽ生命の生命保険のうち、少額短期保険業者だけが保険契約者保護機構の加入対象外である。

6. 保険契約において、クーリングオフは契約の申込日から例外なく10日以内に書面やFAX、メールなどの電磁的方法で行う。

7. ソルベンシー・マージン比率が150%を下回った場合には、金融庁によって早期是正措置がとられる。

ちょっと
お茶する
ニャ

解答

1 ○　設問の内容はリスク・コントロールの「回避」の例である。そのほか、リスク・コントロールには「損失制御(せいぎょ)」（社内に消火器を設置することなど）がある。

2 ○　保険業法の「健全で適切な募集により契約者が保護される」という目的に違反している。

3 ×　保険募集人の資格を持たないFPが勧誘や販売をすることは禁止されている。

4 ×　同内容は、「金融サービスの提供及び利用環境の整備等に関する法律」によって定められている。

5 ×　共済も保険契約者保護機構の対象外である。

6 ×　原則として当日を含めて8日以内である。保険会社によっては、より長い期間を定めている場合もある。

7 ×　200％が正しい。

正解

7問

Chapter 2 リスク管理 Section 2

生命保険の基礎知識

生命保険の基本を理解することで、
ライフスタイルの変化に伴(ともな)った
最適な生命保険を選ぶことができるようになります。
ここでは、生命保険のしくみと概要、
生命保険料の構成などについて理解を深めます。

Chapter 2 Section 2

9日目 32

生命保険の基礎知識

❶生命保険のしくみ

- 生命保険の種類
- 予定基礎率
- 保険料のしくみ

❷剰余金と配当金のしくみ

- 剰余金
- 配当の有無による保険の分類

❸契約手続きや保険約款の一般的事項

- 生命保険の基礎用語
- 約款と「ご契約のしおり」
- 告知と告知義務違反
- 契約の承諾と責任開始
- 保険料の払込み
- 生命保険の見直し
- 契約の失効・復活
- 自動振替貸付制度
- 保険証券の見方

❶生命保険のしくみ

みんな、なんらかの
生命保険に入っている
んじゃないかニャ？

◆ 生命保険の種類

生命保険は、事故や病気などによって一定の収入を得られなくなったときに、経済的なマイナス面を補い、生活を保障するための制度です。

生命保険の種類

死亡保険	被保険者が死亡または高度障害になった場合に保険金が支払われる。定期保険、終身保険など
生存保険	保険期間が終了するまで被保険者が生存していた場合に保険金が支払われる。個人年金保険、こども保険など
生死混合保険	死亡保険と生存保険の組合せ。養老保険など

生命保険の商品は、主契約と特約に分けられます。

生命保険の商品

主契約（生命保険のベースとなる部分）……単独で契約できる

特約（主契約に付加して契約するもの）……単独で契約できない

＊主契約が消滅すると当然に特約も消滅する。

◆ 予定基礎率

生命保険料は、大数の法則と収支相等の原則に基づいて、３つの予定基礎率を用いて算出されています。

保険料算出の原則

大数の法則	数少ない事象では不確かなことでも、数多くの事象を集めて大きな数でみると、一定の法則があること
収支相等の原則	契約者全体が支払う保険料の総額（収入）と保険会社の運用収入の合計額が、保険会社が受取人全体に支払う保険金の総額（支出）と必要となる保険会社の経費の合計額と等しくなるように、保険料を計算すること

３つの予定基礎率

予定利率	保険会社が運用によって得られる予想収益の割合	予定利率が高いほど、保険料が安くなる
予定死亡率	統計に基づいて算出された性別、年齢別の死亡者数の割合	予定死亡率が低いほど、保険料が安くなる
予定事業費率	保険会社が保険事業に必要な費用の割合	予定事業費率が低いほど、保険料が安くなる

同じ年齢でも男女で
保険料が違うのは、
予定死亡率が違う
からなんだニャ

◆ 保険料のしくみ

保険料は、以下のように分かれています。

保険料の構成

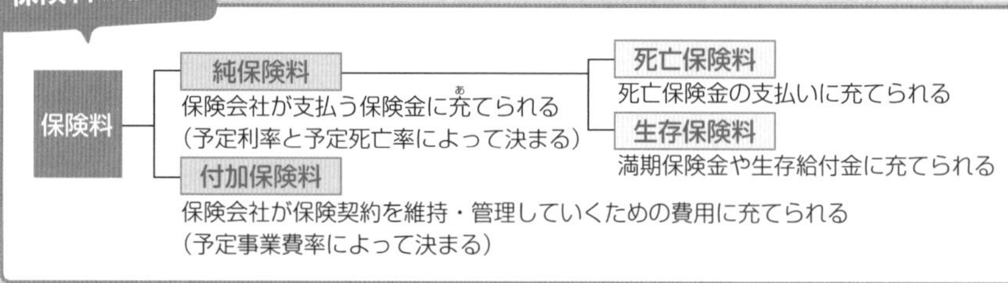
保険料
純保険料
保険会社が支払う保険金に充てられる
（予定利率と予定死亡率によって決まる）
死亡保険料
死亡保険金の支払いに充てられる
生存保険料
満期保険金や生存給付金に充てられる
付加保険料
保険会社が保険契約を維持・管理していくための費用に充てられる
（予定事業費率によって決まる）

②剰余金と配当金のしくみ

決算で剰余金が出たら、
契約者にも配当として
還元されるニャ

剰余金

保険料は３つの予定基礎率から計算されますが、毎年度の決算のときに余(あま)りが出ることがあります。その余りを**剰余金**(じょうよきん)といい、剰余金が出た場合は、一定の条件にしたがって**配当金**として契約者に還元(かんげん)されます。

剰余金は次の３つに区分され、**剰余金の三利源**(りげん)といわれます。

剰余金の三利源

利差益…実際の運用益が、予定利率を**上回った場合**に生じる利益

死差益…実際の死亡者数が、予定死亡率を**下回った場合**に生じる利益

費差益…実際の事業費が、予定事業費率を**下回った場合**に生じる利益

配当の有無による保険の分類

配当金の有無によって、保険は次の３つに分類できます。

配当からみた保険の区分

		保険料
有配当保険	死差益、費差益、利差益による配当を行う保険	高
準有配当保険（利差配当保険）	**利差益**の剰余金による配当のみを行う保険	↕
無配当保険	配当を行わない保険	低

無配当保険は、有配当保険や
準有配当保険よりも保険料が
安いのがメリットだけど、金
利上昇時も配当は受け取れな
いのがデメリットなんだニャ

❸契約手続きや保険約款の一般的事項

約款と「ご契約のしおり」は契約前に保険契約者に渡すニャ！

生命保険の基礎用語

保険契約者……保険会社と契約を結び、契約上の義務と権利を持つ人
被保険者………その人の生死・病気・ケガなどが保険の対象となっている人
保険金受取人…保険契約者から指定された保険金を受け取る人
診査（しんさ）……………保険契約に際し、加入申込者（被保険者）に対して医師が行う身体検査
保険料…………保険契約者が保険の対価（たいか）として保険会社に払い込むお金
保険金…………死亡時や満期時に保険会社から支払われるお金
保険事故………保険金の支払いが発生する出来事（死亡や入院など）
給付金…………入院や手術をした際に保険会社から支払われるお金
責任準備金……保険会社が将来の保険金・給付金の財源として積み立てるもの
解約返戻金（かいやくへんれいきん）……保険契約を途中で解約した場合などに保険契約者に払い戻されるお金

約款と「ご契約のしおり」

約款（やっかん）とは、あらかじめ作成された契約条項です。そこから**重要事項**を取り出して平易（へいい）に解説したものが「ご契約のしおり」です。

ここには、保険商品の内容や契約の権利義務などが記載されており、**契約前**に保険契約者に渡す必要があります。

告知と告知義務違反

契約にあたって、保険契約者または被保険者には**告知義務**があるため、健康状態などの質問に対してありのままに答えなければなりません（告知を求められた事項のみでよい）。告知方法には、告知書扱いと診査扱いなどがあります。故意または重大な過失により、重要な事実について告知をしなかったり、事実とは異なることを告げたりすると**告知義務違反**となり、保険会社はその契約を**解除**することができます。

契約が、一般に、契約日（または復活日）から２年（保険法においては５年）を超えて有効に継続した場合、および保険会社が告知義務違反を知った日から１ヵ月以内に解除を行わなかった場合には、保険会社は契約を解除できません。

契約の承諾と責任開始

顧客の加入の申込みを保険会社が認めることを**承諾**（しょうだく）といいます。また、保険会社が保険金・給付金の支払いなど、契約上の責任を開始する時期を**責任開始期**（日）といいます。責任開始期（日）は、①**保険契約の申込み**、②**告知**（診査）、③**第１回保険料**（充当金（じゅうとうきん））の払込みの３つがすべて完了したときです。

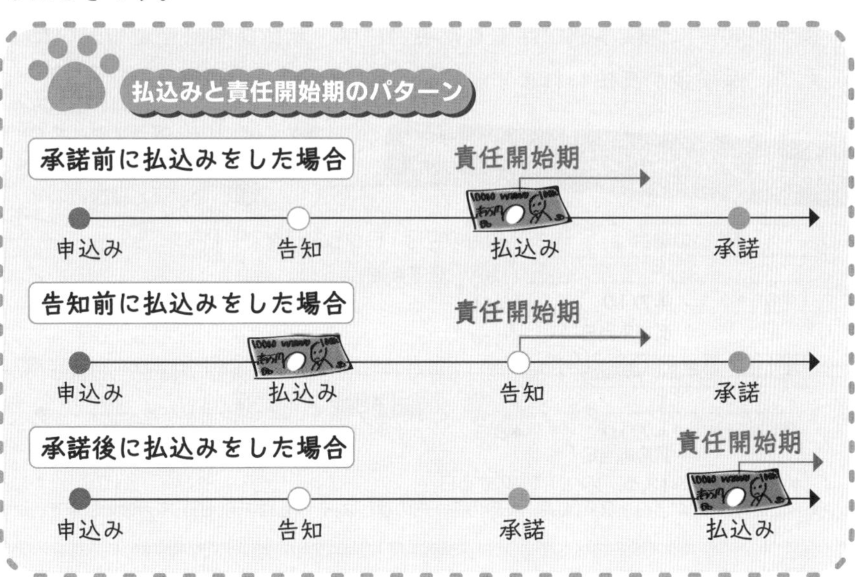

保険料の払込み

1. 保険料の払込方法

保険料の払込方法には、月払い、半年払い、年払いのほか、一時払いや前納の方法があります。一般に、まとめて払う期間が長いほど、保険料の割引率は高くなります。

一時払い…契約の際、保険期間全体の保険料を一時に支払う方法。保険期間中に被保険者が死亡した場合でも保険料は払い戻されない。生命保険料控除は、支払った年の１回限りの適用

前納………将来払い込むべき何回分かの保険料を支払う方法。全保険期間分の保険料を前納することを全期前納という。保険料は保険会社が預かり、払込期月が来るごとに保険料に充当していくので、生命保険料控除は毎年受けられる。死亡や解約の際には、未経過保険料は払い戻される

2. 猶予期間

保険料を支払わなかった場合、一定の猶予期間が設けられています。猶予期間中に保険事故が発生した場合には、未払保険料を差し引いたうえで、保険金が支払われます。

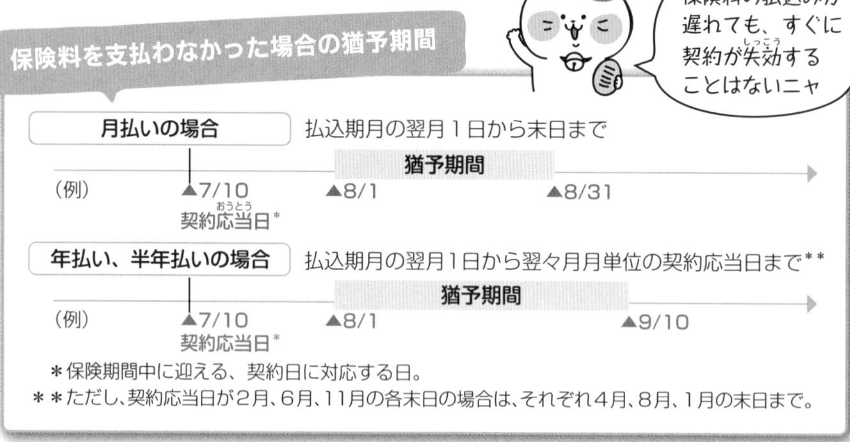
保険料の払込みが遅れても、すぐに契約が失効することはないニャ
保険料を支払わなかった場合の猶予期間
月払いの場合
払込期月の翌月１日から末日まで
猶予期間
（例）
▲7/10
契約応当日*
▲8/1
▲8/31
年払い、半年払いの場合
払込期月の翌月1日から翌々月月単位の契約応当日まで**
猶予期間
（例）
▲7/10
契約応当日*
▲8/1
▲9/10
＊保険期間中に迎える、契約日に対応する日。
＊＊ただし、契約応当日が2月、6月、11月の各末日の場合は、それぞれ4月、8月、1月の末日まで。

生命保険の見直し

1．保障を増やしたい場合

結婚や子どもの誕生などで必要保障額が増加した場合、**追加契約**や特約の**中途付加制度**、**中途増額制度**によって、保障を増やすことができます。

2．保障を減らしたい場合

子どもの独立などで必要保障額が減った場合、保険金を減額することによって、保障を減らすことができます。減額した部分は解約したものとして取り扱われ、それに対応する**解約返戻金**があれば受け取ることができます。

3．保障を見直したい場合

加入している保険が、ニーズの変化に対応しきれなくなった場合、同じ会社で**契約転換制度**（→p.127）を利用し、新しい保険に換える方法があります。また、既加入のものを解約し、他社で新しい保険に加入するのも一案です。

4. 払済保険

保険料の払込みが困難な場合、保険料の払込みを中止して、その時点での解約返戻金をもとに、保険期間を変えずに保障額の少ない同じ種類の保険や**養老保険**に変更する方法です。変更後は付加されていた特約は消滅します。

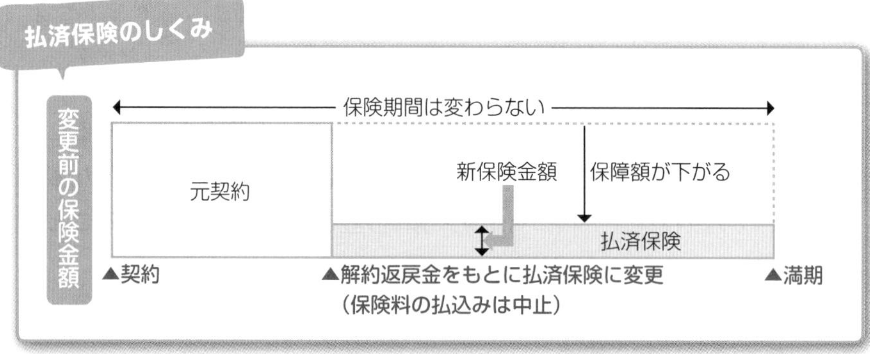

5. 延長（定期）保険

保険料の払込みが困難な場合、保険料の払込みを中止して、その時点での解約返戻金をもとに、同じ保険金額の**定期保険**に変更する方法です。それ以降は一切保険料を払う必要はありません。変更後は付加されていた特約は消滅します。

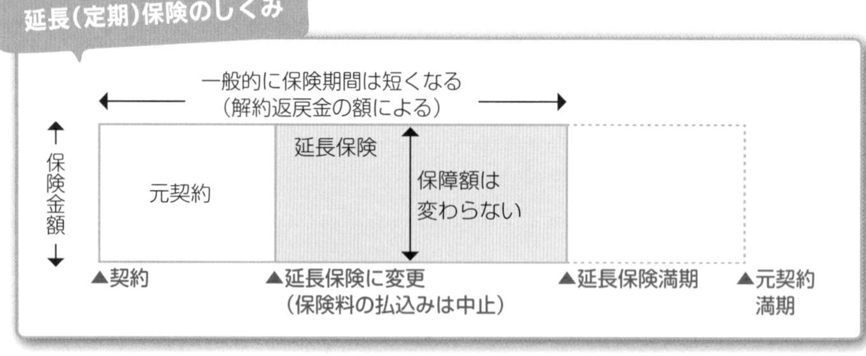

契約の失効・復活

所定の期間内に保険料を支払わず、猶予期間を過ぎても保険料を支払わなかった場合、自動振替制度が適用されなければ保険契約に関するすべての権利を失います。これを失効（しっこう）といいます。

失効してから一定の期間であれば、一定の要件を満たした場合、契約を失効以前の状態に戻すことが可能です。これを復活といいます。復活後の保険料は契約時（失効前）の保険料と同じです。

復活の要件

- 失効してから一定期間内（一般的に３年以内）
- 告知書（または診査）を提出
- 遅延（ちえん）保険料（失効中の保険料）と利息を払い込む

自動振替貸付制度

自動振替貸付制度は、保険料の払込みが滞（とどこお）った場合に、生命保険会社が解約返戻金の一定範囲内で保険料を自動的に立て替えて、契約を有効に継続させるための制度です。自動振替貸付を受けた金額に対しては、所定の利率で貸付利息がつきます。

保険証券の見方

FPにとって保険証券の読み取りは、実務において必要不可欠であり、実技試験で出題される可能性もあります。次の保険証券の例を見ながら、実際に読み取れる保障内容を確認しましょう。

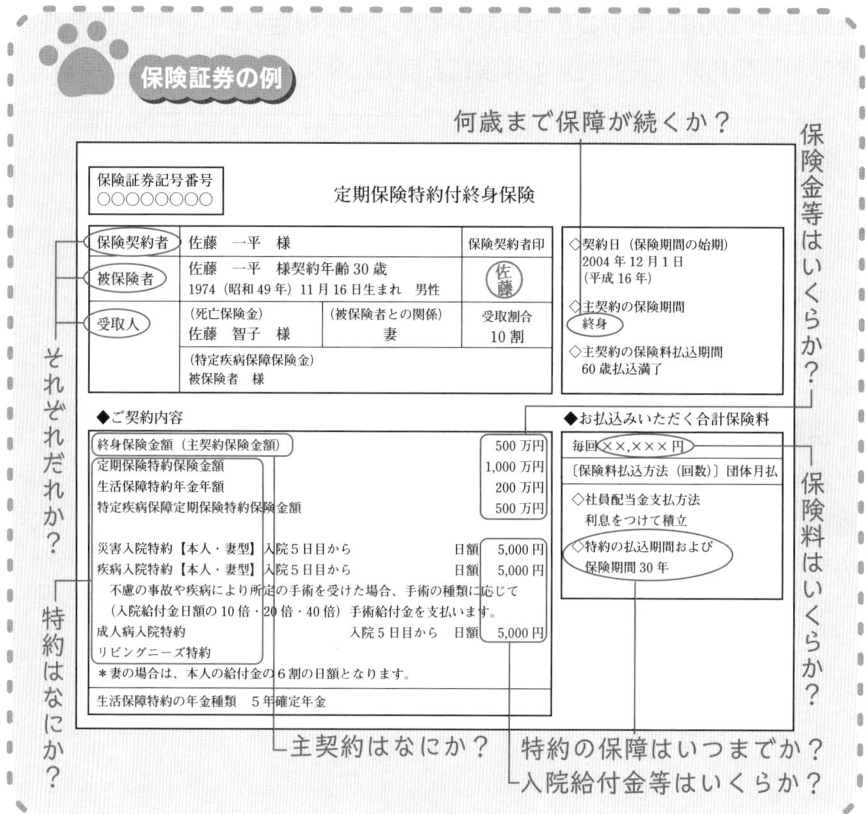

保険証券の例

保険証券記号番号
○○○○○○○○

定期保険特約付終身保険

保険契約者	佐藤　一平　様		保険契約者印
被保険者	佐藤　一平　様契約年齢 30 歳 1974（昭和 49 年）11 月 16 日生まれ　男性		佐藤
受取人	（死亡保険金） 佐藤　智子　様	（被保険者との関係） 妻	受取割合 10 割
	（特定疾病保障保険金） 被保険者　様		

◇契約日（保険期間の始期）
2004 年 12 月 1 日
（平成 16 年）

◇主契約の保険期間
終身

◇主契約の保険料払込期間
60 歳払込満了

◆ご契約内容

終身保険金額（主契約保険金額）		500 万円
定期保険特約保険金額		1,000 万円
生活保障特約年金年額		200 万円
特定疾病保障定期保険特約保険金額		500 万円
災害入院特約【本人・妻型】入院５日目から	日額	5,000 円
疾病入院特約【本人・妻型】入院５日目から	日額	5,000 円
不慮の事故や疾病により所定の手術を受けた場合、手術の種類に応じて（入院給付金日額の 10 倍・20 倍・40 倍）手術給付金を支払います。		
成人病入院特約　入院５日目から	日額	5,000 円
リビングニーズ特約		
＊妻の場合は、本人の給付金の６割の日額となります。		
生活保障特約の年金種類　５年確定年金		

◆お払込みいただく合計保険料

毎回 ××,××× 円

〔保険料払込方法（回数）〕団体月払

◇社員配当金支払方法
利息をつけて積立

◇特約の払込期間および
保険期間 30 年

保険契約の見直しのポイント①

●保障の増額

追加契約	今までの保険契約を継続しながら新たな契約を追加する方法。 **【ポイント】** 追加分は新たに手続きをする必要がある
特約の中途付加制度・中途増額制度	特約の中途付加制度は、現在加入中の契約に定期保険特約等を付加して保障額を増額する方法。 中途増額制度は、主契約部分を増額する方法。 **【ポイント】** ・増額部分の保険料は増額時の年齢で計算 ・告知（または医師の診査）が必要

●保障の減額

保険金減額制度	これまで加入してきた保険金を減額して、それ以降の保険料の負担を軽くする方法。 **【ポイント】** 減額した分、保険料負担は軽くなるが、同じ契約内の他の保障が減額される場合もある

●保障の買い換え

契約転換制度	現在の契約を活用して、**同じ保険会社**の新たな保険に契約し直す方法。 **【ポイント】** ・現在の契約の積立て部分や配当金を、「転換（下取り）価格として新しい保険の一部に充てる方法 ・まったく新規に契約した場合と比較すれば保険料は安くなる ・解約返戻金のある保険のみ利用できる ・**転換時**の年齢・保険料率で保険料を再計算（保険料がアップする可能性が高い） ・改めて**告知**（または**医師の診査**）が必要

保険契約の見直しのポイント②

●保険料の支払いが困難な場合

払済保険 **延長（定期）保険**	【ポイント】 ・特約は継続できない ・解約返戻金がない、または少ない保険は変更できない
自動振替貸付制度	【ポイント】 ・立て替えられた金額に応じて利息がつく ・貸付元利金が解約返戻金を上回ると保険料の立て替えができず、契約は**失効**してしまう
契約者貸付制度	【ポイント】 ・保険契約をもとに保険会社から貸付けを受ける制度 ・貸付けを受けられる額は、その時点での解約返戻金の一定範囲内 ・貸付金には所定の利息が付くが返済はいつでも可能 ・解約時や保険金受取時の金額から未返済の貸付元利金を差し引くこともできる ・契約者貸付制度利用中に被保険者が死亡した場合には、死亡保険金等の金額から未返済の貸付元利金を差し引いた額が保険金受取人に支払われる

Chapter 2 Section 2

生命保険の基礎知識

練習問題

次の各記述のうち、正しいものには○を、誤っているものには×をつけなさい。

生命保険のしくみ

1．保険料は、予定死亡率と予定事業費率をもとに算定される。

2．保険料は、純保険料と付加保険料とに大別することができる。

契約手続きや保険約款の一般的事項

3．責任開始期（日）は、申込み、告知（診査）、第１回の保険料（充当金）払込みの３つがすべて完了したときである。

4．月払契約の生命保険の保険料払込猶予期間は、払込期月が2024年２月である場合、2024年２月１日から２月末日までである。

5．現在加入している保険を見直し、払済保険に変更した場合、以後の保険料を負担することなく、これまでの特約もそのまま継続することができる。

6．現在加入している生命保険契約を新たな契約に転換する場合、転換後の保険料には 転換前契約時の保険料率が引き続き適用される。

かしこく
なったニャ

解答

1 × 保険料は、予定死亡率、予定利率、予定事業費率の３つをもとに算定される。

2 ○ 純保険料は死亡保険料と生存保険料に分けられる。

3 ○ 責任開始期（日）とは契約上の責任を開始する時期のことである。

4 × 払込期月が2024年２月である場合、2024年３月１日から３月末日までである。

5 × これまでの特約は継続することができない。

6 × 契約時の年齢、保険料率で保険料を再計算する。

正解

6問

Chapter 2 リスク管理 Section 3

生命保険商品

生命保険商品にはさまざまな種類があります。
ここでは、おもな生命保険商品や特約の
種類と内容について理解を深めましょう。

Chapter 2 Section 3

生命保険商品

10日目 32

❶生命保険商品の種類と内容

- 定期保険
- 終身保険
- 養老保険
- さまざまな生命保険商品
- 特約の種類と内容
- 少額短期保険業者
- かんぽ生命
- 各種共済

❷団体保険

- 総合福祉団体定期保険
- 団体定期保険（Ｂグループ保険）
- 養老保険（ハーフタックスプラン）

❶生命保険商品の種類と内容

まずは基本の３つを押さえるニャ！

生命保険は、定期保険、終身保険、養老保険の３つが基本となります。

定期保険

定期保険とは、一定期間のみ保障する死亡保険のことです。終身保険や養老保険に比べて保険料が安く、満期保険金はありません。一般的な平準定期保険のほか、以下の保険があります。いずれも、終身保険に特約として付加することができます。

平準定期保険………保険金額が一定の定期保険
逓減定期保険………保険金額が一定期間ごとに減少する定期保険*
逓増定期保険………保険金額が一定期間ごとに増加する定期保険*
収入保障保険………保険金を年金方式で毎月または毎年一定額で、一定期間または保険満了時まで受け取る定期保険。一括で受け取ることもできるが、年金形式で受け取る場合の受取総額よりも受取額は少なくなる

＊ただし、保険料は定額。

終身保険

終身保険とは、保障が一生涯続く死亡保険のことです。解約返戻金がありますが、定期保険に比べて保険料が高くなっています。早期に解約すると解約返戻金は払込保険料総額を下回ります。基本のタイプの他、「低解約返戻型」や「外貨建て」「無選択型」など様々なタイプがあります。

養老保険

定期保険や終身保険に比べて保険料が最も高く、保険期間中に被保険者が死亡した場合には死亡保険金が支払われます。満期まで生存した場合には同額の満期保険金が支払われます（→p.151）。受け取る満期保険金が払い込んだ保険料の総額を下回ることもあります。

◆ さまざまな生命保険商品

定期保険、終身保険、養老保険のほかにも、次のような生命保険商品があります。

1．こども保険（学資保険）

契約者を親など、被保険者を子として加入する教育資金準備のための保険です。

- 満期時には満期保険金が支払われる
- 進学時期に入学祝金が支払われるタイプもある
- 受け取る祝金・満期保険金の総額が払い込んだ保険料の総額を下回ることもある
- 保険契約者である親などが死亡・高度障害となった場合、それ以降の保険料支払いは免除となる
- 育英年金が支払われるタイプもある

2．定期保険特約付終身保険（定期付終身保険）

主契約の終身保険に定期保険を特約として付加した保険です。

- 特約期間中は保険料の割安な定期保険によって大きな死亡保障が確保でき、特約期間終了後は主契約の終身保険によって一生涯の死亡保障が確保できる
- 定期保険特約の保険期間の多くは更新型*だが、全期型**もある
- 更新型は、更新の際に告知や診査は不要だが、保険料は更新時点の年齢や保険料率で計算されるため、高くなっていく

*10年・15年といった特約期間が満了するごとに、主契約の保険料払込満了時までを限度として更新していく。
**主契約の保険料払込期間と保険期間が同じ。

3．利率変動型積立終身保険（アカウント型保険）

保険を**保障部分**と**積立部分**（アカウント部分）に分け、ライフプラン

に応じて自由な組合せができる保険です。

・積立部分は、必要なときに一定の条件で引き出したり保障部分に切り替えたりすることで、所定の範囲内で保険料を調整することが可能になる
・保険料払込満了時には、それまでの積立金を原資として終身保険や年金保険に移行することができる

4．変額保険・変額個人年金保険

変額保険も変額個人年金保険も、運用は**特別勘定**＊で行われ、運用実績に応じて保険金額や解約返戻金が変動する保険です。

＊特別勘定…運用実績に応じて給付が変動する保険商品の資産を管理・運用する勘定。株式や債券などで運用する。

・変額保険は運用状況の良し悪しにかかわらず、死亡や高度障害の際の基本保険金額は保証されるが、満期保険金額や解約返戻金額は**保証されない**
・**有期型**（満期がある）と**終身型**（満期がない）がある
・変額個人年金保険は、年金受取前の被保険者に対する死亡給付金は**払込保険料相当額**が保証されるが、一般的に受取年金額や解約返戻金額は**保証されない**。受取年金額については、一部の保険商品では最低保証がある

5．個人年金保険

被保険者があらかじめ決めた年齢になった時点から毎年年金を受け取ることができる保険です。

・年金受取前に被保険者が死亡した場合、払込保険料相当額の死亡給付金が支給される
・「保証期間付」のタイプは、被保険者が死亡しても一定期間は遺族への年金支払いが保証されている

個人年金保険の種類と受取方法

終身年金……被保険者が生きている限り、一生涯、年金が受け取れる

保証期間付終身年金……保証期間中に被保険者が死亡した場合、残りの保証期間に対応する年金または一時金を遺族が受け取れる

確定年金……被保険者の生死にかかわらず一定期間、年金が受け取れる

有期年金……被保険者が生きている限り一定期間、年金が受け取れる

夫婦年金……被保険者である夫婦のどちらかが生きている限り一生涯、年金が受け取れる

定額個人年金保険と変額個人年金保険

	定額個人年金保険	変額個人年金保険
年金額	一定金額を保証	運用実績によって変動
運用勘定	一般勘定	特別勘定
解約返戻金	確定している*	確定していない商品が多い
運用リスク	保険会社が負う	契約者が負う

* 解約時期によっては、払込保険料相当額を下回ることもある。

◆ 特約の種類と内容

特約とは、終身保険や養老保険などの保険の主契約を補完するもので、単独で加入することはできません。保険会社によって種類や保障内容、名称が異なります。

おもな事故・病気に備える特約

特約の名称	保険金（給付金）が支払われる状況
災害割増特約	不慮の事故（事故の日より180日以内）・所定の感染症で死亡・高度障害になったとき
傷害特約	不慮の事故（事故の日より180日以内）・所定の感染症で死亡、不慮の事故（事故の日より180日以内）で所定の障害状態になったとき
災害入院特約	事故や災害によるケガで180日以内に入院したとき
疾病入院特約	病気で入院したとき
成人病（生活習慣病）入院特約	がん、心疾患、脳血管疾患、高血圧性疾患、糖尿病の5大成人病で入院したとき
女性疾病入院特約	女性特有の病気（子宮や乳房の病気、甲状腺の障害）などで入院したとき
通院特約	退院後(入院前の通院も対象としている特約もあり)、その入院の直接の原因となった病気やケガの治療を目的として通院したとき
リビング・ニーズ特約	医師から被保険者が余命６ヵ月以内と診断された場合、死亡保険金の一部または全部（3,000万円を限度）を生前給付金として受け取ることができる ＊保険料は不要
特定疾病（３大疾病）保障保険特約	がん、急性心筋梗塞、脳卒中にかかり、また一定期間所定の状態になった場合に保険金が支払われる ＊特定疾病保険金を受け取った時点で保険契約は終了 ＊特定疾病保険金を受け取らずに死亡した場合は、特定疾病でない病気や事故が原因でも死亡保険金が支払われる
先進医療特約	療養を受けた時点において厚生労働大臣の承認した「一般の医療水準を超えた最新の医療技術」による医療行為を受けたとき、給付金が支払われる

◆ 少額短期保険業者

保険業のうち、少額かつ短期の保険のみを扱う保険事業者を少額短期保険業者といいます。少額短期保険業者の扱う生命保険商品や医療保険商品は、保険期間１年以内、損害保険商品は保険期間２年以内で保険金額は被保険者１人当たり総額**1,000万円以下**に限定されています。

◆ かんぽ生命

かんぽ生命は、2007年10月に日本郵政公社の民営、分社化でできた日本郵政グループの生命保険会社です。

ちなみに、民営化前に
加入した簡易生命保険契約は、
独立行政法人郵便貯金・簡易保険
管理機構に継承（けいしょう）されて、契約内容
（保険期間や保険金額等）は変わらず、
保険金などの支払いの政府保証も
契約が消滅するまで継続されるニャ！

かんぽ生命の保険商品の特徴

特徴	内容
小口	加入限度額は、簡易保険の契約とかんぽ生命の保険契約を通算して、被保険者１人当たり原則**1,000万円**まで（15歳以下は700万円まで、加入後４年以上経過した20歳以上55歳以下の被保険者は通算で2,000万円まで加入可能）
無診査	告知は必要だが、医師の診査は**不要** （無条件で加入できるわけではない）
加入制限なし	危険な職業の加入制限はなく、保険料も一律
保護主体	生命保険契約者保護機構（民営化以降、政府による保証はない）

◆ 各種共済

共済制度は、対象を特定の地域や職業などの団体に限った相互扶助（ふじょ）の制度です。営利を目的にしていないので、掛金（保険料）が割安な場合が多くなっています。おもな共済団体は次の４つです。

おもな共済団体

共済団体	共済事業の主体	契約対象者	掛金	監督官庁
JA共済	全国共済農業協同組合連合会	原則組合員*（出資金を支払う准（じゅん）組合員を含む）	男女別 年齢別	農林水産省
こくみん共済 coop	全国労働者共済生活協同組合連合会	組合員（１口100円で最低１口以上の出資が必要）	タイプにより異なる	厚生労働省

共済団体	共済事業の主体	代表的な商品	掛金	監督官庁
都道府県民共済	全国生活協同組合連合会	「県民共済」**（都道府県によって名称は異なる）	年齢・性別にかかわらず一律	厚生労働省
CO・OP共済	日本コープ共済生活協同組合連合会	「たすけあい」**	年齢・性別にかかわらず一律	厚生労働省

＊各JAの組合員の20%以内であれば、組合員以外の加入も可能。
＊＊医師の診査が不要。

②団体保険

企業などの団体を
ひと単位として
契約するニャ！

団体保険とは、会社などの団体の代表者が保険契約者となり、団体単位で契約する保険です。大量処理によって運営コストが節約できるため、個人で加入するよりも低い保険料で保障が得やすくなっています。

◆ 総合福祉団体定期保険

- 法人が保険契約者、役員・従業員全員が被保険者
- １年更新の定期保険
- 従業員に万が一のことがあった場合に支払う、死亡退職金や弔慰金（ちょういきん）の原資として加入
- 被保険者の同意が必要
- 無診査だが、告知は必要。健康状態によっては加入できない
- 従業員に対する給与所得としての課税はない

◆ 団体定期保険（Ｂグループ保険）

- 従業員が勤務先の会社を通じて任意（にんい）に契約する保険
- 保険料は従業員が負担する
- 従業員の配偶者等も被保険者として加入できる

◆ 養老保険（ハーフタックスプラン）

- 法人が保険契約者、役員・従業員全員が被保険者
- 満期保険金の受取人は法人
- 死亡保険金の受取人は被保険者の遺族
- 支払った保険料の1/2を資産計上、1/2を損金算入（福利厚生費）できることから、ハーフタックスプランとも呼ばれている

Chapter 2 Section 3

生命保険商品

練習問題

次の各記述のうち、正しいものに○、誤っているものに×をつけなさい。

生命保険商品の種類と内容

1．性別、年齢、保険期間、保険金額が同じ場合、定期保険の保険料は養老保険の保険料よりも安い。

2．終身保険には、解約返戻金はない。

3．養老保険は一般に、満期保険金と死亡・高度障害保険金は同額である。

4．学資保険の契約者が死亡した場合、それ以降の保険料払込は減額となる。

5．個人年金保険の年金受取前に被保険者が死亡した場合、払込保険料相当額の死亡給付金が支給される。

6．災害割増特約は、不慮の事故（事故の日より180日以内）や所定の感染症で死亡・高度障害になった場合や所定の障害状態になった場合に保険金・給付金が支払われる。

7．先進医療特約は、保険加入時点において、厚生労働大臣の承認した「一般の医療水準を超えた最新の医療技術」による医療行為を受けた場合に、給付金が支払われる。

8．リビング・ニーズ特約を付加した場合、被保険者の余命が6ヵ月以内と診断されたときに所定の保険金が支払われる。

がんばり屋
さんだニャ！

解答

1 ○　保険種類を除く条件が同じであれば、定期保険の保険料は養老保険の保険料よりも安い。

2 ×　終身保険は保険期間が一生涯なので、必ず死亡保険金が受け取れ、解約時には返戻金も受け取れる。

3 ○　満期まで生存した場合には死亡保険と同額の満期保険金が支払われる。

4 ×　学資保険の契約者が死亡した場合、それ以降の保険料払込は免除される。

5 ○　個人年金保険の年金受取前に被保険者が死亡した場合、払込保険料相当額の死亡給付金が支給される。

6 ×　災害割増特約は、不慮の事故（事故の日より180日以内）・所定の感染症で死亡・高度障害になった場合に保険金・給付金が支払われるが、障害状態は保障対象としない。不慮の事故（事故の日より180日以内）・所定の感染症で死亡・所定の障害状態になった場合に保険金・給付金が支払われるのは傷害特約である。

7 ×　先進医療特約は、療養を受けた時点において、厚生労働大臣の承認した「一般の医療水準を超えた最新の医療技術」による医療行為を受けた場合に、給付金が支払われる。

8 ○　保険金受取後に６ヵ月以上生存していても、保険金を返還する必要はない。

正解

＿＿＿

8問

Chapter 2 リスク管理 | Section 4

第三分野の保険、生命保険と税金

ここでは、生命保険と損害保険の間の分野である
第三分野の保険について理解を深めましょう。
後半は生命保険と税金のしくみについて学びます。

Chapter 2 Section 4

第三分野の保険、生命保険と税金

11日目 32

❶第三分野の保険の概要

❷第三分野の保険の種類

- 医療保険（特約）
- 民間介護保険
- がん保険
- 医療費用保険
- 介護費用保険
- 所得補償保険（就業不能保険）

❸生命保険と税金

- 保険料と税金
- 受取保険金・給付金と税金
- 満期保険金・解約返戻金と税金
- 生命保険契約の権利の評価
- 法人における生命保険の経理処理

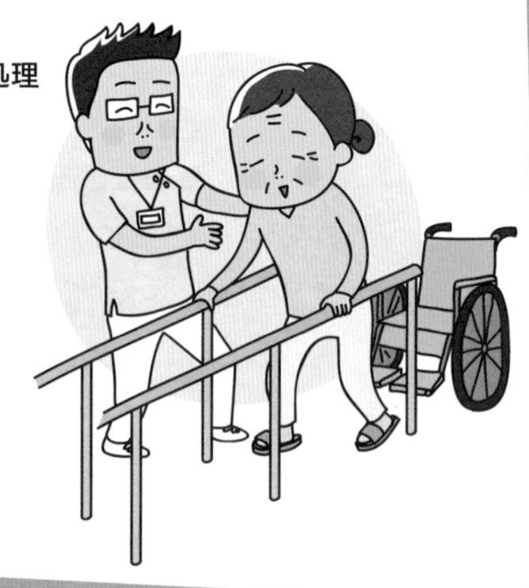

❶第三分野の保険の概要

第三分野は、第一分野と第二分野の間に位置するから、損害保険の前に学習しておくニャ！

生命保険、損害保険の両分野に属するもの、あるいはどちらにも属さない保険を第三分野の保険といいます。

生命保険は第一分野、損害保険は第二分野だったニャ！（→p.108）

保険の種類と分野

（第一分野）	（第三分野）	（第二分野）
定期保険 終身保険 年金保険など	医療保険 傷害保険 がん保険 所得補償保険 民間介護保険 介護費用保険 など	自動車保険 火災保険など
人の生死に関して一定額を支払う保険	人のケガや病気等を補償する保険	偶然の事故による損害を補てんする保険

生命保険会社（第一分野・第三分野）　損害保険会社（第三分野・第二分野）

第三分野の保険については、生損保どちらと契約していたとしても、保険料を支払った時は「介護医療保険料控除」の対象となることを覚えておくニャ

❷第三分野の保険の種類

医療保険と医療特約の違いに注意するニャ！

◆ 医療保険（特約）

・病気やケガによる入院や手術の際に、給付金が受け取れる

・定期型と終身型がある

・主契約（終身保険や定期保険など）に付加して加入する医療特約も病気やケガによる入院や手術を保障する

医療保険と医療特約の違い

	医療保険	医療特約*
給付金が出る条件	・継続入院の1日目から（ケガの場合5日以上／病気の場合8日以上） ・1泊2日の短期入院、日帰り入院タイプもある ・入院日数にかかわらず、入院一時金がでるタイプもある	・ケガ・病気の場合5日以上の継続入院で5日目から（4日分は対象外） ・1泊2日の短期入院、日帰り入院タイプもある
支払限度日数	1回の入院につき**60日、120日、360日、730日など	1回の入院につき**60日、120日など
通算限度日数	730日、1,000日など	730日程度
死亡保険金	少額が受け取れる商品もある	なし
メリット	見直ししやすい	死亡保障等も欲しい場合には手続が簡単
デメリット	他の保障が欲しい場合、別に契約する必要がある	主契約とセットなので見直しに制限がある

* 災害入院特約、疾病（しっぺい）入院特約など。

** 退院の翌日から180日以内に同一の疾病で再入院した場合は「1入院」の扱いとなる

民間介護保険

- 寝たきりや認知症により、一定の状態が継続した場合、**介護一時金**や**介護年金**が受け取れる
- 定期型と終身型がある
- 公的介護保険の要介護状態の認定基準とは関係なく、**保険会社独自の基準**で一時金や年金が支払われる
- 公的介護保険の要介護認定と連動して給付を行うタイプもある

がん保険

- おもにがん診断給付金、がん入院給付金、がん手術給付金、がん死亡保険金などの保障が受けられる
- 通院保障が充実したタイプもある
- がんによる入院給付金に上限日数はない
- 免責（めんせき）期間（一般的に保障開始まで90日間または３ヵ月間）がある

がん保険の給付内容の例

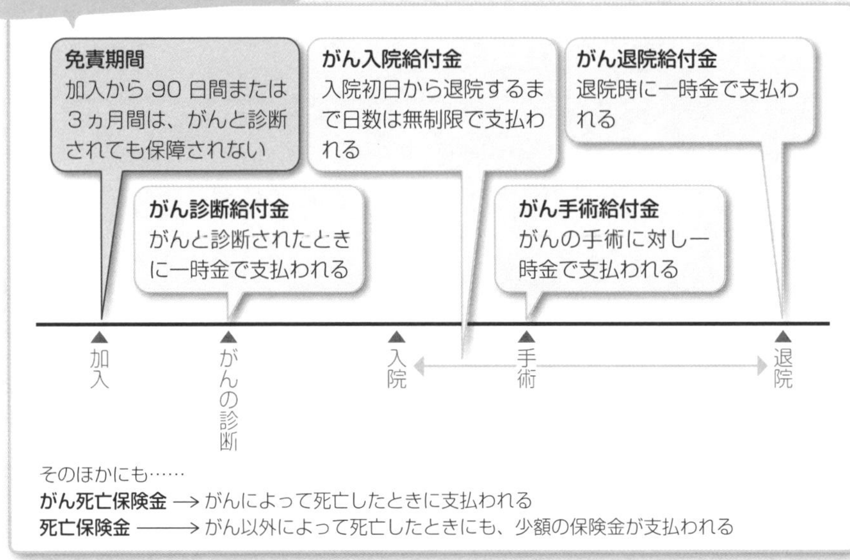
免責期間
加入から90日間または3ヵ月間は、がんと診断されても保障されない
がん入院給付金
入院初日から退院するまで日数は無制限で支払われる
がん退院給付金
退院時に一時金で支払われる
がん診断給付金
がんと診断されたときに一時金で支払われる
がん手術給付金
がんの手術に対し一時金で支払われる
加入
がんの診断
入院
手術
退院
そのほかにも……
がん死亡保険金 → がんによって死亡したときに支払われる
死亡保険金 → がん以外によって死亡したときにも、少額の保険金が支払われる

◆ 医療費用保険

病気やケガで入院した場合に実際にかかった費用のうち、健康保険などの対象外の費用や自己負担した費用を一定の範囲内で補償します（実損（じっそん）払い）。

◆ 介護費用保険

・所定の要介護状態となった場合に、自己負担した費用や介護機器の購入費、バリアフリーなどの住宅改造費用などを一定の範囲内で補償する（実損払い）
・保険期間は終身

◆ 所得補償保険（就業不能保険）

・病気やケガにより就業（しゅうぎょう）できない期間の所得を補償する
・入院の有無は問われない
・被保険者の所得が年金や不動産所得などのみの場合は契約できない
・傷害保険の一種だが、病気も対象としている

③生命保険と税金

給付金には非課税のものもあるニャ！

保険料と税金

生命保険の保険料は、一定額が生命保険料控除として、その年の保険料負担者の所得から控除され、その分課税所得が少なくなり、所得税・住民税が軽減されます。

2010年度の税制改正により、契約時期によって適用される控除額が異なります。2011年12月31日までに結んだ契約は旧契約（所得税では**最高5万円。合計最高10万円**）、2012年1月1日以降に結んだ契約は新契約（所得税では**最高4万円。合計最高12万円**）の控除額となります。生命保険料控除の対象となる契約は、受取人が本人・配偶者・一定の親族であるものに限られます。

生命保険料控除の対象となっている保険契約

一般の生命保険契約	・生存または死亡にもとづいて一定の保険金、その他給付金が支払われる部分の保険料・掛金 ・保険金等の受取人が保険契約者またはその配偶者、その他親族である生命保険契約 ・生命保険会社と契約した生命保険契約であること（ただし、保険期間が**5年未満**の貯蓄保険や団体信用生命保険、財形保険は対象外）
介護医療保険契約	・第三分野の保険のうち、医療保険、がん保険、介護保険、所得補償保険などで保険金等の受取人が保険契約者またはその配偶者、その他親族である契約
個人年金保険契約	以下の要件をすべて満たしている、個人年金保険料税制適格特約が付加されている契約のこと。 ・年金受取人が保険契約者またはその配偶者で被保険者と同一人であること ・保険料払込期間は**10年以上**（一時払いは**対象外**） ・**終身年金**、もしくは年金の種類が**確定年金**（有期年金）の場合、年金支払開始日における被保険者の年齢は60歳以上で、かつ年金支払期間が10年以上あること（終身年金の場合は年齢を問わない）

＊個人年金保険料控除の対象とならない個人年金保険の保険料は、一般の生命保険料控除の対象となる。
＊変額個人年金保険の保険料は、一般の生命保険料控除の対象となる。

新旧生命保険料控除額（最高額）

契約の時期		一般の生命保険料控除	介護医療保険料控除	個人年金保険料控除	合計
2011年12月31日以前	所得税	最高5万円	－	最高5万円	最高10万円
	住民税	最高3.5万円	－	最高3.5万円	最高7万円
2012年1月1日以降	所得税	最高4万円	最高4万円	最高4万円	最高12万円
	住民税	最高2.8万円	最高2.8万円	最高2.8万円	最高7万円

生命保険料の控除額

2012年１月１日以降に締結した保険契約（更新含む）の控除額

所得税		住民税	
年間払込保険料	控除される金額	年間払込保険料	控除される金額
20,000円以下	支払保険料の全額	12,000円以下	支払保険料の全額
20,000円超 40,000円以下	支払保険料×1/2 ＋10,000円	12,000円超 32,000円以下	支払保険料×1/2 ＋6,000円
40,000円超 80,000円以下	支払保険料×1/4 ＋20,000円	32,000円超 56,000円以下	支払保険料×1/4 ＋14,000円
80,000円超	40,000円	56,000円超	28,000円

2011年12月31日までに締結した保険契約の控除額

所得税		住民税	
年間払込保険料	控除される金額	年間払込保険料	控除される金額
25,000円以下	支払保険料の全額	15,000円以下	支払保険料の全額
25,000円超 50,000円以下	支払保険料×1/2 ＋12,500円	15,000円超 40,000円以下	支払保険料×1/2 ＋7,500円
50,000円超 100,000円以下	支払保険料×1/4 ＋25,000円	40,000円超 70,000円以下	支払保険料×1/4 ＋17,500円
100,000円超	50,000円	70,000円超	35,000円

◆ 受取保険金・給付金と税金

1．死亡保険金と税金

死亡保険金については、契約形態によって、相続税、贈与(ぞうよ)税、所得税のいずれかの対象になります。

死亡保険金の課税関係

保険契約者	被保険者	受取人	税金
A	A	B	相続税
A	B	A	所得税（一時所得）・住民税
A	B	C	贈与税

2．給付金と税金

給付金には、入院給付金や手術給付金・高度障害保険金（身体の障害などを原因として支払いを受ける）・障害給付金・特定疾病（しっぺい）保険金・介護に関する給付金・**リビング・ニーズ特約保険金**などがあり、これらは原則として**非課税**です。ただし、被保険者本人またはその配偶者や直系血族（ちょっけいけつぞく）▼、あるいは生計を一にするその他の親族が受け取った場合に限られます。

生計を一にするとは同居している、または別居でも生活費や学費などを常に送金しているなど、「家計が一つ」の場合をいうんだニャ

満期保険金・解約返戻金と税金

通常、保険契約者（保険料負担者）と保険金等の受取人が同じ場合は**所得税・住民税**の対象となり、異なる場合は**贈与税**の対象となります。

ただし、次ページのような金融類似（きんゆうるいじ）商品（5年以内に満期となる一時払い養老保険など）の満期保険金と払込保険料との差益は、20.315％（復興（ふっこう）特別所得税▼0.315％を含む）の税率で**源泉分離課税**（げんせんぶんりかぜい）の対象となります。

用語

直系血族…祖父母・父母・子・孫など、自分を中心として直線的につながる血縁者のこと。
復興特別所得税…東日本大震災からの復興に必要な財源を確保するための税金（→p.247）。

・保険期間が５年以下（保険期間が５年を超える場合でも、５年以内で解約する場合は含む）
・普通死亡保険金が満期保険金と同額以下、かつ、災害死亡保険金が満期保険金の５倍未満
・一時払いまたはこれに準ずる保険料の払い方をしていること

満期保険金・解約返戻金の課税関係

契約形態	一時金の場合	年金の場合
保険契約者＝受取人	一時所得として所得税・住民税	雑所得として所得税・住民税
保険契約者≠受取人	贈与税	年金の権利の価額に贈与税
金融類似商品	差益に対して20.315%の源泉分離課税	

保険契約者	被保険者	受取人	税金
A	だれでもよい	A	**所得税**（一時所得）**・住民税**
A	だれでもよい	B・Cなど	**贈与税**

生命保険契約の権利の評価

保険契約者と被保険者が異なる保険契約で、保険契約者が死亡した場合、その契約を引き継いだ人は相続により**生命保険契約に関する権利**を取得したことになるので、相続税の課税対象となります。その場合、相続開始の日の**解約返戻金**の額で評価されます。

法人における生命保険の経理処理

1．保険料の経理処理

定期保険や医療保険など貯蓄性のない保険は**損金算入**、養老保険や終身保険など貯蓄性のある保険は**資産計上**されます。

定期保険は原則、貯蓄性がないものとして、全額を損金に算入できます。しかし、定期保険であっても、逓増定期保険や長期の平準定期保険等の保険料には相当多額の前払部分の保険料が含まれるため、一定の前半期間では保険料の一部を資産計上し、その後取り崩していきます。

定期保険・第三分野の保険の経理処理

<最高解約返戻率*が50％以下の場合>

契約者	被保険者	死亡保険金受取人	保険料の経理処理
法人	役員・従業員	法人	全額損金算入
		役員・従業員の遺族	「福利厚生費」として損金算入**

＊最高解約返戻率とは、その保険の保険期間を通じて、解約返戻率が最も高い割合となる期間のその割合をいう
＊＊特定の者のみを被保険者とする場合は「給与」として損金算入

<最高解約返戻率が50％超の場合>

契約者：法人　被保険者：役員・従業員　保険金受取人：法人

最高解約返戻率	資産計上期間	資産計上額（残額を損金算入）	取崩期間
50％超70％以下	保険期間の当初4割の期間	支払保険料×4/10	保険期間の4分の3の経過後から、保険期間の終了の日まで
70％超85％以下		支払保険料×6/10	
85％超	原則として、保険期間開始日から最高解約返戻率となる期間まで	①保険期間の当初10年間 支払保険料×最高解約返戻率×9/10 ②11年目以降 支払保険料×最高解約返戻率×7/10	最高解約返戻率となる期間の経過後から、保険期間の終了の日まで

法人における保険料の経理処理

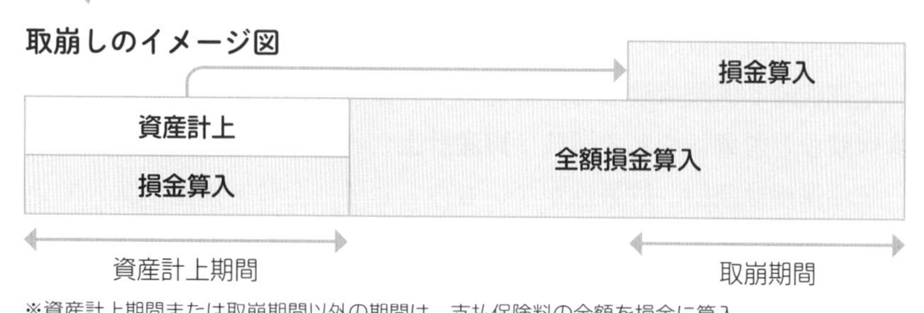

※資産計上期間または取崩期間以外の期間は、支払保険料の全額を損金に算入
※取崩期間は、支払保険料の全額を損金算入するとともに、資産計上されている前払保険料の累計額を取崩期間で均等に取り崩して損金算入

保険種類	保険金受取人		主契約保険料
	満期保険金	死亡保険金	
終身保険	―	法人	資産計上
	―	役員・従業員の遺族	損金算入
養老保険	法人	法人	資産計上
	役員・従業員	役員・従業員の遺族	損金算入
	法人	役員・従業員の遺族	1/2資産計上 1/2損金算入 (ハーフタックスプラン)

2．保険金等の経理処理

死亡保険金や満期保険金の受取人が法人の場合、受取時に雑収入として**益金算入**され、法人税の課税対象となりますが、退職金として従業員に支払ったときに**損金算入**されます。

また、受取人が従業員の遺族の場合、法人としては入出金がありませんので、法人の経理処理は不要です。

Chapter 2 Section 4

第三分野の保険、生命保険と税金

練習問題

次の各記述のうち、正しいものに○、誤っているものに×をつけなさい。

第三分野の保険の概要と種類

1. 入院給付金には、1入院当たりの支払限度日数が設(もう)けられているが、通算の支払限度日数はない。

2. 医療特約は、主契約を解約したとしても継続できる。

3. 一般的にがん保険には加入後1ヵ月間の免責期間がある。

4. 所得補償保険とは、被保険者が病気やケガなどで就業不能になった場合に適用される。

5. 医療保険は、生命保険会社でしか加入することができない。

6. 民間の介護保険では、基本的に公的介護保険の要介護認定に連動して、保険金や年金が受け取れる。

生命保険と税金

7. 2024年中に保険契約を締結した場合、一般の生命保険契約の所得税の生命保険料控除額は最高50,000円となる。

8. 被保険者本人が受け取る入院給付金は非課税である。

9. 契約者・保険料負担者が夫で、被保険者が妻の定期保険で、妻の死亡により夫が受け取る死亡保険金は、相続税の対象となる。

3分の1
クリア
したニャ!

解答

1　×　通算の支払限度日数が定められている。

2　×　特約は主契約を補完(ほかん)するものなので、主契約を解約すると継続することができない。

3　×　一般的にがん保険には加入後90日間または３ヵ月の免責期間があり、その間はがんと診断されても保障されない。

4　○　所得補償保険は病気やケガにより就業できない期間の所得を補償するもので、入院の有無は問われない。

5　×　医療保険は、第三分野に該当し、生命保険会社でも、損害保険会社でも加入することができる。保障内容は、会社ごとに異なる。

6　×　最近は、連動して支払いをするタイプも出てきたが、基本的には、保険会社独自の基準で保険金や年金を支払う。

7　×　最高40,000円が正しい。

8　○　入院給付金、手術給付金などに対する税金は、被保険者自身が受け取る場合のほか、配偶者や直系血族、または生計を同じにする親族が受け取った場合も非課税となる。

9　×　所得税（一時所得）が正しい。

正解
　／9問

Chapter 2 リスク管理 Section 5

損害保険（1）

損害保険は、人生には起こりうる、
予期せぬリスクをカバーするための保険です。
ここでは、損害保険の具体的な種類と
概要を押さえましょう。

Chapter 2 Section 5

損害保険（1）

12日目 32

❶損害保険の概要

- 損害保険の基本
- 損害保険料のしくみ
- 生命保険と損害保険との違い
- 火災保険とは？
- 火災保険の支払保険金額
- 火災保険の種類
- 地震保険
- 自動車保険
- 傷害保険
- 賠償責任保険

❶損害保険の概要

物にだけではなく、人に対する損害保険もあるニャ！

損害保険の基本

損害保険は、偶然の事故や災害などで生じたリスクに対処する保険です。

損害保険の基礎用語

保険の目的……保険契約を結ぶ対象となるもののこと

保険価額………保険事故が発生した場合、被保険者が被(こうむ)る可能性のある損害の最高見積額のこと。原則は時価額

保険金額………契約で設定する、支払われる保険の限度額

免責(めんせき)……………損害が発生した場合でも、保険会社が保険金支払いの責任を負わないこと

損害保険料のしくみ

損害保険は、生命保険と同じように、大数の法則や収支相等の原則（→p.118）などをもとに算出されます。また、保険会社に実際に支払う保険料も、生命保険料と同様に、**純保険料**と**付加保険料**に分かれます（→p.118）。損害保険特有のものとして、以下の２つの基本原則があります。

①**給付・反対給付均等の原則（レクシスの原則）**……保険事故の発生率が高くなればなるほど保険料が高くなる
→保険料は保険事故の発生率に応じて定められなければならない

②**利得(りとく)禁止の原則**……………………被保険者は保険によって利益を得てはならない

生命保険と損害保険との違い

生命保険と損害保険とでは、次の３つの点で異なります。

①「**ホショウ」の定義**……生命保険では「**保障**」（権利、自由、安全を守る）、損害保険では「**補償**」（損害を償う）となる
②**支払いの定義**……生命保険は**人の生死**に対して保険金を支払うもの、損害保険は**偶然の事故**に対して保険金を支払うもの
③**支払いの方法**……生命保険は一定の金額が支払われる**定額払い**、損害保険は原則として契約した金額を限度に、実際の損害額が支払われる**実損払い**

火災保険とは？

火災保険は、建物や家財などのさまざまなリスクに対して損害を補償する保険です。**失火責任法**（失火ノ責任ニ関スル法律）では、火元の原因となった人に**重大な過失**（たとえば「天ぷら油を入れた鍋をガスコンロで加熱したまま、長時間その場を離れた間に引火した」など）がない限り、民法で定められた**不法行為責任**を問われることはないので、軽過失による火事で損害を与えた隣近所に対しては、賠償責任を負う必要はありません。

ただし借家人の場合、失火責任は問われませんが、家主に対して借家を元の状態で返還する義務があるので、債務不履行責任▼による損害賠償責任が生じます。

火災保険の支払保険金額

火災保険は、**建物**と**家財**などを**別々に**契約します。

建物……原則として時価額で契約するが、価格協定保険特約を付加して**再調達価額**（新価）で契約することもできる
家財……建物の中にある家財は、建物とは別に契約する。１個または１組の価額が**30万円**超の貴金属などは契約時に申し出ておかなければならない

用語

債務不履行責任…契約義務を果たさなかった場合に負う責任。

保険対象の保険価額（評価額）には、再調達価額（新価）と時価とがあります。

再調達価額（新価）……保険の対象となる建物や家財と同等のものを新たに購入もしくは建築するのに必要な金額
時価……………………再調達価額から時間経過に伴う価値の低下分を差し引いた金額

保険金額が保険価額（再調達価額もしくは時価額）を超える契約を超過保険といい、保険事故が起きた場合にも、保険価額を超える保険金が支払われることはありません。逆に、保険価額（再調達価額もしくは時価）より少ない契約は一部保険といい、保険事故が起きても損害額の一部しか保険金が支払われないことがあります。

火災保険の保険金は、保険価額に対する保険金額の割合によって支払う「比例てん補」と実際の損害額を支払う「実損てん補」があります。

火災保険の支払保険金（比例てん補）の計算式

$$\textbf{支払われる保険金} = \text{実際の損害額} \times \frac{\text{保険金額}}{\text{保険価額} \times 80\%^{*}}$$

※ただし保険金額を限度とする。
＊保険会社や種類によって異なる。

火災保険の種類

おもな火災保険（掛捨て型）の種類は次のとおりです。なお、従来は補償範囲や内容の違いで商品が分かれていましたが、最近は多くの損害保険会社で改定が行われ、補償が一本化された新型火災保険*の取扱いが行われています。

＊住宅総合保険の補償内容を基本として他の補償を追加できる。保険金額はあらかじめ再調達価額で設定されている。

火災保険の種類

保険種類	対象	特徴
住宅火災保険	住宅・家財	火災、落雷、破裂・爆発、風、ひょう・雪災による損害を補償。盗難、水漏れ、水災などによる損害は対象外
住宅総合保険	住宅・家財	住宅火災保険で補償される損害のほか、盗難・水漏れ、水災、物体の落下・衝突・飛来などによる損害も補償
団地保険	団地・マンション	住宅総合保険とほぼ同じ補償のほか、賠償責任補償や修理費用などの特約が付加されている
普通火災保険	店舗・工場など	補償内容は、住宅火災保険とほぼ同じ。修理付帯費用なども支払われる
店舗総合保険	店舗・併用住宅など	補償内容は、住宅総合保険とほぼ同じ。修理付帯費用なども支払われる

地震保険

地震保険の対象となるのは、居住用の建物および家財で、火災保険で補償されない地震・噴火・津波を原因とする火災や損壊などによる損害を補償します。単独では加入できないので、**火災保険の特約**として契約しなければなりません。地震保険には、「建築年割引」「耐震等級割引」「免震建築物割引」「耐震診断割引」の割引制度がありますが、いずれの割引も重複して適用することはできません。割引率は「耐震等級割引」および「免震建築物割引」の50%が最大です。

耐震…地震の揺れに耐える構造のこと。
免震…地震の揺れを伝えにくくする構造のこと。

保険の目的………住宅と家財、ただし１個または１組の価額が30万円超の貴金属などは対象外
保険金額…………主契約（火災保険）の保険金額の30％～50％の範囲内で設定。ただし、建物5,000万円、家財1,000万円が上限
保険金の支払い…2017年1月１日以降の契約では、建物または家財が全損(ぜんそん)の場合は保険金額の全額、大半損(だいはんそん)の場合は60％、小半損(しょうはんそん)の場合は30％、一部損(いちぶそん)の場合は５％が支払われる

◆ 自動車保険

自動車保険には以下の２つがあります。

1．自動車損害賠償責任保険（自賠責(じばいせき)保険）

自賠責保険は、**自動車損害賠償保障法（自賠法）**によって、強制加入となっています。人身事故のみが対象で、対物事故や自損(じそん)事故、車両事故などは対象になりません。

自賠責保険の支払限度額
死亡事故……１名につき上限3,000万円
傷害事故……１名につき上限120万円
後遺(こうい)障害……75万円～ 4,000万円

2．任意の自動車保険

任意の自動車保険は、**自賠責保険の不足部分を補償**する保険で、次のようなものを組み合わせて加入します。

任意の自動車保険の種類と補償内容

	保険種類	保険の内容
相手への賠償	対人賠償保険	自動車事故で他人を死傷させ、法律上の賠償責任を負った場合、自賠責保険を上回る部分の金額が支払われる
	対物賠償保険	自動車事故で他人の財産に損害を与え、法律上の賠償責任を負った場合、保険金が支払われる
本人や家族の傷害	自損事故保険	電柱に衝突するなど、自損事故のため自賠責保険の対象外となる場合、保険金が支払われる
	無保険車傷害保険	加害者が対人賠償保険を付けていないなど、賠償能力が十分ではない自動車と事故にあった場合、代わりに保険金が支払われる
	搭乗者傷害保険	自動車の搭乗者（運転者・同乗者）が自動車事故により死傷した場合、保険金が支払われる
	人身傷害補償保険	本人および同乗者が自動車事故で死亡・傷害などの被害を被った場合、被保険者の過失の割合や有無に関係なく、保険金が支払われる。自動車に乗っておらず、本人やその家族が歩いたり自転車に乗ったりしていたときの自動車事故に対して保険金が支払われるタイプもある。
車両	車両保険	所有する自動車が衝突、火災、盗難など偶然な事故によって損害を被った場合、保険金が支払われる。洪水や高潮、台風による損害は対象となるが地震・噴火・津波による損害は対象外

また、従来の自動車保険に加え、**リスク細分型自動車保険**もあります。リスク細分型自動車保険は、車種・事故歴、運転者の年齢、使用目的、安全装置、年間走行距離などのさまざまな要因を細分化することで、リスクの少ない運転者にはより安い保険料率を適用する保険です。

◆ 傷害保険

傷害保険は、急激かつ偶然な外来の事故が原因による通院、死亡、後遺障害などを対象に保険金が支払われます。後遺障害保険金は、事故日から180日以内に負傷により所定の後遺障害が生じた場合に支払われます。

おもな傷害保険

普通傷害保険	・国内外を問わず、日常生活の中で起こるさまざまな事故による傷害を補償する保険 ・病気や細菌性食中毒は対象外 ・地震、噴火、津波を原因とする傷害は対象外 ・家族*全員を対象とする家族傷害保険もある
交通事故傷害保険	・国内外を問わず、おもに交通事故や、道路通行中の物の落下や倒壊などによる傷害を補償する保険 ・家族*全員の交通傷害などを補償するファミリー交通傷害保険もある
国内旅行傷害保険	・国内旅行を目的に、住居を出発してから帰宅するまでの傷害を補償する保険 ・細菌性食中毒は補償の対象となる ・地震などによる傷害は対象外
海外旅行傷害保険	・海外旅行を目的に、住居を出発してから帰宅するまでの傷害を補償する保険 ・細菌性食中毒、地震、噴火、津波による傷害も補償の対象となる
年金払積立傷害保険	・国内外を問わず、保険期間中の傷害による死亡や後遺障害の補償と、保険料払込満了後の年金の支払いがセットになった積立型の傷害保険 ・年金の受取方式は確定型と保証期間付有期型の2種類がある ・終身型はない

普通傷害保険と旅行傷害保険の違い

	病気	細菌性食中毒	地震・噴火・津波
普通傷害保険	×	△	△
国内旅行傷害保険	×	○	△
海外旅行傷害保険	△	○	○

○…対象　△…特約で対象　×…対象外

*家族を対象とする契約では、本人、事故発生時の本人の配偶者、本人または配偶者と生計を共にする同居の親族、本人または配偶者と生計を共にする別居の未婚の子が自動的に被保険者となる。保険期間中に、契約者本人に子が生まれた場合、その子は自動的に被保険者となる。

◆ 賠償責任保険

賠償責任保険は、偶然の事故により法律上の損害賠償責任を負った場合に補償する保険です。

おもな賠償責任保険

個人賠償責任保険	・日常生活における事故によって、他人にケガをさせたり、他人の物を壊したりするなどの、損害賠償責任を負ったときのための保険 ・1つの契約で家族全員（配偶者、本人または配偶者と生計を共にする同居親族・別居の未婚の子）が補償対象となる ・業務遂行中の賠償事故は対象外 ・車を運転中に起きた事故は対象外 ・借り物や預かり物に対する損害賠償は対象外（借り物等も対象とする商品も登場している）
PL保険 （生産物賠償責任保険）	・企業を対象とした保険 ・製造、販売した製品の欠陥によって他人に損害を与え、損害賠償責任を負ったときのための保険 （例）旅館の食事で食中毒を出した場合など

Chapter 2 Section 5

損害保険（1）

練習問題

次の各記述のうち、正しいものに○、誤っているものに×をつけなさい。

損害保険の概要

1．万一の際、十分な保険金を受け取るために、火災保険は保険価額よりも多めの保険金額で契約したほうがよい。

2．火災保険は、地震による損害も補てんする。

3．地震保険は、単独では契約できないため、傷害保険の特約として契約しなければならない。

4．地震保険における保険金額の上限は建物5,000万円、家財3,000万円である。

5．自賠責保険の補償対象は、対人賠償事故のみである。

6．自動車保険の人身傷害補償保険は、本人および同乗者が自動車事故で死亡・傷害などの被害を被った場合、被保険者の過失割合が50％以下であれば、保険金が支払われる。

7．普通傷害保険は、細菌性食中毒によって通院した場合は補償しない。

8．個人賠償責任保険では、業務遂行中の賠償事故については補償しない。

明日も
がんばろうニャ〜

解答

1 ×　保険価額を超える保険金額で火災保険を契約していた場合、保険事故が起きても、保険価額を超える保険金が支払われることはない。

2 ×　火災保険は地震による損害については補てんしない。

3 ×　火災保険の特約、が正しい。

4 ×　家財は1,000万円である。

5 ○　人身事故のみが対象で、対物事故や自損事故、車両事故などは対象にならない。

6 ×　自動車保険の人身傷害補償保険は、本人および同乗者が自動車事故で死亡・傷害などの被害を被った場合、被保険者の過失割合および過失の有無にかかわらず、保険金が支払われる。

7 ○　細菌性食中毒は対象外。病気、地震、噴火、津波なども特約がない限り補償されない。

8 ○　一般の個人賠償責任保険は日常生活の事故は補償するが、仕事中の事故に対しては保険金が払われない。

正解

8問

13日目
32
もう少しで、
Chapter2も
おわりニャ！

Chapter 2 リスク管理 Section 6

損害保険（2）

ここでは、個人や企業をとりまくリスクの管理や
損害保険で押さえておきたい税金について学習します。

Chapter 2 Section 6

損害保険（2）

ここをまなぶよ

❶リスク管理と保険

- 家庭生活とリスク管理
- 事業活動とリスク管理

❷損害保険と税金

- 個人契約の損害保険と税金
- 法人契約の損害保険と税金

❸損害賠償金・災害と税金

- 損害賠償金と税金
- 災害と税金

❶リスク管理と保険

最近は特に
リスク管理の必要性が
注目されているニャ！

◆ 家庭生活とリスク管理

個人をとりまくリスクには次のようなものがあります。

個人をとりまくリスク

対象	リスク	保険商品
人	病気、傷害（しょうがい）、死亡、長生き、日常生活における事故・災害など	終身保険、養老（ようろう）保険、定期保険、医療保険、傷害保険、個人年金保険など
物	災害、盗難、病気・ケガによる収入減・負担増など	火災保険、地震保険、自動車保険、所得補償保険など
第三者への賠償（ばいしょう）責任	不慮（ふりょ）の事故等による賠償など	個人賠償責任保険など

◆ 事業活動とリスク管理

企業をとりまくリスクにも、人に対するもの、物に対するもの、第三者への賠償責任に対するものがあります。

1．人に対するリスク

従業員や役員・経営者などに対して、業務上の災害や事故・死亡などのリスクに対応するためには、生命保険や各種共済、傷害保険、自動車保険などのほかに、国の労災保険の上乗せ保険で、労働者災害総合保険などの活用が考えられます。

2．物に対するリスク

動産総合保険……会社の動産について、保管中・使用中・輸送中を問わず、すべての偶発的な事故によって生じた損害を補償する

機械保険…………機械設備・装置が偶発的な事故によって損害を受けた場合、修理費と損害に伴う費用を補償する。火災事故による損害は補償しない

利益保険…………建物などが火災等を被った場合、休業中の損害を補償する

3．第三者への賠償責任に対するリスク

生産物賠償責任保険（PL保険）………企業が製造、販売した製品が原因で発生した事故により、他人の身体や生命・財産に損害を与えた場合に補償する（→p.166）

施設所有（管理）者賠償責任保険………施設の所有や使用、管理に関する賠償責任を補償する

請負業者賠償責任保険……施設工事などの請負業者が、作業に伴う事故によって、他人に与えた損害を補償する

受託者賠償責任保険………他人から預かった受託物を保管もしくは管理している間に誤って壊したり、汚したり、紛失したり、または盗まれたりして、預けた人に元の状態では返還できなくなり、会社が賠償責任を負うことになった場合に生ずる損害を補償する

用語

動産…不動産（＝土地およびその定着物[おもに建物]）以外のもののこと。パソコン、自動車、在庫品、現金など。

❷損害保険と税金

個人契約のものと
法人契約のものが
あるニャ！

個人契約の損害保険と税金

保険料の支払いと保険金の受取りでは、次のように課税されます。

1．保険料を支払うときの税金

地震保険料については支払った保険料の金額に応じて地震保険料控除（こうじょ）が認められています。所得税は地震保険料の全額（最高５万円）、住民税は地震保険料の1/2に該当する金額（最高２万５千円）が控除されます。

2．保険金を受け取るときの税金

保険金の受取りは、課税される場合と非課税の場合があります。

①傷害保険の死亡保険金と税金

生命保険と同様、個人が死亡保険金を受け取った場合、保険契約者や保険金の受取人によって相続税、所得税、贈与（ぞうよ）税のいずれかの対象になります。

死亡保険金の課税関係

保険契約者	被保険者	受取人	税金
A	A	B	相続税
A	B	A	所得税（一時所得）・住民税
A	B	C	贈与税

②入院保険金等

後遺障害保険金、入院保険金、通院保険金、所得補償保険金などについて、本人あるいは家族が受け取った場合は**非課税**です。

③自動車保険の保険金と税金

自動車保険の課税関係（個人契約）

対人・対物賠償保険	被保険者に支払われる保険金は**非課税**
車両保険	
搭乗者傷害保険	傷害保険と同じ
自損事故保険	
無保険車傷害保険	被保険者やその配偶者、父母、子どもが受け取る保険金は**非課税**

④火災保険と税金

火災保険などから受け取った、損失の補てんを目的とする保険金および賠償責任保険金は**非課税**です。

⑤積立保険などの満期返戻金や解約返戻金の税金

基本的に生命保険と同じく、次のようになります。

満期・解約返戻金と課税関係

契約者＝受取人………所得税（一時所得）・住民税

保険契約者≠受取人…贈与税

金融類似商品…………受取金額と払込保険料の差額に対して20.315%（復興特別所得税0.315%を含む）が源泉分離課税

法人契約の損害保険と税金

1．保険料を支払うときの税金

法人が支払う損害保険料は原則、**損金**に算入しますが、満期返戻金のある積立型保険の積立部分の保険料は保険期間満了まで資産計上されます。それ以外の保険料は保険期間の経過に応じて損金処理を行います。

2．保険金を受け取るときの税金

法人が受け取った保険金は、原則として**益金**として扱われ、損害額を計上したり賠償金を支払ったりした場合は、損金算入されます。なお、火災保険などの保険金で同じ用途の資産を購入し、保険金と帳簿価額に差益が出た場合、**圧縮記帳***が認められています。

＊新たに取得した固定資産などの取得価格から一定額を控除した金額を帳簿価額とする方法。

税務上の損金は会計上の「費用」、税務上の益金は会計上の「収益」のようなものと考えるといいよ。法人税については基本的な用語を理解しておく程度で大丈夫だニャ。

3．満期返戻金・配当金の経理処理

法人が受け取った満期返戻金や配当金は益金として扱われ、それまで資産計上していた積立保険料は損金算入されます。つまり課税対象となるのは、益金と損金の差額です。

③損害賠償金・災害と税金

Chapter4の雑損控除・
所得控除ともあわせて
確認ニャ！

損害賠償金と税金

個人が取得した損害賠償金などは、人身事故・物損(ぶっそん)事故のいずれの場合も非課税です。また、個人が損害賠償金を支払った場合は、税金の控除の対象にはなりません。

災害と税金

災害などに遭(あ)った場合、**雑損(ざっそん)控除**と**災害減免(げんめん)法**によって、税が軽減されます。ただし、雑損控除と災害減免法の両方を適用することはできません。年間の合計所得金額が1,000万円以下の場合、有利なほうを選びます。

なお、雑損控除も災害減免法も確定申告が必要です。

雑損控除と災害減免法

	雑損控除	災害減免法
控除・減免の原因	災害、盗難、横領(おうりょう)	災害
控除の対象となる資産	生活用資産 （住宅・家財・現金等）	住宅・家財 （損害金額が住宅又は家財の価額の1/2以上であること）
所得金額への制限	なし	1,000万円以下
住民税への適用	適用可	適用不可
控除の種類	所得控除	税額控除

Chapter 2 Section 6

損害保険（2）

練習問題

次の各記述のうち、正しいものに○、誤っているものに×をつけなさい。

リスク管理と保険

1．A社の本社ビルが火災等によって使用できなくなり、事業活動を行うことができなくなった場合に対応するのは利益保険である。

2．メーカーが販売したファンヒーターで製造上のミスがあったため出火した場合、施設所有（管理）者賠償責任保険が適用される。

3．店舗の自動ドアの故障で、来店客がケガをしてしまったというリスクに対応するのは請負業者賠償責任保険である。

損害保険と税金

4．地震保険料控除額は、支払った保険料の金額に応じて決められており、所得税・住民税ともその全額（最高50,000円）が控除できる。

損害賠償金・災害と税金

5．個人が取得した損害賠償金や見舞金において、人身事故・物損事故の場合は課税対象になる。

6．災害などに遭った場合、雑損控除あるいは災害減免法によって税が軽減されるが、いずれの適用を受ける場合も確定申告が必要である。

「きほん問題集」
で過去問にもチャレンジ
するニャ！
→問題集p.30-47,
p.146-161

解答

1　○　利益保険は建物などが火災等を被った場合、休業中の損害を補償する。

2　×　生産物賠償責任保険（PL保険）が正しい。

3　×　施設所有（管理）者賠償責任保険が正しい。

4　×　地震保険料控除額は、支払った保険料の金額に応じて決められており、所得税はその全額（最高50,000円）、住民税はその１／２に該当する金額（最高25,000円）が控除できる。

5　×　非課税である。

6　○　雑損控除あるいは災害減免法の適用を受ける場合は確定申告が必要である。

正解
6問

Chapter 3 金融資産運用 Section 1

マーケット環境の理解

マーケットとは、金融市場のことです。
ここでは主要なマーケット指標(しひょう)について理解し、
景気変動と金利の関係、金融政策について学びましょう。
マーケットを正しく読みとることは、
景気の動向(どうこう)を判断することにもつながります。

Chapter 3 Section 1

マーケット環境の理解

14日目 32

❶主要なマーケット指標

- マーケットのしくみ
- 景気・物価指標

❷マーケットの変動要因

- 金融市場における金利の変動要因
- 金融政策と市場に与える影響
- 財政政策

❸相場動向に応じた金融商品選択

❹セーフティネットと関連法規

- 預金保険制度
- 金融ADR制度
- 関連法規

❶主要なマーケット指標

◆ マーケットのしくみ

金融市場（マーケット）の取引には、金融機関や企業が参加しています。取引する金融資産の満期までの期間が、１年未満の短期か１年以上の長期かによって、**短期金融市場**と**長期金融市場**に分けられます。

短期金融市場は、銀行などの金融機関のみが参加する**インターバンク市場**と、一般企業など金融機関以外も参加できる**オープン市場**に分けられます。

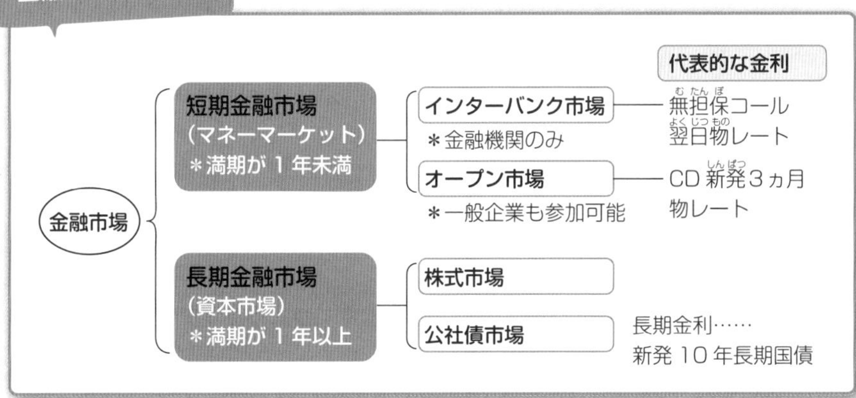

◆ 景気・物価指標

1．GDP（国内総生産）

GDP（国内総生産）とは、一定期間に国内で生産されたすべての財・サービスを**付加価値**で表したものです。名目GDPは実際に取引されている価格に基づいて推計したものであり、実質GDPは物価変動の影響を取り除いて算出したものです。GDPと**GDE**（国内総支出）の金額は、必ず一致するようになっています。一国の経済の生産・支出・分配は常に一致します。これを**三面等価の原則**といいます。

2．経済成長率

経済成長率とは、経済規模がどれだけ拡大したかをみる指標で、名目(めいもく)成長率▼と実質(じっしつ)成長率▼がありますが、**実質成長率**を指すのが一般的です。１年間のGDPの伸び率で表されます。

3．景気動向指数

景気動向指数とは、経済の現状を把握(はあく)したり、将来の動向を予測するための総合的な景気指数です。

内閣府から**毎月**発表され、景気に数ヵ月先行して動く**先行(せんこう)指数**、ほぼ一致して動く**一致(いっち)指数**、半年から１年程度遅れて動く**遅行(ちこう)指数**のそれぞれ３つの**DI**(ディーアイ)(Diffusion Index)と**CI**(シーアイ)(Composite Index)があります。2008年４月分より、CI中心の公表となっています。

景気の方向性はDIで判断され、景気変動の大きさやテンポ（量感）はCIで判断されるのが一般的です。景気判断はDIの一般指数を用(もち)いて、50%を上回れば景気は上向き、下回れば景気は下向きと判断されます。

景気動向指数採用系列の例

景気動向指数は、全部で30系列ある。

先行系列	11系列	新規求人数、新設住宅着工床面積、消費者態度指数、東証株価指数　など
一致系列	10系列	生産指数（鉱工業）、有効求人倍率　など
遅行系列	9系列	家計消費支出、消費者物価指数（生鮮食品を除く総合）、法人税収入、完全失業率　など

＊2024年４月現在。

一致指数の例として、「有効求人倍率」を知っておくといいニャ

名目成長率・実質成長率…GDPの伸び率のうち、物価変動の影響を含むものを名目成長率、含まないものを実質成長率という。

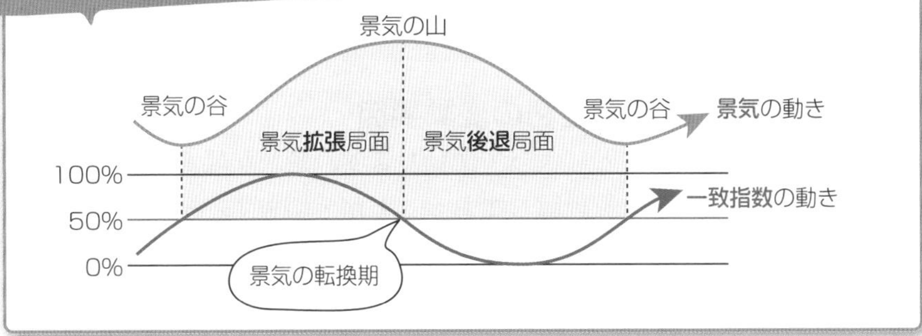

4．日銀短観

日銀短観（にちぎんたんかん）とは、日本銀行（以下「日銀」という）が行う全国企業短期経済観測（かんそく）調査のことです。約1万社の企業を対象に、**年4回**（3・6・9・12月）調査・発表されます。

最も注目されるのは**業況判断DI**（ぎょうきょう）です。業況について「良い」「さほど良くない」「悪い」の3つの選択肢で回答し、「良い」と回答した企業の割合から、「悪い」と回答した企業の割合を引いて算出します。

5．物価指数

物価の水準を表したものを**物価指数**といい、**企業物価指数**と**消費者物価指数**があります。

企業物価指数は、企業間で取引される商品の価格に焦点（しょうてん）を当てた指数で、日銀が**毎月**調査および発表をしています。消費者物価指数は、全国の一般の消費者世帯を対象に購入する商品やサービスの価格変動を表したもので、総務省が**毎月**調査および発表をしています。

2つの物価指数を比較した場合、企業物価指数のほうが、国際商品市況（しきょう）（原油価格の動向等）や外国為替（かわせ）相場の変動にも影響を受けるため、変動が大きくなる傾向にあります。

6．マネーストック統計

マネーストックとは一般法人・個人・地方公共団体などの通貨保有主体（金融機関・中央政府は除く）が保有する通貨の残高のこと。マネーストックを集計したものがマネーストック統計です。日銀が毎月発表しています。

❷マーケットの変動要因

金融市場における金利の変動要因

金利は、景気や物価などによって変動します。金利が経済活動に与える影響は大きいので、動きを理解しておくことが大切です。

一般に、物価の上昇局面（インフレ）には金利が上昇し、物価の下落局面（デフレ）には金利が低下します。

物価の下落局面（デフレ）には、名目金利は低くなりますが物価も下がるため、実質金利（名目金利から物価変動の影響を除いたもの）は相対的に高くなる場合があります。

また、たとえば米国との関係でみると、日本の金利が上昇した場合、日本で投資などをする価値が増すので、人々は米ドル（外貨）を売って円を買うようになり、それが円高ドル安の要因となります。

一般的に、日米間でいうと、金利は米国よりも日本が**高い**と円高（ドル安）に、米国よりも日本が**低い**と円安（ドル高）になります。なお、金利と債券価格は反比例の関係にあります。

金利の変動要因と債券価格

変動要因／市況	国内景気		国内物価		為替相場		海外金利	
	回復	悪化	上昇	下落	円安	円高	上昇	低下
金利	↗	↘	↗	↘	↗	↘	↗	↘
債券の価格	↘	↗	↘	↗	↘	↗	↘	↗

金融政策と市場に与える影響

物価を安定させるために**日銀**が行う政策を**金融政策**（きんゆうせいさく）といいます。金融政策の基本方針は、**金融政策決定会合**で決められ、準備率を操作する預金準備率操作と日銀が直接介入（かいにゅう）して市場の通貨量を調整する公開市場操作です。

預金準備率操作は、金融機関が日銀に預けることを義務づけられている準備預金の準備率を変更することで、通貨量を調整することです。

公開市場操作には、**買いオペレーション（買いオペ）**と**売りオペレーション（売りオペ）**の2つがあります。国内の景気が低迷しているときは買いオペレーションが行われます。

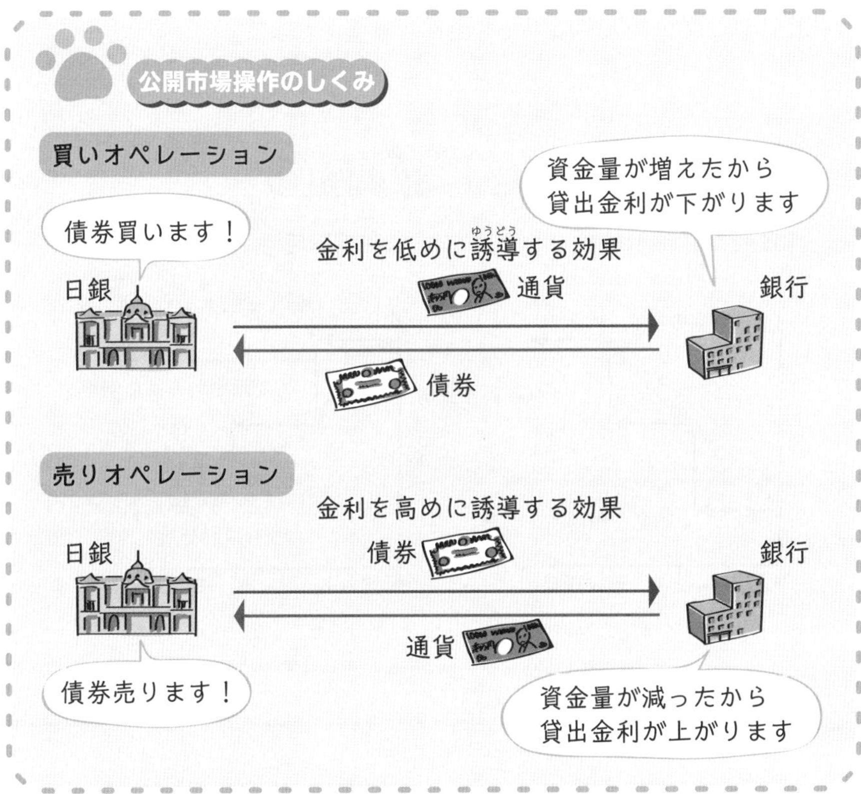

財政政策

景気を安定させ持続的な経済成長を実現させるために、政府が行う政策を**財政政策**といいます。公共事業を増加させて雇用を創出させる、増税・減税によって需要の拡大や抑制を図る、などがあります。

③相場動向に応じた金融商品選択

金融商品には固定金利商品と変動金利商品の2つがあるニャ

固定金利商品は、金利が固定されている商品のことです。預入（あずけいれ）時に毎年の利息や満期時の元利（がんり）合計額が確定します。**変動金利商品**は、金利水準の変化に連動して、預入期間中でも金利が見直されます。

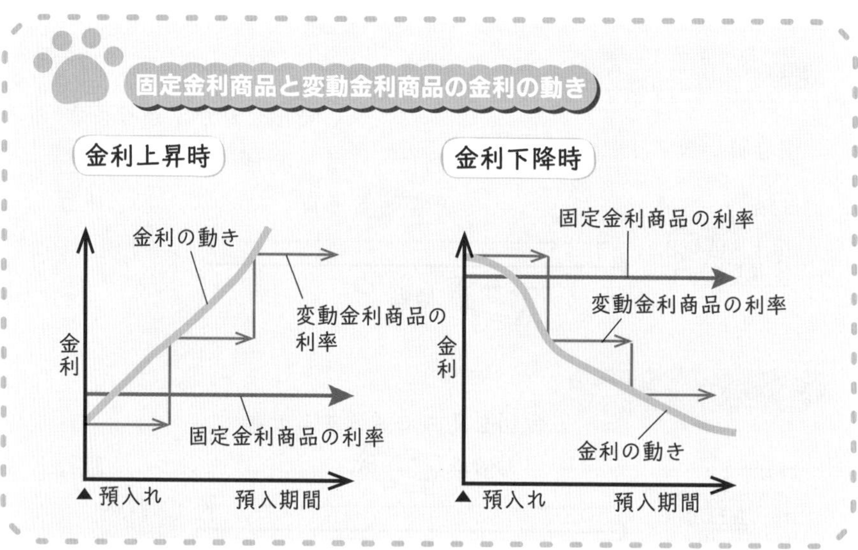

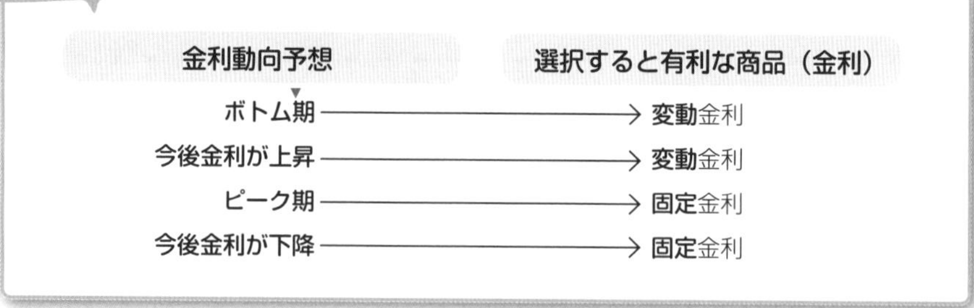

金利動向予想	選択すると有利な商品（金利）
ボトム期	変動金利
今後金利が上昇	変動金利
ピーク期	固定金利
今後金利が下降	固定金利

用語

ボトム…底のこと。最低もしくはそれに近い安値の状態。

④セーフティネットと関連法規

金融商品におけるセーフティネットとは、金融機関の経営が破たんした場合も、顧客の資産を守るしくみのことだニャ

◆ 預金保険制度

預金保険制度とは、金融機関が預金保険料を預金保険機構に支払い、金融機関が破たんした場合に、預金者を保護するための制度です。日本国内に本店のある銀行や信託(しんたく)銀行、信用金庫などの金融機関、ゆうちょ銀行に預け入れた預金等は、保護の対象になります。

1．預金保険制度の対象となる預金等

普通預金、貯蓄(ちょちく)預金、当座(とうざ)預金、通知預金、定期預金、定期積金(つみきん)、元本補てん契約のある金銭信託、ワイドなどの保護預かり専用の金融債(きんゆうさい)が対象になります。

2．保護の範囲

決済用預金▼は全額保護されます。決済用預金以外の預金等は、1金融機関あたり合算(がっさん)して元本1,000万円までとその利息が保護されます。1,000万円を超える部分は破たん金融機関の状況に応じて支払われます。

3．預金保険制度の対象とならない預金等

外貨預金、譲渡(じょうと)性預金、元本補てん契約のない金融債（ヒット・スーパーヒットなど）は対象になりません。

4．その他

農協や漁協などの貯金については、農水産業協同組合貯金保険制度によって、預金保険制度と同じように保護されます。また、証券会社が破たんした場合、投資家の金銭や有価証券は分別管理(ぶんべつかんり)されているので、基本的には影響を受けませんが、万一の場合に備え**投資者保護基金**が設(もう)けられています。一顧客当たりの補償限度額は**1,000万円**です。

◆ 金融ADR制度

金融ＡＤＲ(エーディーアール)制度とは、金融機関と利用者とのトラブル（紛争(ふんそう)）を、業界ごとに設立された金融ADR機関*において、中立・公正な専門家（弁護士

用語

決済用預金…①無利息、②いつでも払戻し可能、③口座振替等の決済サービスが提供可能、という３つの条件を満たす預金のこと。当座預金、無利息の普通預金など。

などの紛争解決委員）が和解案を提示するなどして、裁判以外の方法で迅速・簡便・柔軟に解決を図る制度です。

＊金融庁が指定・監督する指定紛争解決機関。生命保険協会、全国銀行協会、日本損害保険協会、証券・金融商品あっせん相談センター、日本貸金業協会などがある。

◆ 関連法規

消費者を保護するための法律として、おもに次のようなものがあります。

1．金融サービスの提供及び利用環境の整備等に関する法律

金融商品販売業者がすべての顧客に対してリスクなどの**重要事項**などを説明しなかった場合に、**損害賠償責任**を負うという法律です。「金融商品販売法」が2021年11月に「金融サービスの提供に関する法律」に改称され、その中で「金融サービス仲介業」が創設されました。さらに、2024年２月に改正法が施行され、「金融サービスの提供及び利用環境の整備等に関する法律」に改称されました。

2．消費者契約法

事業者の不正な勧誘行為により消費者（法人除く）が**誤認**または**困惑**して契約した場合、契約の**取消し**ができるという法律です。

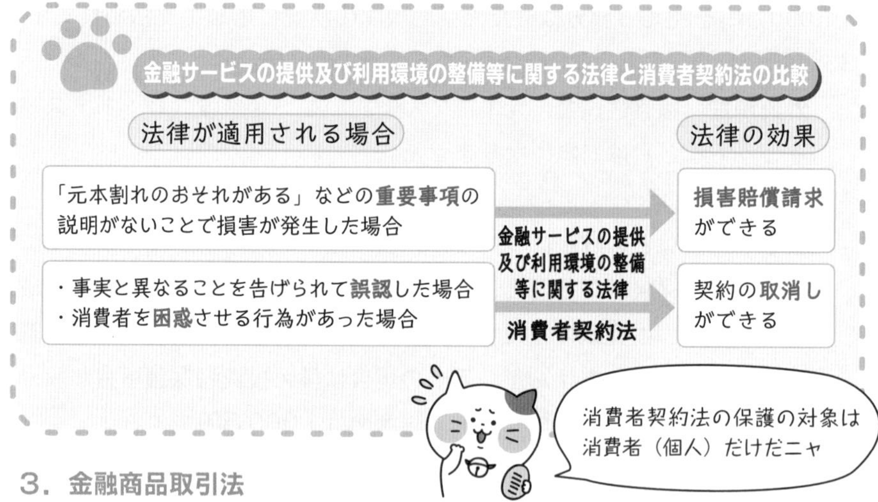
金融サービスの提供及び利用環境の整備等に関する法律と消費者契約法の比較
法律が適用される場合
法律の効果
「元本割れのおそれがある」などの重要事項の説明がないことで損害が発生した場合
金融サービスの提供及び利用環境の整備等に関する法律
損害賠償請求ができる
・事実と異なることを告げられて誤認した場合
・消費者を困惑させる行為があった場合
消費者契約法
契約の取消しができる
消費者契約法の保護の対象は消費者（個人）だけだニャ

3．金融商品取引法

さまざまな金融商品の取引について、**投資家の保護**などを目的とした法律です。この法律では、一般投資家に対する販売・勧誘に関する説明義務や契約締結前の**書面交付義務**、**適合性の原則**などの規定が設けられています。なお、金融商品取引業を行うには**内閣総理大臣の登録**が必要です。

Chapter 3 Section 1

マーケット環境の理解

練習問題

次の各記述のうち、正しいものに○、誤っているものに×をつけなさい。

主要なマーケット指標

1. 無担保コール翌日物レートは、インターバンク市場の代表的な金利である。

2. GDPには、外国で生産された付加価値も含まれる。

3. 景気の動向指数は財務省が公表している。

4. 日銀が発表する業況判断DIは、「良い」の回答社数構成比から「さほど良くない」と「悪い」の回答社数構成比を差し引いて算出される。

5. 消費者物価指数は、家計が購入する商品やサービスの価格変動を表した指数である。

マーケットの変動要因

6. 為替市場全体の動向として、米ドルを売って日本円を買う取引が増加すると、円安、米ドル高の原因となる。

7. 日本銀行が行う金融政策の1つに「公開市場操作」がある。

セーフティネットと関連法規

8. 金融商品取引業を行うには、厚生労働大臣の登録が必要である。

復習が
肝心だニャ

解答

1 ○　無担保コール翌日物レートとは、日本の金融機関が1年未満の短期資金のやりとりを行うコール市場において、約定（やくじょう）した翌日に返済を行う際の金利のこと。

2 ×　GDPには、外国で生産された付加価値は含まれない。

3 ×　内閣府が公表している。

4 ×　「良い」の回答社数構成比から「悪い」の回答社数構成比を差し引いて算出される。

5 ○　消費者物価指数は総務省が調査している。

6 ×　円高、米ドル安の原因となる、が正しい。

7 ○　公開市場操作は、金利などを調整する金融政策の1つである。

8 ×　内閣総理大臣の登録が必要である。

正解
　　　／8問

Chapter 3 金融資産運用 Section 2

貯蓄型金融商品、債券投資

前半では、貯蓄型金融商品について学習します。
種類や特徴を押さえ、金利や利回りを理解しましょう。
後半では、資産を運用するうえで重要となる
債券投資について学びます。

Chapter 3 Section 2

貯蓄型金融商品、債券投資

15日目 32

❶貯蓄型金融商品の種類と特徴

- 銀行の金融商品
- ゆうちょ銀行の金融商品
- 信託銀行の金融商品

❷各種金融商品の金利・利回り

- 利率と利回り
- 単利と複利

❸債券のしくみと特徴

- 債券の特徴
- 債券の種類
- 債券の発行条件
- 個人向け国債

❹債券の信用リスクと格付け

- 債券のリスク
- 格付け

❺債券の利回り計算

❶貯蓄型金融商品の種類と特徴

中途換金時における
ペナルティーの有無などに
注意が必要だニャ！

◆ 銀行の金融商品

銀行の代表的な金融商品には、次のようなものがあります。

おもな銀行の金融商品

	普通預金	貯蓄預金	スーパー定期
預入金額	1円以上1円単位が一般的		
預入期間	無期限		1ヵ月以上10年以下が一般的
金利	変動金利	基準残高（10万円、30万円など）以上であれば普通預金を上回る金利適用	・固定金利 ・3年未満は単利型のみ、3年以上は単利型と半年複利型（個人のみ）の選択
利払い	年2回		2年以上の単利型は中間利払い、半年複利型は満期時一括利払い
中途換金（かんきん）	自由		いつでも可。ただし、中途解約利率が適用
税金	源泉分離課税。マル優適用可		
その他	公共料金等の決済口座、給与・年金・配当金などの自動受取口座として利用可	決済機能がないため、公共料金等の引落しなどには利用できない	300万円未満を「スーパー定期」、300万円以上を「スーパー定期300」という

	大口定期預金	期日指定定期預金	変動金利定期預金
預入金額	1,000万円以上1円単位	1円以上1円単位	
預入期間	1ヵ月以上10年以下	1年以上3年以下	1年以上3年以下（あるいは5年以下）
金利	・固定金利 ・単利型のみ	・固定金利、1年複利 ・2年未満と2年以上では適用利率が異なる	・変動金利 ・3年未満は単利型のみ、3年以上は単利型と半年複利型（個人のみ）の選択
利払い	2年以上は中間利払い	満期時一括利払い	単利型は6ヵ月ごとに中間利払い、半年複利型は満期時一括利払い
中途換金	いつでも可。ただし、中途解約利率が適用	1年間据置後、1ヵ月以上前に満期日を通知すれば、ペナルティーなしで解約可	いつでも可。ただし、中途解約利率が適用
税金	源泉分離課税。マル優適用不可	源泉分離課税。マル優適用可	
その他	金利は銀行との相対取引で決められる	—	6ヵ月ごとに金利の見直しが行われる

＊記載した預金商品の特徴は一般的なものであり、個々の金融機関によって異なる場合もある。

◆ ゆうちょ銀行の金融商品

ゆうちょ銀行の代表的な金融商品には、次のようなものがあります。

おもなゆうちょ銀行の金融商品

	通常貯金	通常貯蓄貯金	定額貯金	定期貯金
預入金額*	1円以上1円単位		1,000円以上1,000円単位	
預入期間	無期限		・6ヵ月以降自由満期 ・最長10年	1ヵ月・3ヵ月・6ヵ月 1年・2年・3年・4年・5年**
金利	変動金利		・固定金利、**半年複利** ・6段階の段階金利制	・固定金利 ・3年未満は単利型のみ、3年以上は**半年複利型**
利払い	年2回（通常は3月末と9月末）		満期時一括利払い	・2年物は1年目の応当日に中間利払い ・それ以外は満期時一括利払い
中途換金	自由		6ヵ月間据え置けば、いつでもペナルティーなしで解約可	いつでも可。ただし、中途解約利率が適用
税金	源泉分離課税。マル優適用可***			
その他	公共料金等の決済口座、給与・年金などの自動受取口座として利用可	・基準残高は、10万円(10万円型)のみ ・**決済機能がない**	—	—

＊ゆうちょ銀行の預入限度額は、2,600万円。

＊＊5年は担保定期貯金（自動貸付けが可能な定期貯金）に限られている。

＊＊＊マル優を適用できるのは、定額貯金、定期貯金、および自動貸付けが可能な担保定額貯金、担保定期貯金に限られている。

◆ 信託銀行の金融商品

信託銀行で扱う金融商品に、金銭信託があります。

金銭信託の概要

預入金額	5,000円以上1円単位
預入期間	1年以上で満期日を自由設定
金利	変動金利（実績配当）
利払い	・単利 ・年2回利払い、半年複利も可
その他	・やむを得ない事情が生じた場合は、所定の解約手数料を支払えば解約可 ・おもに積立貯蓄として利用される

❷各種金融商品の金利・利回り

貯蓄型金融商品の運用収益を
計算する時に用いる金利や
利回りについて理解するニャ。
計算であわてないニャ！

利率と利回り

利率は、金融商品の元本（債券の場合は「額面金額」）にどれだけの割合の利息を付けるかを示し、「利回り」は元本金額に対する年平均の収益率を示します。債券では、額面金額と払込金額が異なる場合が多いので、「利率」と「利回り」は異なる場合が多いです。

利率……元本に対して、どのくらい利息が付くのかを年率で表したもの
利回り…元本（払込金額）に対して、1年当たりでどのくらい増えたかを表したもの

$$\text{利回り（\%）（年平均利回り）} = \frac{\text{収益合計} \div \text{預入年数}}{\text{元本（払込金額）}} \times 100$$

単利と複利

金融商品は利息の付き方によって単利と複利に分けられます。

1．単利

単利とは、当初預け入れた元本に対してのみ利息が計算されるものです。

●代表的な単利型商品

大口定期預金・預入期間3年未満のスーパー定期・定期貯金・変動金利定期預金・長期国債・中期国債・個人向け国債・利付金融債など

単利の計算式（税引前）

満期時の元利合計
= 元本 ×（ 1 + 年利率 × 預入期間 ）

年利率だから、預入期間は
年換算するよ。たとえば預入期間が
6ヵ月だったら0.5年となるんだニャ

用語

額面金額…償還時（満期時）に戻ってくる金額。債券を売買する際の最低取引単位となる。

2. 複利

複利とは、一定期間ごとに支払われる利息を元本に足して再投資し、これを新しい元本とみなして次の利息が計算されるものです。

●代表的な複利型商品

ワイド・定額貯金・預入期間３年以上のスーパー定期・変動金利定期預金・期日指定定期預金・MMFなど

複利の計算式（税引前）

満期時の元利合計 ＝元本 × （１ ＋利率*）^{n**}

＊利率…１年複利＝年利率、半年複利＝年利率÷２、１ヵ月複利＝年利率÷12
＊＊ｎ……１年複利＝年数、半年複利＝年数×２、１ヵ月複利＝月数（年数×12）

同じ金利なら、単利より複利、
１年複利より半年複利が
元利合計が大きくなるニャ

3. 固定金利と変動金利について

固定金利…預け入れた当初の金利が、適用期間中はずっと続くもの
変動金利…市場金利の情勢に応じて、金利が変動するもの

現在の金利が高い状態で今後は低くなると考えられる場合は、高い金利が継続したほうが得をするので**固定金利**を選んだほうがよいでしょう。

反対に現在の金利が低い状態で今後は高くなると考えられる場合は、**変動金利**を選んだほうがよいでしょう（→p.186）。

4. 利払い型商品と満期一括受取型商品

金融商品は、利息がいつ支払われるかによって、利払い型商品と満期一括受取型商品に分けられます。

利払い型商品と満期一括受取型商品

	概要	代表的金融商品
利払い型商品	預入期間中に定期的に利息が支払われる	長期国債、定期預金、中期国債、個人向け国債、利付金融債 など
満期一括（いっかつ）受取型商品	満期時または解約時に、元本と一緒に一括して利息が支払われる	ワイド、定額貯金、期日指定定期預金、預入期間３年以上の定期預金 など

③債券のしくみと特徴

債券とは一種の「借用証書」のようなものだニャ！

債券は、国や株式会社などが、投資家からまとまった資金を調達するときに発行するものです。債券の流通は、顧客と金融機関が直接取引する店頭市場（てんとうしじょう）が中心です。

債券の特徴

債券は、償還（しょうかん）▼まで保有していれば発行体が破たんしない限り、額面金額が保証されます。償還前でも自由に売却したり換金したりすることが可能ですが、時価で売買するため、価格は変動し、元本割れすることもあります。

債券の種類

債券には次のような種類があります。

1．発行体によるおもな債券の分類

国債………国が発行する債券。流通量が最も多い
地方債……地方公共団体が発行する債券
社債………事業会社（民間企業）が発行する債券
金融債……金融機関が発行する債券　など

2．利払いの方法による分類

利付債（りつきさい）……毎年、定期的に利払いが受けられる債券
割引債……利息が一切ない。額面金額より割り引いた安い価格で発行され、満期時に額面金額が投資家に償還される債券

用語

償還…満期日に投資家にお金を返還すること。

3．新発債と既発債

新発債（しんぱつさい）……新規に発行される債券
既発債（きはつさい）……すでに発行されている債券

実際には債券のほとんどが「特定公社債」に該当しますが、全体像は以下のようになっています。特定公社債か一般公社債かによって税制が異なるので、確認しておきましょう。

	発行地	発行体の所在地	おもなもの
特定公社債	国内発行	日本	日本国債、地方債、政府関係機関債、公募普通社債など
		海外	公募円建て外債（サムライ債）など
	海外発行	—	売出債、私売出債の一部（購入時から他社への移管をしていないもの）
一般公社債	—	—	特定公社債以外の公社債(2016年1月1日以降に発行した一定の私募債など)

＊2015年12月31日以前に発行されたものは、同族会社が発行したものを除き、特定公社債に該当する。

債券の発行条件

債券は、発行条件（お金を借りるためのさまざまな条件や約束事）をあらかじめ明示（めいじ）しておかなければなりません。

債券の発行条件

額面金額	償還期限に投資家に返還される金額
表面利率（クーポンレート）	額面金額に対して毎年支払われる1年間の利息の割合。単位は%
発行価格	債券が発行されるときの価格（時価） ・オーバー・パー発行…額面金額100円より高い価格で発行すること ・パー発行………………額面金額100円ちょうどで発行すること ・アンダー・パー発行…額面金額100円より安い価格で発行すること
償還期限	債券の額面金額が償還される期日
利払い	日本国内で円建てで発行される債券の利払いは、通常年2回に分けて行われる

個人向け国債

個人向け国債には、個人に限定して発行される国債で変動金利型（利払いごとに利率が変わる）と固定金利型（満期まで利率が同じ）があります。中途換金でも国が元本を保証します。

個人向け国債の特徴

	変動金利10年	固定金利5年	固定金利3年
償還期限	10年	5年	3年
金利	変動（6ヵ月ごとに見直し）	固定	
発行頻度（ひんど）	毎月		
購入単位	最低1万円から1万円単位		
対象	個人のみ		
適用利率*	基準金利×0.66	基準金利−0.05%	基準金利−0.03%
中途換金	発行から1年経過後であれば、いつでも中途換金できる		
中途換金調整額**	直前2回分の利子相当額×0.79685		

＊いずれも年率0.05%の最低金利保証がある。
＊＊中途換金の場合に差し引かれる換金手数料。

❹債券の信用リスクと格付け

債券にともなう
リスクを判断する
ものとして
「格付け」が
あるニャ

◆ 債券のリスク

債券のリスクには、**金利変動リスク**、**信用リスク**、**流動性リスク**などがあります。

1．金利変動リスク

金利変動リスクとは、市場金利が変動することで、債券の価格が上下することを示します。

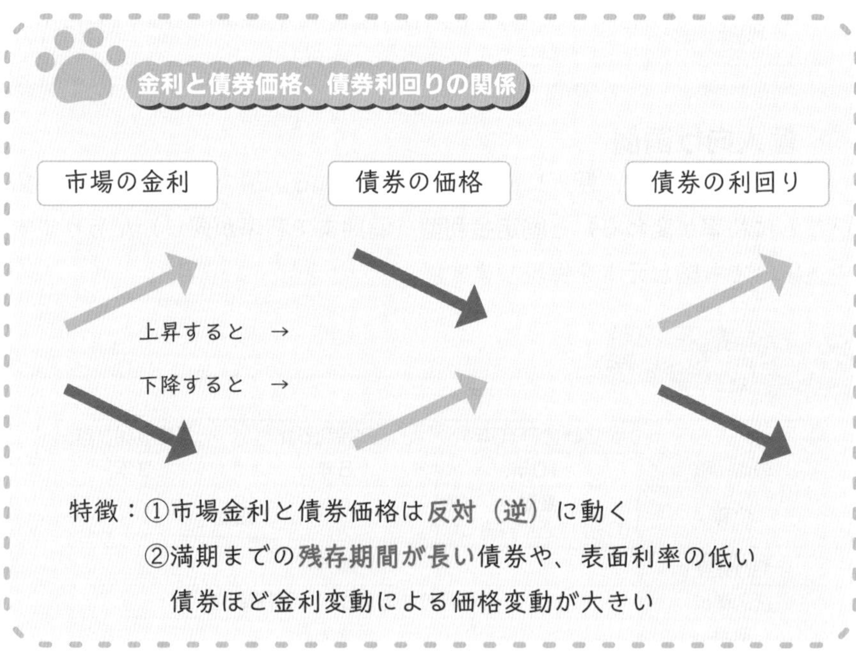

特徴：①市場金利と債券価格は**反対（逆）**に動く
②満期までの**残存期間が長い**債券や、表面利率の低い債券ほど金利変動による価格変動が大きい

2．信用リスク

信用リスクとは、債券の発行体が破たんするリスクのことです。**デフォルトリスク**、**債務不履行**（さいむふりこう）**リスク**ともいいます。

◆ 格付け

格付けとは、債券の発行体の**安全性の度合い**を、第三者の評価機関である**格付け会社**が判定し、「ＡＡＡ」などの記号で表したものです。格付け会社には米国系のＳ＆Ｐグローバル・レーティング、ムーディーズ・ジャパン、日本の格付投資情報センター(R&I)、日本格付研究所（JCR）などがあります。債券の格付けは、安全性の高い順にＡＡＡ（トリプルエー）、ＡＡ（ダブルエー）……(Ｓ＆Ｐグローバル・レーティングの場合）となっています。

債券の格付け

<Ｓ＆Ｐグローバル・レーティングの場合>

	格付け	信用度	利回り	債券価格
投資適格債券	AAA	高 ↑	低 ↑	高 ↑
	AA			
	A			
	BBB			
投資不適格債券（投機的債券）	BB			
	B			
	CCC			
	CC			
	C			
	D	↓ 低	↓ 高	↓ 低

安全性の高い債券は、一般的に
①利回りが低く
②債券価格が高い
とよく覚えておくニャ！

用語
投機的…成否は確実ではないが、機会をうまく利用して利益を得ようとすること。

⑤債券の利回り計算

3級の試験では「最終利回り」がよく出題されるニャ！

債券の利回りは、**利率（表面利率）**に加えて、償還差損益（さそんえき）（または売買損益）の合計の割合のことです。

債券の4つの利回り

応募者利回り	新発債を購入し、満期償還まで保有し続けた場合の利回り
最終利回り	既発債を時価で購入し、満期償還まで保有した場合の利回り ＊債券投資で単に利回りといえば、通常は最終利回りを指し、重要視される。
所有期間利回り	債券を満期まで保有せず、途中売却した場合の利回り
直接利回り	単純に投資金額に対して毎年いくらの利息収入（インカムゲイン）があるかをみる利回り

▼新規発行　▼中途で購入　▼中途で売却　満期償還▼

応募者利回り（新規発行～満期償還）
最終利回り（中途で購入～満期償還）
所有期間利回り（中途で購入～中途で売却）

$$\textbf{応募者利回り（\%）} = \frac{表面利率 + \dfrac{額面(100円) - 発行価格}{償還年限(期間)}}{発行価格} \times 100$$

$$\textbf{最終利回り（\%）} = \frac{表面利率 + \dfrac{額面(100円) - 買付価格}{残存年限(期間)}}{買付価格} \times 100$$

$$\textbf{所有期間利回り（\%）} = \frac{表面利率 + \dfrac{売却価格 - 買付価格}{所有期間}}{買付価格} \times 100$$

$$\textbf{直接利回り（\%）} = \frac{表面利率}{買付価格} \times 100$$

Chapter 3 Section 2

貯蓄型金融商品、債券投資

練習問題

次の各記述のうち、正しいものに○、誤っているものに×をつけなさい。

各種金融商品の金利・利回り

1．同じ金利であれば、単利より複利、半年複利より１年複利のほうが元利合計は大きくなる。

2．利率４％、３年満期、半年複利の商品に100万円を預けた場合、満期時の元利合計は1,126,162円である（税金は考慮せず、円未満は切捨て）。

債券のしくみと特徴

3．割引債は、利息が高く、額面金額（元本）より割り引いた安い価格で発行され、満期時に額面金額が投資家に償還される債券のことである。

4．10年満期・変動金利型の個人向け国債の適用金利は、年度ごとに見直される。

債券の信用リスクと格付け

5．信用格付けの高い債券は、一般的に利回りは低いが、債券価格は高い。

6．一般にBB以下のクラスは投資不適格債券とされる。

債券の利回り計算

7．表面利率（クーポンレート）＝2.0%、買付価格（額面金額100円につき）95円、期間（残存年限）５年の既発債を購入し、満期まで保有した場合の利回り（最終利回り）は3.16%である（小数点以下第３位四捨五入）。

何問
合ってるか
ニャ？

解答

1　×　　１年複利より半年複利のほうが元利合計は大きくなる。

2　○　　100万円×$(1+0.04\div2)^{3\times2}$
＝100万円×$(1.02)^{6}$
＝1,126,162.4≒1,126,162円

3　×　　割引債は、利息が一切ない。

4　×　　６ヵ月ごとに見直される、が正しい。

5　○　　信用格付けの高い債券は、一般的に信用度が高く、信用リスクが低いともいえる。

6　○　　債券の格付けは、安全性の高い順にＡＡＡ、ＡＡ……となっている。BB以下は投資不適格債券となる。

7　○　　$\dfrac{2.0+\dfrac{100-95}{5}}{95}\times100=3.1578\cdots\rightarrow3.16$

よって、正しい。

正解

7問

Chapter 3 金融資産運用 Section 3

投資信託、株式投資

ここでは投資信託のしくみ、
株式の基本などについて理解しましょう。
苦手意識を持たず、1つ1つの内容を丁寧に
押さえながら、整理していきましょう。

Chapter 3 Section 3

投資信託、株式投資

16日目 32

❶投資信託

- 投資信託のしくみ
- 投資信託の特徴と投資信託商品
- 目論見書と運用報告書
- 投資信託の売買
- 投資信託のパフォーマンス測定
- ETFと上場不動産投資信託
- トータルリターン通知制度

❷株式投資

- 株式の基本
- 株式投資に関する評価指標

❶投資信託

投資信託（ファンド）は、多くの投資家から資金を集め、まとめて大きな資金にして、専門家が運用するしくみの金融商品です。集めた資金は複数の公社債や株式、不動産などに投資され、その成果（運用収益）は投資額に応じて投資家に還元されます。元本は保証されていません。通常1万円程度から投資ができ、積立であれば数百円からできるものもあります。

◆ 投資信託のしくみ

投資信託は契約型と会社型に分けられます。日本の投資信託の主流である**契約型投資信託**のしくみは次のとおりです。

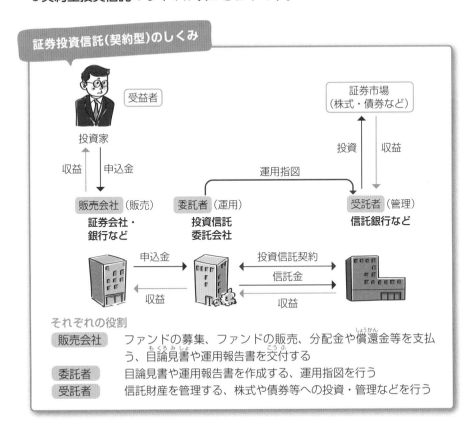

証券投資信託(契約型)のしくみ

受益者

投資家

収益　申込金

証券市場
（株式・債券など）

投資　収益

運用指図

販売会社（販売）
証券会社・銀行など

委託者（運用）
投資信託委託会社

受託者（管理）
信託銀行など

申込金
収益

投資信託契約
信託金
収益

それぞれの役割

販売会社	ファンドの募集、ファンドの販売、分配金や償還金等を支払う、目論見書や運用報告書を交付する
委託者	目論見書や運用報告書を作成する、運用指図を行う
受託者	信託財産を管理する、株式や債券等への投資・管理などを行う

◆ 投資信託の特徴と投資信託商品

投資信託は、そのしくみや運用の対象、追加設定の有無、運用スタイルなどから次のように分類されます。

投資信託の分類

運用対象による分類	
公社債投資信託	・公共債や事業債を中心に運用する投資信託。**株式に投資することはできない**
株式投資信託	・投資信託約款上、株式に投資することが可能な投資信託
購入時期による分類	
単位型（ユニット型）	・ファンドの購入は募集期間に限られ、追加購入はできない。あらかじめ運用期間(信託期間)が定められている
追加型（オープン型）	・ファンド設定後も追加購入ができる。換金(かんきん)は時価に基づいて自由に行うことができる。現在の投資信託の主流
解約ができるかどうかによる分類	
オープンエンド型	・いつでも換金することができる
クローズドエンド型	・解約できない。換金するときは市場で売却する

おもな株式投資信託

インデックスファンド（パッシブ運用）	・日経平均株価やTOPIX(トピックス)などの**ベンチマーク***に連動するように設計されたファンド
アクティブファンド	・ベンチマークを上回る投資収益の確保を目指す運用方法のファンド

トップダウン・アプローチ	マクロ経済▼の動向や社会全体の動向をみて、組入(くみいれ)銘柄を選別する方法
ボトムアップ・アプローチ	個別企業の調査や分析から投資判断をし、投資魅力の高い銘柄を積み上げていく運用方法
バリュー投資	株価の**割安性**（バリュー）に着目する方法
グロース投資	企業の**成長性**（グロース）に着目する方法
セレクトファンド	複数のファンドが１つのグループを構成し、その中から投資家の判断で自由に選択、スイッチングができるファンド

＊ベンチマーク……ファンドの目標となる指標(しひょう)。ファンドの投資対象によって異なる。

マクロ経済…経済をとらえる手法の１つ。政府・企業・家計をひとまとめにした、ひとつの国の経済社会全体の動きのこと。↔ミクロ経済

おもな公社債の投資信託商品

MRF（マネー・リザーブ・ファンド）	・証券総合口座用ファンド ・1円以上1円単位で購入できる ・いつでも手数料なしで換金可
MMF*（マネー・マネージメント・ファンド）	・短期の公社債等で運用（1ヵ月複利） ・いつでも1円以上1円単位で購入できる ・30日未満で換金すると1万口につき10円（**信託財産留保額**）が差し引かれる ・毎日決算で収益分配金は月末に一括再投資
公社債投信（長期公社債投信）	・安全性の高い国債等で運用（年1回決算） ・1万円以上1万円単位（積立型は月3,000円程度から）で購入できる ・換金はいつでもできるが、元金1万円に対して所定の**換金時手数料**が必要

＊現在（2024年4月）全ての会社で販売停止。

◆ 目論見書と運用報告書

投資信託は、個別にディスクロージャー資料として**目論見書**や**運用報告書**が交付されています。いずれも**投資信託委託会社**が作成し、販売会社を通して投資家に交付されます。

1．目論見書

投資信託のしくみや特色、投資リスク・運用方針など重要事項が記載されている説明書です。投資家が投資信託を購入する前、または購入時に交付しなければならない**交付目論見書**と、投資家から請求があったときに直ちに交付しなければならない**請求目論見書**の2つがあります。

2．運用報告書

期間中の運用実績や今後の運用方針などが記載された報告書です。

◆ 投資信託の売買

投資信託の時価を**基準価額**といい、投資信託の純資産総額を総口数で割って求められます。換金方法は、投資家が販売会社を通じて投資信託委託会社に解約を請求する**解約請求**と、販売会社が投資信託の受益権を投資家から買い取る**買取請求**があります。換金の申込をしてから、実際に口座にお金が振り込まれるのは、投資信託により異なりますが、ほとんどは4営業日以降（MMFなどの日々決算型を除く）となります。

投資信託にかかるコスト

購入時手数料	・**購入時**に販売会社に支払う費用 ・ノーロード（手数料なし）のファンドもある ・NISAの「つみたて投資枠」で購入すれば対象商品はノーロード ・確定拠出年金制度を通じて購入する場合はノーロード
運用管理費用（信託報酬）	・信託財産の運用・管理に対して継続的にかかる費用 ・信託財産から**日々**差し引かれ、投資家が間接的に負担する ・委託者報酬と代行手数料、受託者報酬があり、投資信託委託会社、販売会社、信託銀行が受け取る
信託財産留保額	・一部の投資信託で、**解約時**に投資家が負担する費用 ・継続して保有し続ける投資家との公平性を保つための手数料のようなもの

◆ 投資信託のパフォーマンス測定

投資信託の運用成果の評価基準は、「**リスクに見合ったリターンが得られているか**」という点です。単に一定期間の収益率をみるのではなく、その投資信託のリスクやリターンを測定し、ベンチマークや同じカテゴリーの投資信託と比較することが必要です。

◆ ETFと上場不動産投資信託

ETF(イーティーエフ)(Exchange Traded Funds)は、証券取引所に上場し、日経平均株価やTOPIX(トピックス)などの株価指数に連動するように設定された投資信託です。外国の株価指数や金や原油などの商品価格に連動するものもあります。取引の方法は上場株式と同様ですが、ETFも投資信託なので、受益者には分配金が支払われます。

上場不動産投資信託(J-REIT(ジェイリート))は、多くの投資家から集めた資金で、オフィスビルや商業施設、マンションなど複数の不動産などを購入し、その賃貸(ちんたい)収入や売買益を投資家に分配する投資信託の一種です。証券取引所に上場しており、ETFと同様、取引時間中であればいつでも時価で売り買いができ、指値(さしね)・成行(なりゆき)注文や信用取引もできます。取引の方法は上場株式と同様ですが、受益者には配当ではなく分配金が支払われます。

◆ トータルリターン通知制度

販売会社は投資家に対し、年1回以上トータルリターンを通知しなければなりません。対象となるのは、2014年12月以降に取得した株式投資信託、外国投資信託です。公社債投資信託、MRF、MMFなどは対象外です。

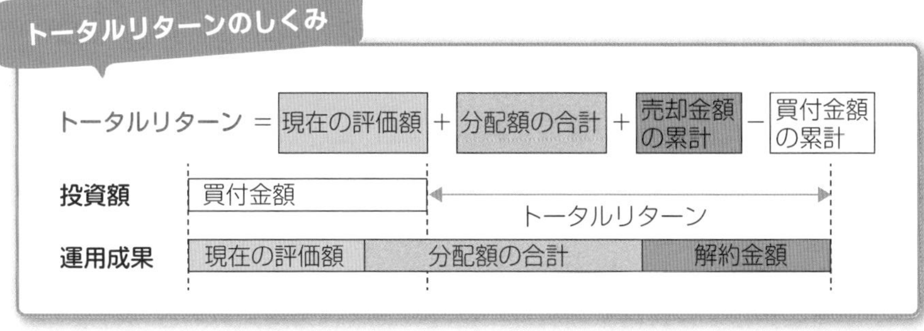

②株式投資

◆ 株式の基本

1．株式の性質と権利

株式は、株式会社に資金を出資(しゅっし)している証(あかし)として発行されるもので、出資者である株主としての権利を表したものです。株式を買った人を株主といいます。次のような権利と経済的利益があります。

株主の権利

経営参加権（議決権）……経営に参加することができる権利
利益配当請求権…………会社から利益（剰余金(じょうよきん)）の配当が受けられる権利
残余(ざんよ)財産分配請求権……会社が解散した場合に残った財産を持ち株数に応じてもらえる権利

株主の経済的利益

①**配当金**（インカムゲイン）………………企業活動の結果、利益に応じて配当金が得られる
②**売却益（譲渡(じょうと)益）**……購入価格より高く売却できれば、売却益（譲渡益）が得られる
③**株主優待(ゆうたい)**……………一部の企業は株主に対して、持ち株数などに応じて物やサービスを提供している

2．株式の種類

株式会社は、定款(ていかん)に定めれば、付与(ふよ)されている権利の内容が異なるさまざまな種類の株式を発行できます。なかでも、もっとも一般的なのが普通株式です。

3．株式投資の実務手続きとルール

実際に株式投資をする場合、口座開設などの手続きのほか、注文方法や売買などに関する知識も必要です。

①注文方法

初めて株式を購入する場合、証券会社で取引口座の開設が必要となります。株式の注文方法には、値段を指定する**指値注文**（さしね）と値段を指定しない**成行注文**（なりゆき）があります。成行注文は、指値注文よりも優先されます。これを**成行注文優先の原則**といいます。指値注文では、指値より１円でも高ければ買えません。また、１円でも安ければ売れません。買いの場合は指値以下で、売りの場合は指値以上で取引されます。

指値注文と成行注文

	内容	メリット	デメリット
指値注文	値段を指定し注文する （例）××社株式を株価2,000円で100株買う	指定の株価で売買できる	成行注文に比べ、売買が成立しないことが多い
成行注文	値段を指定せずに注文する （例）××社株式をいくらでもよいので100株買う	売買が成立する可能性が高い	売買が少ない銘柄の場合、予想外の金額で売買が成立する可能性もある

②受渡し（決済）

株式の売買が成立した日を**約定日**（やくじょうび）といい、株式の売買代金は、約定日を含めて**３営業日目**に受渡しします。株式の受渡日は**約定日を１日目と数えて**計算します。

4．株式累積投資（るいせき）・株式ミニ投資

通常、株式投資をする場合、取引可能な売買単位（100株）の整数倍で売買することが定められていますが、少額の資金で投資できる制度として**株式累積投資（るいとう）**や**株式ミニ投資（ミニ株）**などがあります。

るいとうとミニ株

	るいとう	ミニ株
購入単位	1万円以上1,000円単位	単元未満株
配当	持ち株比例（全額再投資）	持ち株比例
注文方法	成行注文のみ（指値注文不可）	
売却	いつでも時価で売却可	
ポイント	・購入金額が平均化され、高値づかみが避けられる ・持ち株数が単元株になれば正式な株主になる	持ち株数が単元株になれば正式な株主になる

5．株式市場の種類

株式市場とは、株式の発行と売買が行われる市場をいいます。

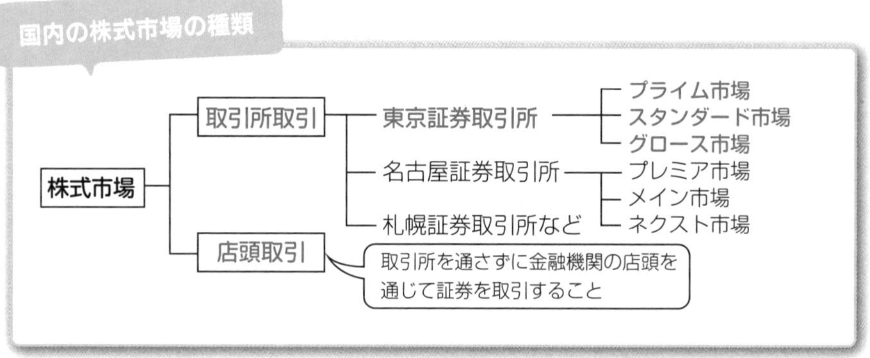

金融商品取引所では、次の3つの原則によって取引を成立させています。

①価格優先の原則…………売り注文は最も低価格の注文を、買い注文は最も高い価格の注文を優先させること
②時間優先の原則…………同一価格の注文は、時間的に早い注文を優先させること
③成行注文優先の原則……成行注文は指値注文より優先される（→p.213）

6．信用取引

信用取引とは、証券会社が顧客に信用を供与(きょうよ)して行う取引のことです。顧客は、証券会社に現金や株式を担保(たんぽ)として預けることで、自己資金の何倍もの売買取引が可能になります。

7．株式指標(しひょう)

株式指標には次のようなものがあります。

代表的な株式指標

市場全体の時価総額	上場している全銘柄の株価（終値）に発行済株式数を掛けて合計したもの。 これによって株式市場の規模を知ることができる
売買高	1日に売買が成立した株数。**出来高(できだか)**ともいう
売買代金	1日に売買が成立した代金の合計額。売買高を金額で表したもの
日経平均株価（日経225）	・東証プライム市場に上場している代表的な**225銘柄**を対象とした修正平均型の株価指数 ・株価の**権利落ち**や銘柄の入替えなどがあっても連続性を失わないように工夫されている ・一部の**値(ね)がさ株(株価の高い銘柄)**等の値動きに影響を受けやすい
東証株価指数（TOPIX）	・発行済株式総数でウエイトをつけた時価総額加重型の株価指数 ・東京証券取引所第1部に上場している全銘柄を対象としてきたが、2022年4月4日の市場区分再編に伴い、銘柄の見直しを2022年10月から2025年1月末にかけて段階的に行っている。 ・2006年7月以降、実際に市場に流通している株式のみを対象とした算出方法（浮動株指数(ふどうかぶしすう)）に変更 ・**時価総額の大きい**銘柄の影響を受けやすい
JPX日経インデックス400(JPX日経400)	・2014年1月からの指標 ・東証全体（プライム市場、スタンダード市場、グロース市場）のなかで、**一定の要件**（資本を効率的に活用しているかなど）を満たした**400社（400銘柄）**で構成される株価指数 ・日本取引所グループ、東京証券取引所、日本経済新聞社が共同で開発したもの ・基準日（2013年8月30日）を**10,000**ポイントとして指数を算出

◆ 株式投資に関する評価指標

株式投資に関する評価指標には次のようなものがあります。

1．配当利回りと配当性向（はいとうせいこう）

①**配当利回り**：投資金額に対する配当金の割合。１株当たりの配当金が変わらない場合、株価が下落するほど高くなります。

$$配当利回り（\%）=\frac{１株当たり年間配当金}{株価}\times 100$$

例　１株当たり年間配当金40円、株価800円の場合

$$配当利回り=\frac{40円}{800円}\times 100=5$$

答：５％

②**配当性向**：純利益のうち、配当金として支払った割合。高いほうが多くの利益を株主に還元していると判断できます。

$$配当性向（\%）=\frac{配当金総額}{当期純利益}\times 100$$

$$=\frac{１株当たり年間配当金}{１株当たり純利益}\times 100$$

例　１株当たり年間配当金20円、１株当たり純利益100円の場合

$$配当性向=\frac{20円}{100円}\times 100=20$$

答：20％

2. PER（Price Earnings Ratio：株価収益率）

株価が1株当たり純利益（EPS）の何倍になっているかを示す指標です。PERが**低い**ほど株価は**割安**、**高い**ほど株価は**割高**と判断されます。

$$\text{PER（倍）} = \frac{\text{株価}}{\text{1株当たり純利益（EPS）}}$$

$$\text{1株当たり純利益（EPS）} = \frac{\text{当期純利益}}{\text{発行済株式総数}}$$

例 自己資本500億、発行済株式総数1億株、**株価400円**、1株当たり配当20円、**1株当たり純利益40円**の場合

$$\text{PER} = \frac{400\text{円}}{40\text{円}} = 10$$

答：10倍

3. PBR（Price Book-value Ratio：株価純資産倍率）

PBRとは、企業の資産価値から株価の割安・割高を判断するもので、株価が1株当たり純資産（BPS）の何倍になっているかをみる投資指標です。

PBRの1株当たり純資産は、会社の解散価値を示します。そのため、株価の下落時に下値のメドを探る場合によく使われます。PBRが1倍に近づくほど、株価が大底に近づいたと判断できます。

$$\text{PBR（倍）} = \frac{\text{株価}}{\text{1株当たり純資産（BPS）}}$$

$$\text{1株当たり純資産（BPS）} = \frac{\text{純資産}}{\text{発行済株式総数}}$$

用語

解散価値…倒産などで会社が解散する際に残る資産価値のこと。

例　純資産100億、発行済株式総数１億株、**株価400円**、**１株当たり純資産100円**の場合

$$PBR = \frac{400円}{100円} = 4$$

答：４倍

4．ROE（Return on Equity：自己資本利益率）

ROEとは、会社が株主から預かったお金を原資に、どれだけの利益をあげたかをみる指標です。ROEが高いほど資本効率が高いことを意味します。

$$ROE（\%）= \frac{当期純利益}{自己資本} \times 100$$

例　純資産（＝自己資本）100億、**税引き後当期純利益30億**の場合

$$ROE = \frac{30億}{100億} \times 100 = 30$$

答：30％

Chapter 3 Section 3

投資信託、株式投資

練習問題

次の各記述のうち、正しいものに○、誤っているものに×をつけなさい。

投資信託

1．MRFは元本が保証されている金融商品である。

2．インデックスに連動する運用成績を目指すものを、一般にパッシブ運用と呼ぶ。

3．信託財産の運用指図等は、投資信託委託会社が行う。

4．信託財産留保額は保有時にかかるコストである。

株式投資

5．株式の注文方法には、値段を指定する指値注文と値段を指定しない成行注文があり、指値注文は、成行注文よりも優先される。

6．日経平均株価は、東京証券取引所に上場している全銘柄を対象としている。

7．PER（株価収益率）は、株価を1株当たり純利益で割って算出する。

Chapter3は
あと1日だニャ

解答

1　×　投資信託は、預貯金のように元本が保証されているわけではないので、MRFは元本は保証されていない。

2　○　投資信託にはさまざまな運用スタイルがあるが、パッシブ（インデックス）運用とアクティブ運用が代表的なものである。アクティブ運用には、トップダウン・アプローチなどの手法がある。

3　○　一方、投資信託受託会社は、信託財産の名義人になる役割などがある。

4　×　信託財産留保額は解約時にかかる場合のあるコストである。

5　×　成行注文は、指値注文よりも優先される。

6　×　日経平均株価は東京証券取引所プライム市場に上場している代表的な225銘柄を対象としている。

7　○　PER（株価収益率）の計算は、「株価」と「1株当たり純利益」を用(もち)いて計算する。

正解

7問

17日目
32
Chapter 3は
今日で
終わりニャ！

Chapter 3 金融資産運用 Section 4

外貨建て金融商品、ポートフォリオと金・金融派生商品

ここでは、外貨建て金融商品のしくみと特徴、
デリバティブ取引やポートフォリオ運用
などについて学んでいきましょう。
最後に金融商品の課税関係についてまとめます。

Chapter 3 Section 4

外貨建て金融商品、ポートフォリオと金・金融派生商品

17日目 32

ここをまなぶよ

❶外貨建て金融商品

- 外貨建て金融商品のしくみと特徴

❷ポートフォリオと金・金融派生商品

- ポートフォリオ運用
- 金投資
- デリバティブ取引

❸金融商品等の課税関係

- 預貯金や金融類似商品の課税関係
- 債券の課税関係
- 投資信託の課税関係
- 株式の課税関係
- 外貨建て金融商品の課税関係
- 障害者等の非課税貯蓄制度（マル優制度）
- 財形貯蓄制度

❶外貨建て金融商品

外貨建て金融商品の利回りや金利は外貨建ての場合で、円に換金した場合は異なるので注意するニャ！

◆ 外貨建て金融商品のしくみと特徴

1．外貨預金

外貨預金は、米ドルやユーロなど、円以外の通貨で行う預金のことです。基本的なしくみは国内の預金と同じですが、定期預金は「中途解約が原則として不可」など違いもあります。また、預金保険制度などのセーフティーネットの対象外です。

外貨預金の概要

預金種類……普通預金、当座預金、通知預金、定期預金
預金金額……定期預金の場合、最低10万円相当額以上など
中途換金……定期預金の場合、原則として中途解約は不可
税金…………利息は利子所得として源泉分離課税（げんせんぶんりかぜい）。マル優は不可。為替差益（さえき）は雑所得として総合課税

為替先物予約とは、将来の通貨の種類や金額等の条件をあらかじめ決めて為替の売買取引をすることです。外貨預金には為替先物予約をつけて、円ベースでの利回りを確定するものと、予約をつけないものがあります。

2．外貨建てMMF（マネー・マーケット・ファンド）

外貨建てMMFは**外国投資信託**[*]の１つで、外貨建ての短期国債などで運用される公社債投資信託です。

＊海外において、海外の法律に基づいて設定される投資信託のこと。

外貨建てMMFの概要

申込金額……取扱会社によって異なる。10ドル以上1セント単位など
信託期間……無期限
金利…………実績分配
利払い………分配金は毎日計算し、月末に再投資（１ヵ月複利）
中途換金……購入日の翌日以降、**手数料等なしでいつでも換金可**
税金…………収益分配金は利子所得として20.315％の源泉徴収（申告分離課税または申告不要）。マル優は不可。売却益（為替差益も含む）は譲渡所得として**申告分離課税**

3．外国債券

外国債券とは、発行者、通貨、発行場所の**いずれか**が海外である債券のことです。

おもな外国債券の種類

種類	通貨		
	払込み	利払い	償還
円建て外債（サムライ債）	円貨	円貨	円貨
外貨建て外債（ショーグン債）	**外貨**	**外貨**	**外貨**
デュアル・カレンシー債	円貨	円貨	**外貨**
リバース・デュアル・カレンシー債	円貨	**外貨**	円貨

円建て外債は通貨がすべて円貨になっているけど、発行者が外国政府などだから外国債券の１つとされるんだニャ

4. 外貨建て金融商品投資の実務手続きとルール

外貨建て金融商品に投資する際には、銀行に外貨預金口座を開設したり、証券会社に外国証券口座を開設したりする必要があります。

外貨を買ったり売ったりするときには、それぞれ適用される**為替レート**があります。このレートの差が**為替手数料**に相当します。為替手数料は、通貨や金融機関ごとに異なります。

為替レート

TTS(ティーティーエス)	対顧客電信売相場(たいこきゃくでんしんうりそうば)	円貨を外貨に換える際のレート
TTB(ティーティービー)	対顧客電信買相場(たいこきゃくでんしんかいそうば)	外貨を円貨に換える際のレート
TTM(ティーティーエム)	仲値(なかね)	顧客と為替取引をする際の基準相場。各金融機関で毎日、その日の為替相場をもとに決めている

＊TTS＝Telegraphic Transfer Selling Rate
TTB＝Telegraphic Transfer Buying Rate
TTM＝Telegraphic Transfer Middle Rate

金融機関側からみると
「外貨を売る（Selling）」からTTS、
「外貨を買う（Buying）」からTTB、
なんだニャ！

5. 外貨建て金融商品のメリットと注意点

外貨建て金融商品のメリットと注意点には次のようなものがあります。

●メリット……高金利通貨であれば円で運用するよりも高金利で、さらに為替差益が得られる場合もある。

●注意点………①**為替リスク**がある。為替差益（購入時より支払時の為替相場が円安になる）や為替差損（購入時より支払時の為替相場が円高になる）が発生するおそれがある。
②為替手数料などの取引コストがかかる。

②ポートフォリオと金・金融派生商品

ポートフォリオの
語源は「書類入れ」
なんだニャ！

◆ ポートフォリオ運用

ポートフォリオとは、金融商品の組合せのことを示しています。投資を行う際には、受け入れられるリスク許容度（きょよう）に応じてポートフォリオを組む必要があります。

金融商品におけるリスクとは、金融商品に投資した結果得られるであろう収益の不確実性（ブレ幅）のことをいいます。

1．ポートフォリオ理論の基礎知識

ポートフォリオ運用は、運用目的や期間に合わせて最適な金融商品の組合せは何かを考えることです。

①アセット・アロケーション

どの資産に、どれだけの割合で投資するかという資産配分のことです。ポートフォリオ運用では、銘柄選択より資産配分の重要度が高いといわれています。最大の目的はリスクの軽減にあります。

②分散投資

分散投資は、リスクを軽減するための基本的な方法です。分散投資を効果的に行うには、以下のような方法があります。

投資対象の分散……投資対象を異なる資産クラスや銘柄、国内外などに分散させる方法

投資時期の分散……投資時期を分散して価格変動によるリスクを軽減させる方法。定期的に定額購入することで、高値づかみを回避し、購入価格を平準化（へいじゅんか）させることができる（ドルコスト平均法）。

③期待収益率

期待収益率は、実際に投資する前に、投資の結果起こりうる確率を仮定してそれぞれの**投資収益率**を加重平均したものです。おもに収益性の尺度として用いられます。

期待収益率（%）＝収益率×確率＋収益率×確率…

④ポートフォリオ効果と相関係数

ポートフォリオ効果とは、ポートフォリオを組むことでリスクが軽減されることをいい、相関係数が大きく影響します。

相関係数とは、ポートフォリオに組み入れられている証券同士の変動の関連性の強さを表す尺度のことです。－1から１の範囲の数値で表されます。相関係数が0だと値動きは無関係で、１に近いほど値動きが似ており、－１に近いほど反対の動きをします。したがって、最もポートフォリオ効果が高いのは、値動きが逆（相関係数が－１に近い）の証券を組み合わせることです。相関係数が－１に近いほどリスクは小さくなります。

相関係数の動き

相関係数＝１のとき	その証券同士はまったく同一方向に動く
相関係数＝０のとき	その証券同士の動きはまったく関係がない
相関係数＝－１のとき	その証券同士はまったく逆に動く

用語

加重平均…各データの重要度を考慮して平均すること。

2．リスクの分類と内容

金融商品のリスクには、おもに次のようなものがあります。

金融商品のリスク

リスクの種類	リスクの内容	おもな金融商品
信用リスク（デフォルトリスク）	預入金融機関や投資先の信用低下・倒産等で元本の回収、利払いなどが受けられない	株式・債券・預貯金など
価格変動リスク	価格の変動により資産価値が変動する	株式・債券など
金利変動リスク	金利の変動により資産価値が変動する	債券・預貯金など
為替変動リスク	為替の変動により資産価値が変動する	外貨建て金融商品
流動性リスク	必要なときに換金できない、もしくは解約手数料などのコストが発生する	株式・債券・一部の預貯金など

信用リスクへの対応策に、「格付け」を利用する方法があったニャ！p.201をおさらいするニャ！

◆ 金投資

金は国際商品であり、商品としての価値を併せ持つことから、戦争やインフレなどから資産を守る**有事の金**ともいわれています。金の国際価格は米ドル建てで表示され、円高ドル安の進行は、円建ての金価格の下落要因となります。

金現物取引と金先物取引の２種類があり、金現物取引には**純金積立**、**金地金**（きんじがね）、**地金型金貨**があります。

金への投資方法

純金積立	毎月、一定額ずつ金を購入する。積み立てた資産は時価で換金できるほか、金地金でも受け取れる 売却益は**雑所得**（個人が営利目的で頻繁に売却）か**譲渡所得**となる（個人が年に数回売却）
金地金	現物の金地金を購入する 売却益は**譲渡所得**となる
地金型金貨	金貨（カナダのメイプルリーフなど）を購入する 売却益は**譲渡所得**となる

デリバティブ取引

デリバティブとは、通貨や金利、為替、株式などから派生（はせい）して生まれた金融派生商品のことです。少額の資産で多額の取引ができるレバレッジ効果やリスクヘッジの効果などがあげられます。次の３つを確認しましょう。

1．先物取引

先物取引とは、ある商品を特定の日に、現時点で取り決めた価格で売買することを契約する取引のことです。たとえば、6月の時点で、9月に受渡しする商品の価格を決めてしまいます。

おもなものとして、ヘッジ取引があります。ヘッジ取引とは、現物市場と反対のポジションを先物取引で設定し、現物市場の価格変動リスクを回避する取引のことです。

2．オプション取引

オプション取引とは、ある商品を、ある期日までに、あらかじめ決められた価格で買う権利（コール・オプション）や売る権利（プット・オプション）を売買する取引です。「コール」も「プット」も買い手は、権利を行使するか放棄（ほうき）するか自由に選択可能です。他の条件が同じであれば、満期までの残存期間が短いほど、オプション料は安くなります。

3．スワップ取引

スワップ取引とは、約定時点において経済的価値の等しいキャッシュフローを一定期間にわたり、あらかじめ定めた条件に従って二者が交換する取引のことです。店頭取引が基本です。おもなものとして、金利スワップと通貨スワップがあります。

金利スワップとは、同一通貨の固定金利と変動金利を交換する取引のこと。金利のみが受渡しされます。

通貨スワップとは、異なる通貨の債務や債権を交換する取引のこと。元本の受渡しが行われます。

③金融商品等の課税関係

これまで学習した金融商品と税金の関係について整理するニャ！

金融商品に関する課税は商品によって異なります。おもな金融商品の所得区分を確認しましょう。

おもな金融商品別の所得区分

金融商品		収益	所得区分
預貯金		利息	利子所得
公社債		利息	利子所得
		償還差益（しょうかん）	雑所得
		譲渡益（じょうと）	譲渡所得
株式		配当	配当所得
		譲渡益	譲渡所得
証券投資信託	公社債投資信託	収益分配金	利子所得
		償還益	利子所得
	株式投資信託	収益分配金	配当所得
		譲渡益	譲渡所得

預貯金や金融類似商品の課税関係

銀行や郵便局などの預貯金の利息は、**利子所得**として、また、保険期間５年以下の一時払養老（ようろう）保険など金融類似商品の収益は、**一時所得**もしくは、雑所得として、どちらも原則**20.315%**（所得税15%＋復興（ふっこう）特別所得税0.315%＋住民税５%）の**源泉分離課税**となります。

公社債等の利子等および譲渡益については、20.315%（所得税15%＋復興特別所得税0.315%＋住民税５%）の申告分離課税の対象となります。また、損益通算▼も公社債等の利子所得等と譲渡所得等で行えます（**金融所得課税の一体化**）。

用語

損益通算… →p.272

債券の課税関係

日本国債や公募公社債などの一定の公社債のことを特定公社債(→p.198)といいます。特定公社債と税金の関係は次のとおりです。

特定公社債と税金

利子	利子所得として20.315%で源泉徴収(げんせんちょうしゅう)後、**申告不要**または**申告分離課税**を選択
譲渡損益* **償還損益**	上場株式等の譲渡所得等として20.315%の**申告分離課税**

＊外貨建て公社債の為替差損益も含む。

特定公社債については
p.198で学習したニャ

投資信託の課税関係

公社債投資信託と株式投資信託で、課税方法が異なります。

1．公社債投資信託

公社債投資信託の収益分配金は**利子所得**として20.315％で源泉徴収後、申告不要または申告分離課税を選択します。**譲渡益・償還益**は20.315%(所得税15%＋復興特別所得税0.315％＋住民税５％)の申告分離課税です。

2．株式投資信託

投資信託の収益分配金は、**普通分配金**と**特別分配金**（**元本払戻金**(がんぽんはらいもどしきん)）に分けられます。**普通分配金**は、決算日の基準価額が個別元本と同額またはそれを上回る場合の分配金です。利益からの分配金であるため配当所得となり**課税対象**となり、20.315％が源泉徴収されます。**特別分配金**は、決算日の基準価額が個別元本を下回る場合、その差額のことです。元本の払戻しに相当するため**非課税**となります。

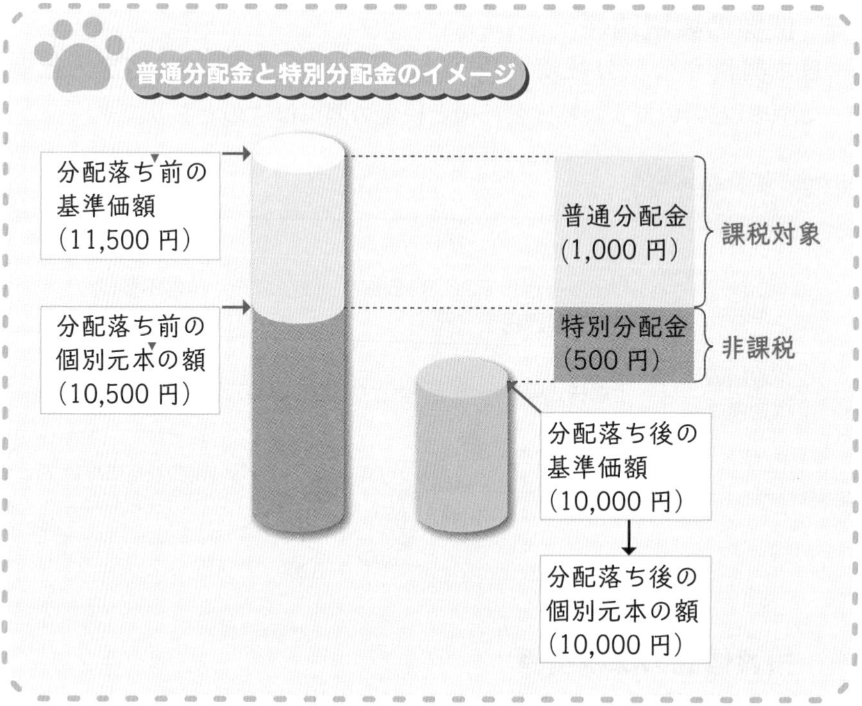

普通分配金と特別分配金のイメージ

分配落ち前の基準価額（11,500円）

分配落ち前の個別元本の額（10,500円）

普通分配金（1,000円）　課税対象

特別分配金（500円）　非課税

分配落ち後の基準価額（10,000円）

分配落ち後の個別元本の額（10,000円）

◆ 株式の課税関係

株式の収益は、配当金（インカムゲイン）と譲渡益（キャピタルゲイン）の２つがあり、それぞれ課税方法が異なります。

１．上場株式等の配当金

- **配当所得**となる
- 支払時に原則20.315％（所得税15％＋復興特別所得税0.315％＋住民税５％）で源泉徴収される
- 確定申告は不要
- 確定申告した場合はほかの所得と合算して**総合課税**となり、**配当控除**も適用となる
- **申告分離課税**を選択することができるが、**配当控除**は適用されない

分配落ち…投資家への分配金の支払いによって投資信託の基準価額が下落すること。
個別元本…各投資家が投資信託を購入した際の基準価額のこと。

2. 上場株式等の譲渡益

・**譲渡所得**となる
・原則20.315%(所得税15%+復興特別所得税0.315%+住民税5%)の**申告分離課税**
・損失の金額がある場合で、その年に控除しきれない金額については、翌年以後3年間にわたり、株式等にかかる譲渡所得等の金額から控除することができる→**譲渡損失の繰越控除**(くりこしこうじょ)
・損失の金額がある場合、または前年以前3年間の各年に生じた損失のうち前年以前で控除しきれない金額については、**申告分離課税**を選択した上場株式等の配当所得の金額から控除することができる

3. 特定口座

投資家は、1証券会社等につき1口座に限り、**特定口座**を開設することができます。**特定口座制度**は、投資家の確定申告における事務手続きの負担を軽減するための制度です。

投資家の口座開設の選択肢

口座の形態	源泉徴収選択	確定申告
一般口座	—	必要
特定口座	源泉徴収あり →	不要(選択できる)
	源泉徴収なし →	必要

4. NISA(少額投資非課税制度)

2024年1月1日から始まった新NISA制度には、「つみたて投資枠」「成長投資枠」の2つがあり、併用して利用することができます。年間投資枠は、つみたて投資枠が**120万円**、成長投資枠が**240万円**で、年間最大360万円を非課税で運用することができます。

新NISA制度の非課税保有期間は無期限ですが、非課税保有限度額は**1,800万円**と限度があります(成長投資枠は内**1,200万円**まで)。ただし、NISA口座内の商品を売却した場合には、当該商品の簿価(買付価格)分の非課税枠を再利用できます。

2024年からのNISA

	つみたて投資枠　併用可	成長投資枠
年間投資枠	120万円	240万円
非課税保有期間（注1）	無期限化	無期限化
非課税保有限度額（総枠）（注2）	1,800万円 ※簿価残高方式で管理（枠の再利用が可能）	1,200万円（内数）
口座開設期間	恒久化	恒久化
投資対象商品	長期の積立・分散投資に適した一定の投資信託 〔現行のつみたてNISA対象商品と同様〕	上場株式・投資信託等（注3） 〔①整理・監理銘柄②信託期間20年未満、毎月分配型の投資信託及びデリバティブ取引を用いた一定の投資信託等を除外〕
対象年齢	18歳以上	18歳以上
現行制度との関係	2023年末までに現行の一般NISA及びつみたてNISA制度において投資した商品は、新しい制度の外枠で、現行制度における非課税措置を適用 ※現行制度から新しい制度へのロールオーバーは不可	

（注1）非課税保有期間の無期限化に伴い、現行のつみたてNISAと同様、定期的に利用者の住所等を確認し、制度の適正な運用を担保

（注2）利用者それぞれの非課税保有限度額については、金融機関から一定のクラウドを利用して提供された情報を国税庁において管理

（注3）金融機関による「成長投資枠」を使った回転売買への勧誘行為に対し、金融庁が監督指針を改正し、法令に基づき監督及びモニタリングを実施

（注4）2023年末までにジュニアNISAにおいて投資した商品は、５年間の非課税期間が終了しても、所定の手続きを経ることで、18歳になるまでは非課税措置が受けられることとなっているが、今回、その手続きを省略することとし、利用者の利便性向上を手当て

https://www.fsa.go.jp/policy/nisa2/about/index.html
金融庁NISA特設ウェブサイトより

なお、2023年末までのNISA制度（旧NISA）は、一般NISA、つみたてNISA、ジュニアNISAの３種類があり、非課税期間に一定の期限がありました。一般NISA、ジュニアNISAは非課税期間経過後、ロールオーバーを選ぶこともできましたが、2024年以降は、運用を継続している旧NISA制度の商品はロールオーバーを行うことはできなくなりました。

用語

ロールオーバー…NISA口座で購入した株式・投資信託等は譲渡益、配当金・分配金等の５年間の非課税期間経過後、新たなNISA口座に移管することで、引き続き５年間非課税で保有することができる制度

◆ 外貨建て金融商品の課税関係

外貨建て金融商品は、商品ごとに課税関係が異なります。

外貨建て金融商品の課税関係

外貨預金	利息	利子所得として20.315%の源泉分離課税
	為替差益	雑所得として総合課税 ＊為替先物予約をつけていた場合は利子所得として20.315%の源泉分離課税。
外国公社債信託（外貨建てMMF）	収益分配金	利子所得として20.315%の源泉徴収（申告分離課税または申告不要）
	譲渡益	譲渡所得として20.315%の申告分離課税
外国債券	利息	利子所得として20.315%の申告分離課税
	償還差益	利付債・割引債ともに雑所得として総合課税
	譲渡益	譲渡所得として総合課税
外国株式	配当金	国内株式と同じ扱い
	譲渡益	国内株式と同じ扱い

◆ 障害者等の非課税貯蓄制度（マル優制度）

非課税貯蓄（ちょちく）制度には、マル優などの障害者等の非課税貯蓄制度と、勤労（きんろう）者のための財形貯蓄制度（→p.236）があります。

障害者等の非課税貯蓄制度には**マル優**と**特別マル優**の2つがあり、1人につき最大で元本合計**700万円**まで、非課税で貯蓄ができます。

対象……身体障害者手帳の交付を受けている人、遺族基礎年金・寡婦（かふ）年金の受給者である妻など
内容……一定額以下の貯蓄の利息が非課税になる

マル優の非課税限度額と対象商品

種類	非課税限度額	対象商品
マル優	元本350万円まで	預貯金、貸付信託・金銭信託、利払いのある公社債、公社債投資信託の利息や収益分配金など
特別マル優	額面350万円まで	利付国債および公募地方債のみ

◆ 財形貯蓄制度

財形貯蓄制度とは、勤労者を対象に給与天引きで貯蓄を行うことができる制度です。次の３つのタイプがありますが財形年金貯蓄と財形住宅貯蓄は、一定額までが非課税になります。

財形貯蓄制度の要件

一般財形貯蓄	・勤労者であること（年齢制限なし）
財形年金貯蓄	・契約締結時に55歳未満の勤労者であること ・１人１契約に限る ＜非課税の条件＞ ・５年以上の定期的な積立て ・年金支払開始までの据置期間は5年以内 ・年金給付は60歳以降、5年以上20年以内 （保険型には終身受取りもある） ・年金払出し以外は不可
財形住宅貯蓄	・契約締結時に55歳未満の勤労者であること ・１人１契約に限る ＜非課税の条件＞ ・５年以上の定期的な積立て ・住宅取得・増改築の費用に充当すること ・住宅取得目的なら、５年以内の払出しも可

財形貯蓄制度の非課税限度額

	貯蓄型	保険型
財形年金貯蓄	財形住宅貯蓄と合算して元利合計550万円まで	払込保険料累計額（=元金）385万円まで、かつ財形住宅貯蓄と合算して550万円まで
財形住宅貯蓄	財形年金貯蓄と合算して元利合計550万円まで	財形年金貯蓄と合算して払込保険料累計額（=元金）550万円まで

Chapter 3 Section 4

外貨建て金融商品、ポートフォリオと金・金融派生商品

練習問題

次の各記述のうち、正しいものに○、誤っているものに×をつけなさい。

外貨建て金融商品

1. 外貨預金において、購入時に比べて円安・外貨高となっていた場合には為替差益が発生する。

2. 外貨を円貨に換える際のレートはTTSを用いる。

金融派生商品とポートフォリオ

3. デリバティブ取引において、特定の価格で売る権利のことをコール・オプションという。

4. 2つの資産に分散投資する場合、両資産の相関係数が＋１に近いほどポートフォリオ全体のリスクは低くなる。

金融商品等の課税関係

5. NISA口座の成長投資枠で購入した上場株式等の非課税期間は最長で5年間である。

6. マル優の非課税限度額は元本350万円までである。

「きほん問題集」
も解いてみるニャ！
→問題集p.48-65,
p.162-176

解答

1 ○ 為替差益とは、外国為替相場の変動によって生じた利益のこと。

2 × 設問はTTBについての説明である。

3 × 売る権利の売買はプット・オプションという。コール・オプションとは買う権利を売買することである。

4 × 相関係数が－1に近いほどポートフォリオ効果が大きくなる。

5 × NISA口座内で購入した商品の非課税期間は無期限なので、すべて売却するまで非課税である。

6 ○ 特別マル優も、額面350万円までは非課税である。

正解

6問

Chapter 4 タックスプランニング | Section 1

所得税の基礎知識

今日から所得税の勉強が始まります。
国税と地方税などの分類や、
非課税所得となる所得など、
基礎的な事柄について学びましょう。

Chapter 4 Section 1

所得税の基礎知識

18日目
32

ここをまなぶよ

❶わが国の税制

- 税の種類

❷所得税の基本

- 所得税とは
- 納税義務者
- 所得税の対象となる期間
- 収入金額と必要経費
- 非課税所得

❸所得税の計算方法

- 所得の分類
- 所得税の課税方法
- 復興特別所得税
- 所得税の計算の流れ

❶わが国の税制

私たち国民は**税金**を納（おさ）める義務を負っています。

国民生活を支える税金は、「**税法**」によって体系が整えられており、その性質や納付の方法によって分類することができます。

◆ 税の種類

税がどのように分類されるか、見ていきましょう。

1．課税主体による分類

税を課す主体となっているのは、国または地方公共団体です。

したがって税を課税主体によって分類すると、**国税**と**地方税**に分けられます。地方税はさらに**道府県税**と**市町村税**に分けられます。

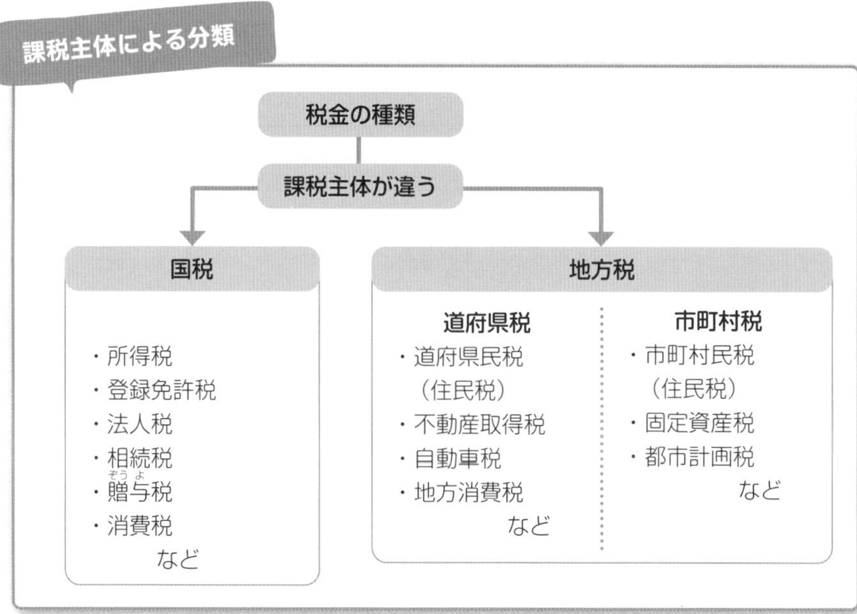

2．納税義務者による分類

税金は、納税義務者によって**直接税**と**間接税**に分類されます。

> **直接税と間接税**
>
> **直接税**……税金の負担義務がある人が、直接自分で納める税金
> →所得税、法人税、相続税、贈与税など
>
> **間接税**……税金の負担義務がある人と、納める人が異なる税金
> →消費税、酒税、印紙税など

たとえば、所得税は原則として確定申告によって自ら計算して税金を納めるものなので、直接税です。消費税は客（税負担者）から消費税分として受け取ったものを、店（納税者）が国に納めるので間接税となります。

3．税金の決定方式による分類

税金は、納税額を確定する方式によって、**申告納税方式**と**賦課課税方式**に分類されます。

> **決定方式**
>
> **申告納税方式**……納税者の申告により納税額を確定する方式
> →所得税、相続税、贈与税など（おもに国税）
>
> **賦課課税方式**……課税主体が納税額を確定し、納税者に通知する方式
> →自動車税、個人住民税、固定資産税など
> （おもに地方税）

所得税は、国税の直接税で、申告納税方式ということだニャ

4．税率の違いによる分類

税率の違いによって、**超過累進税率**と**比例税率**に分類されます。

超過累進税率と比例税率

超過累進税率……所得が多くなるにつれ、税率が段階的にアップする
→所得税、相続税、贈与税など

比例税率…………所得の大小を問わず、税率は同じ
→個人住民税、法人税、消費税など

たとえば、超過累進税率が適用される所得税は、所得金額によって5％～45％の7段階となっています（分離課税に属するものを除く）。

一方、比例税率が適用される消費税は、所得の多い人も少ない人も原則10％（ただし、飲食料品（酒類、外食を除く）などは8％の軽減税率となっています）と定められています。

税金の納付方式

納付方式	説明	該当する税の例
申告納付	申告納税方式により納税する	所得税
賦課納付	賦課課税方式により納税する	個人住民税
源泉徴収	給与、報酬、配当、金融商品の利子等の支払者が所得税を預かり、納税者に代わって国に納税する	給与所得者の所得税
普通徴収	地方公共団体等が納税額を決定し、納税者はそれに基づいて納税する	個人住民税、固定資産税
特別徴収	地方公共団体等に代わり特別徴収義務者が納付する税金を預かり納税する	給与所得者の住民税
証紙徴収	地方公共団体等が発行する証紙を購入し、貼付することにより納税する	新規登録時の自動車税

＊複数の方式が併用されている場合もある。

②所得税の基本

所得税とは

所得とは、正味の「儲け」のことであり、収入から**必要経費**を差し引いたものをいいます（所得＝収入－必要経費）。

すなわち、所得税とは**収入から必要経費を引いた所得に対して課税されるもの**で、納税義務者は原則として個人です。

ただし、例外的に法人や人格のない社団等（PTA等）にかかる場合もあります。

納税義務者

所得税は、日本国内で暮らす期間によって課税される所得が異なります。

個人としての納税義務者

区分		内容	課税対象となる所得
居住者	非永住者以外の居住者	国内に住所がある個人。または、現在までに引き続き１年以上、国内に居所がある個人	国内外のすべての所得
	非永住者	居住者のうち、日本国籍がなく、かつ過去10年間のうち日本国内に住所又は居所を有していた期間の合計が５年以下である個人	国内源泉所得および国外源泉所得で国内に支払われたもの、または国外から送金されたもの
非居住者		居住者以外の個人	国内源泉所得のみ

所得税の対象となる期間

所得税は毎年１月１日から12月31日までの所得について課税（**暦年単位課税**）されます。

収入金額と必要経費

収入金額とは、その年のうちに収入として確定したものをいい、まだ回収できていない**未収金**（みしゅうきん）も含まれます。また、現金だけでなく現金以外の資産やその他の経済的利益も時価に換算して加えられます。

収入金額を得るために支出した費用を、**必要経費**といいます。

収入金額から必要経費を引いたものが**所得金額**です。

所得金額の算出

所得金額＝収入金額－必要経費

非課税所得

所得の中には、担税力（たんぜいりょく▼）や社会的理由から所得税が**非課税**になるものがあります。

非課税所得の例

- 給与所得者の**通勤手当**（月額15万円まで）
- 雇用保険の**失業等給付**
- 公的年金の**障害給付**（障害年金）や**遺族給付**（遺族年金）
- **損害賠償金**（ばいしょう）
- 損害保険金
- 国内の**宝くじの当せん金**
  （海外の宝くじは一時所得として課税される）
- 相続・遺贈されたもの（相続税の対象となる）
- 個人からの贈与とみなされるもの（贈与税の対象となる）

所得税が非課税になるものを、押さえておくニャ

用語

担税力…税金を負担する能力のこと。

③所得税の計算方法

所得税の計算の
流れをしっかり
押さえるニャ

所得の分類

所得は次の**10種類**に分類され、それぞれ課税方法と計算方法が決められています。

10種類の所得

・利子所得　・配当所得　・不動産所得　・事業所得　・給与所得
・退職所得　・譲渡所得　・山林所得　・一時所得　・雑所得

所得税の課税方法

1．原則的な「総合課税」と例外的な「分離課税」

所得税は、原則として**すべての所得を合算（がっさん）して、それに対して税額を算定する総合課税**という方法で課税されます。

ただし、例外的に**分離課税**という方式で課税する所得もあります。

分離課税はさらに、**申告分離課税**と**源泉分離課税（げんせんぶんりかぜい）**という、２つの課税方法に分けられます。

申告分離課税と源泉分離課税

申告分離課税……他の所得と合算せずに、個別に分離して税額を計算し、確定申告で納税する課税方法
源泉分離課税……一定の税金が天引（てんび）きされて、課税関係が終了する課税方法

総合課税と分離課税

総合課税の対象となるもの	分離課税の対象となるもの
①利子所得	①利子所得*
②配当所得**	②配当所得**
③不動産所得	~~③不動産所得~~
④事業所得	~~④事業所得~~
⑤給与所得	~~⑤給与所得~~
~~⑥退職所得~~	⑥退職所得
⑦譲渡所得（土地・建物・株式以外）	⑦譲渡所得（土地・建物・株式）
~~⑧山林所得~~	⑧山林所得
⑨一時所得	~~⑨一時所得~~
⑩雑所得	~~⑩雑所得~~

＊大半は源泉分離課税となる。
＊＊上場株式等の配当所得（大口株主等を除く）は総合課税、申告分離課税、申告不要のいずれかとなる。

復興特別所得税

2013年１月１日から2037年12月31日までの各年には、所得税と合わせて**復興**（ふっこう）**特別所得税**を申告・納付します。復興特別所得税は、各年分の基準所得税額に**2.1％**の税率を掛けて計算します。

復興特別所得税

復興特別所得税＝基準所得税額*×2.1％

＊基準所得税額……税額控除後で外国税額控除を適用しない所得税額のこと。

なお、復興特別所得税は、各種源泉徴収に対する金額、分離課税される所得に対する所得税の額に対しても、2.1％を掛けて計算した金額が上乗せされます。

所得税の計算の流れ

所得税は次の**4つの段階**を踏んで計算します。

所得税の計算の流れ

段階	内容
第1段階	各所得の金額を算出する(→19日目で学習)
第2段階	それぞれの所得を合算して、損益通算や繰越控除を行い、課税標準を算出する(→20日目で学習)
第3段階	課税標準から所得控除を引き、課税総所得金額を計算する(→21日目で学習)
第4段階	① 課税総所得金額に税率を掛けて税額を計算する ② 分離課税の所得金額に税率を掛けて税額を計算する ③ ①②から税額控除・源泉徴収税額を引いて税額が確定する(→22日目で学習)

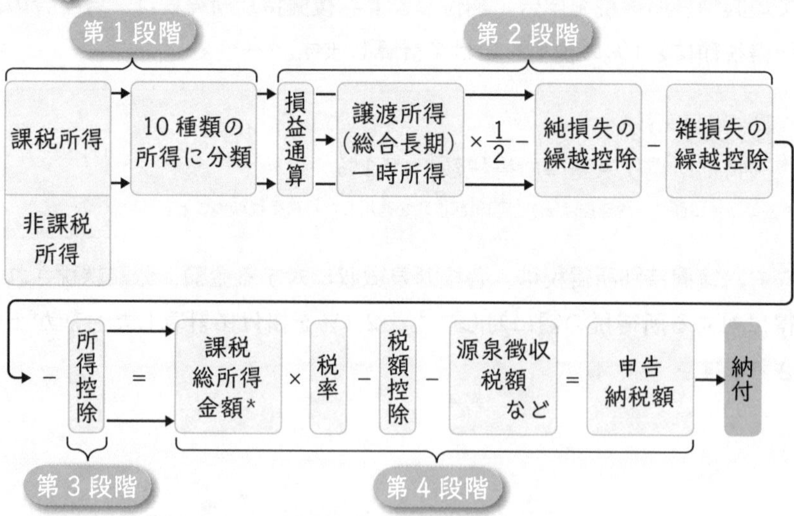

*分離課税の所得は課税総所得金額とは別に、それぞれ税率を掛けて税額を計算する。

Chapter 4 Section 1

所得税の基礎知識

練習問題

次の各記述のうち、正しいものに○、誤っているものに×をつけなさい。

わが国の税制

1. 税金は国税と地方税に分かれるが、消費税も自動車税も国税である。

2. 納税方法の決定方法には申告納税方式と賦課課税方式があるが、所得税は賦課課税方式で課税される税金である。

3. 法人税は課税所得金額によって税率がアップする「超過累進税率」が適用されている。

所得税の基本

4. 外国人で日本に1年以上在住している人も、所得税法の「居住者」になる。

5. 所得税は毎年1月1日から12月31日までの所得について課税される。

6. 給与所得者の通勤費は、金額に関係なく非課税所得になる。

所得税の計算方法

7. 所得税は、原則としてすべての所得を合算して、それに対して税額を算定する総合課税という方法で課税されるが、一定の所得については分離課税の方法がとられる。

わかったかニャ？

解答

1　×　消費税には国税と地方税があり、自動車税は地方税である。

2　×　所得税は申告納税方式で課税される税金である。

3　×　法人税は「比例税率」で課税される税金である。

4　○　所得税法では、外国人であっても、国内に住所を有する個人、または現在までに１年以上国内に居所を有する個人であれば「居住者」とされる。

5　○　所得税は毎年１月１日から12月31日までの所得について課税される。

6　×　給与所得者の通勤費は、月額15万円までが非課税所得になる。

7　○　所得税の課税方式は、原則として総合課税であるが、退職所得、山林所得、土地・建物の譲渡所得、株式に関する譲渡所得、配当所得・利子所得の一部については分離課税の対象となる。

正解

7 問

Chapter 4 タックスプランニング Section 2

所得税の計算（1）

所得税の計算には４つの段階がありました。
今日から４日連続で、その計算方法を勉強します。
1日目の今日は各所得の種類と
計算方法について学んでいきましょう。

Chapter 4 Section 2

所得税の計算（1）

19日目
32

❶所得の種類

- 10種類の所得とは

❷それぞれの所得と計算方法

- 利子所得
- 配当所得
- 不動産所得
- 事業所得
- 給与所得
- 退職所得
- 譲渡所得
- 山林所得
- 一時所得
- 雑所得

❶所得の種類

所得は原則として
総合課税、
例外として分離課税
が適用されるニャ

◆ 10種類の所得とは

18日目の「所得税額の計算の流れ」のところで、計算にあたっては、まず所得を10種類に分類することを学びました。

では、10種類の所得にはどのようなものがあるか、復習しましょう。

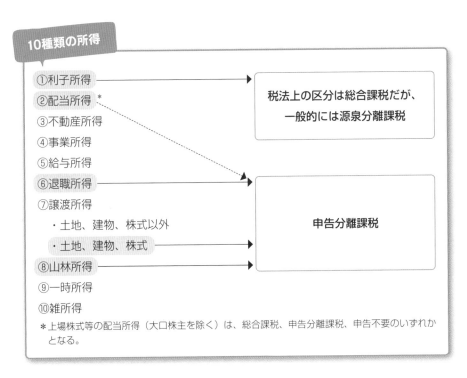

10種類の所得

①利子所得 → 税法上の区分は総合課税だが、一般的には源泉分離課税
②配当所得＊ ⇢ 申告分離課税
③不動産所得
④事業所得
⑤給与所得
⑥退職所得 → 申告分離課税
⑦譲渡所得
・土地、建物、株式以外
・土地、建物、株式 → 申告分離課税
⑧山林所得 → 申告分離課税
⑨一時所得
⑩雑所得

＊上場株式等の配当所得（大口株主を除く）は、総合課税、申告分離課税、申告不要のいずれかとなる。

❷それぞれの所得と計算方法

具体的にどのようなものがその所得になるのかを、押さえるニャ

利子所得

利子所得は、**預貯金や国債などの利子**のことで、おもに次のものをいいます。

・預貯金や、公社債（国債、地方債、社債など）の利子
・金銭信託や貸付信託の収益分配金
・公社債投資信託の収益分配金

利子所得の計算式

利子所得の金額＝預貯金等の利子収入（源泉徴収税額が引かれる前）

利子所得は税法上の区分は総合課税ですが、一般的には源泉分離課税方式が適用されている所得です。所得税15％＋復興特別所得税0.315％＋住民税５％の20.315％の税金が源泉徴収されて、課税関係が終了しますが、特定公社債等の収益分配金は申告分離課税での確定申告も可能です。

復興特別所得税は東日本大震災の
復興財源に充てるために創設
された税で、2013年から2037年まで
所得税に加算されるニャ

配当所得

配当所得とは、**株式配当金**や**公社債投信以外**の**証券投資信託の分配金**などによる所得のことです。

配当所得の計算式

配当所得の金額＝配当金等の収入（源泉徴収税額が引かれる前の金額）
－借入金の利子＊

＊株式などを購入するための借入金がある場合。

配当所得は原則として、他の所得と合算（がっさん）（総合）して**総合課税**が適用される所得ですが、上場株式等の配当所得は、**申告分離課税**または申告不要を選ぶことができます。

上場株式等の配当所得の課税方法

	総合課税	申告分離課税	申告不要
税率	課税総所得金額に応じた税率	20.315%（所得税15%、復興特別所得税0.315%、住民税5%）	
確定申告の必要がある？	○	○	×
配当控除は適用される？	○	×	×
上場株式等の譲渡損失との損益通算はされる？	×	○	×

上場株式等の配当所得は、20.315％（所得税15％、復興特別所得税0.315％、住民税5％）の税金が源泉徴収されます。

一方、非上場株式など**上場株式等以外**の配当所得は、20.42％（所得税20％、復興特別所得税0.42％）の税金が源泉徴収されます。

◆ 不動産所得

不動産所得とは、土地やアパート・マンション・事務所などの**不動産の貸付け**によって得た所得をいいます。また、船舶や航空機の貸付けや借地権の設定などによる所得も、不動産所得となります。

不動産所得は**総合課税**です。

不動産所得の計算式

不動産所得の金額＝総収入金額－必要経費

不動産所得になるもの・ならないもの

- **不動産所得になるもの**
  - アパート・マンションの賃貸収入
  - アパートなどの礼金・権利金・更新料（返還しない場合）
  - 返還しない敷金
  - 月ぎめ駐車場収入
- **不動産所得にならないもの**
  - 食事を提供する下宿の賃貸収入 → 事業所得または雑所得に該当
  - 時間ぎめの駐車場収入 → 事業所得または雑所得に該当
  - 会社の寮などの賃貸収入 → 事業所得に該当

◆ 事業所得

1．事業所得の課税と計算

事業所得とは、製造業、卸売業、小売業、サービス業、農漁業などの事業を営んでいる人が、**事業を行うことで得た所得**をいいます。

事業所得に該当するかどうかは、**対価を得て継続的に**行っているかどうかで判断され、たまたま得た収入は、雑所得になる場合があります。

事業所得は**総合課税**となります。

事業所得とまちがえやすい所得

・不動産貸付業→不動産所得
・事業用以外の固定資産を譲渡した場合の収入→譲渡所得
・会社員等が単発的に得た原稿料の収入→雑所得

事業所得の計算式

事業所得の金額＝総収入金額*－必要経費**
（－青色申告特別控除額***）

＊総収入金額には、その年中に収入として確定したもので、未収金も含まれる。
＊＊必要経費には、売上原価、製造原価、給与・賃金、地代・家賃、減価償却費、業務や事業用資産に対して支払う固定資産税・自動車税・印紙税などの税金、借入金の利子、事業に関する交際費などが含まれる。生計を一にする親族に支払う給料、家賃などは原則含まれない。
＊＊＊青色申告特別控除については、p.304を参照。

2．必要経費の減価償却について

事業を営（いとな）む場合、建物や車、機械設備などが必要になります。事業に際して長期間にわたって使うこれらの備品は「**固定資産**」と呼ばれます。

事業所得の金額を計算する場合、固定資産にかかる費用を「**必要経費**」として引くことができます。

ただし、固定資産は使用年数が長くなるにつれて、価値（金額）は下がっていきます。価値の減少分を必要経費に反映させることを減価償却といいます。**減価償却の方法**には、定率法（ていりつほう）と定額法の２つの方法があります。

減価償却の方法

定率法……毎年一定の割合で償却していく方法

定額法……毎年一定の金額を償却していく方法

＊建物は**定額法**のみ（1998年４月以降に取得の場合）。

＊＊建物以外の固定資産（建物附属（ふぞく）設備・構築物（こうちくぶつ））は、2016年３月31日までに取得した場合は定額法・定率法の選択制、2016年４月１日以降に取得した場合は定額法になる。

＊＊＊税務署への届出がない場合は、原則として定額法となる。

土地や骨董（こっとう）品など、時の経過などによって価値が減らないものは、減価償却資産ではないニャ

なお、少額資産の減価償却については下記のように処理します。

少額な資産の減価償却

	資産の種類	処理
①少額減価償却資産	取得価額10万円未満または使用可能期間１年未満	事業の用に供（きょう）した年に、取得価額を必要経費に算入
②一括（いっかつ）償却資産	取得価額20万円未満（①を選択したものを除く）	事業の用に供した年から、取得価額を３年間にわたって均等（きんとう）に償却
③中小企業等の少額減価償却資産	取得価額30万円未満（①②を選択したものを除く）	各事業年ごとに合計300万円以下であれば必要経費に算入

◆ 給与所得

給与所得とは、**給与**、**役員報酬**、**賞与**などの所得をいいます。

会社員のほか、会社役員や公務員、パートタイマーやアルバイトなどが勤務先から受け取るもので、金銭以外の「現物支給」や低利の金銭の貸付け、無償での社宅の貸与（たいよ）などの、**経済的利益**も含まれます。

給与所得の計算式

給与所得の金額＝収入金額（給与収入）－給与所得控除額

給与所得控除額の速算表（2020年分以降）

給与収入の額		給与所得控除額
	162.5万円以下	55万円
162.5万円超	180万円以下	給与収入金額×40%－10万円
180万円超	360万円以下	給与収入金額×30%＋8万円
360万円超	660万円以下	給与収入金額×20%＋44万円
660万円超	850万円以下	給与収入金額×10%＋110万円
850万円超		195万円

※実際の試験では、速算表が与えられます。

例 給与所得の計算例

Q 年収800万円の会社員の給与所得を求めなさい。

A 収入金額　　　　：800万円

　給与所得控除額：800万円×10%＋110万円＝190万円

　給与所得　　　　：800万円－190万円＝610万円

●特定支出

特定支出の金額がその年中の給与所得控除額の1/2の金額を超える場合には、その超える部分の額を給与所得控除後の所得金額から差し引くことができます。

特定支出の例

・通勤費　・転勤に伴う転居費用　・研修費　・帰宅旅費
・職務の遂行に直接必要な資格取得費用および弁護士、公認会計士、税理士、弁理士などの資格取得費用
・職務に必要となる図書の購入費、衣服費、交際費　など（合計65万円を限度）

給与所得は**総合課税**です。

ただし、会社が給与を支払う都度、所得税を**源泉徴収**し、年末に過不足を精算する**年末調整**を行うため、通常、給与所得（年間給与収入2,000万円以下）のみの場合は、自分で確定申告をする必要はありません。

●所得金額調整控除

2020年からの給与所得控除、公的年金等控除改正により、高所得者の税負担が重くなったため、一定条件を満たす場合にその負担を緩和（かんわ）するために設（もう）けられた制度です。総所得金額を計算する際に、一定額を給与所得の金額から差し引くことができます。

所得金額調整控除の対象と控除額

対象	給与所得からの控除額
その年の**給与等の収入金額が850万円を超える居住者**で、以下のいずれかに該当する人 ・特別障害者に該当する人 ・年齢23歳未満の扶養（ふよう）親族を有する人 ・特別障害者である同一生計配偶者もしくは扶養親族を有する人	（給与等の収入金額（最大1,000万円）－850万円）×**10%**
その年の給与所得（控除後の給与等の金額）および公的年金等に係る雑所得がある居住者で、その合計額が**10万円超**の人	（給与所得控除後の給与等の金額*＋公的年金等に係る雑所得の金額*）－10万円 ＊10万円が限度

退職所得

退職所得とは、退職金や一時恩給（おんきゅう）など、**退職によって勤務先から受け取る所得**をいいます。小規模企業共済からの一時金や企業年金等を一時金で受け取った場合なども退職所得に含まれます。

退職所得の計算

退職所得の金額＝（収入金額－退職所得控除額）×1/2

＊勤続5年以下の役員等に対する退職手当等についての2分の1計算は適用されない。
＊＊2022年分より、役員等以外の勤続年数が5年以下の短期退職手当等について、退職所得控除額を差し引いた額のうち300万円を超える部分についての2分の1計算は適用されない。

退職金は老後の生活資金の意味合いを持っているため、大きな控除が認められています。控除額の計算式は、**勤続（きんぞく）年数が20年以下か、20年を超えているか**で異なります。

退職所得控除額の速算表

勤続年数	退職所得控除額
20年以下	40万円×勤続年数（最低80万円）
20年超	70万円×（勤続年数－20年）＋800万円

＊勤続年数の端数(はすう)は切上げ。　例：15年8ヵ月→16年
＊＊障害者になったことが原因で退職する場合、100万円が加算される。

例　退職所得の計算例

Q 勤続年数29年８ヵ月、退職金3,000万円で今年退職するAさんの、課税される退職所得を求めなさい（なお、Aさんは役員等や障害者になったことによる退職には該当しない)。

A 勤続年数：30年（１年未満の端数は切上げ）

退職所得控除額：70万円×(30年－20年)＋800万円＝1,500万円

退職所得　　　：(3,000万円－1,500万円)×1/2＝750万円

退職所得は**分離課税**です。

退職時に勤務先経由で税務署に対して「退職所得の受給に関する申告書」を提出すると、勤続年数に応じた税額が計算され、源泉徴収されて課税関係が終了します。

提出しなかった場合は、収入金額に対して一律**20.42%**（復興特別所得税含む）の所得税が**源泉徴収**されます。この場合、退職所得に係る所得税の額が源泉徴収税額よりも多くなるときは、退職所得についての確定申告をしなければなりません。源泉徴収税額よりも少なくなるときは、確定申告をすることにより差額分の税額が還付(かんぷ)されます。

◆ 譲渡所得

譲渡所得とは、土地や建物、借地権などの不動産、株式やゴルフ会員権などの**資産を譲渡したときに生じる所得**をいいます。2016年からは公社債の譲渡も譲渡所得です。

譲渡所得とまちがえやすい所得

・商品・製品等の棚卸（たなおろし）資産の譲渡→事業所得
・山林の譲渡→山林所得
・営利を目的として継続的に行われる資産の譲渡→事業所得または雑所得
・自己の生活の用に供する家具や衣服（骨董（こっとう）や美術工芸品等には該当しない）の譲渡→非課税所得

譲渡所得は**総合課税**されるものと**分離課税**されるものに区分されます。

課税方式は総合課税が原則で、例外的に分離課税の対象となるのは、不動産や株式等による譲渡所得です。

さらに、株式等でない資産は、所有期間によって**長期譲渡所得**と**短期譲渡所得**に区分されます。

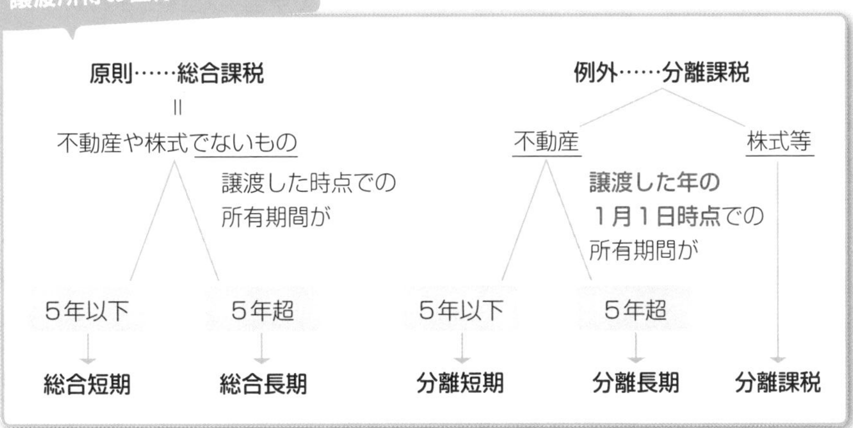

総合課税とされる譲渡所得の計算式

譲渡所得の金額＝総収入金額（譲渡価額）－（取得費＋譲渡費用）
－ 特別控除額（最高50万円）

長期譲渡は**所得金額の1/2**を、短期譲渡は所得金額そのものを他の所得と合算して、総合課税されます。

分離課税とされる譲渡所得の計算式

譲渡所得の金額（土地・建物等）＝総収入金額（譲渡価額）
－（取得費＋譲渡費用）
－特別控除額

短期譲渡は39.63％（所得税30％、復興特別所得税0.63％、住民税９％）、長期譲渡は20.315％（所得税15％、復興特別所得税0.315％、住民税５％）の税率で申告分離課税されます。

株式等の譲渡所得の計算式

譲渡所得の金額=総収入金額(譲渡価額)－(取得費+譲渡費用+負債の利子)

株式等の譲渡は、譲渡所得の金額に対して、20.315％（所得税15％、復興特別所得税0.315％、住民税５％）の税率で申告分離課税されます。

◆ 山林所得

山林所得とは、山林（松や杉などの立木（りゅうぼく））を伐採（ばっさい）して譲渡したり、立木のままで譲渡したりすることで生じる所得をいいます。ただし、その山林の所有期間が５年以下の場合は、事業所得または雑所得となります。

山林所得は**分離課税**となります。

山林所得の計算式

山林所得の金額＝総収入金額－必要経費＊－特別控除額(**最高50万円**)

＊必要経費……山林の植林（しょくりん）費、育成費、譲渡に要した費用。

一時所得

一時所得とは、**一時的な性質の所得**で、労働や資産の譲渡による対価でないものをいいます。おもな一時所得として、次のようなものがあります。

一時所得の例
・懸賞（けんしょう）の賞金　・競馬、競輪の払戻金（はらいもどしきん）　・福引の当せん金品
・生命保険契約の満期保険金　・損害保険契約の満期返戻金（へんれいきん）

一時所得の計算式
一時所得の金額＝総収入金額－その収入を得るために支出した金額
　　　　　　　　－特別控除額（**最高50万円**）

一時所得は**総合課税**となります。その際、上の式を使って算出した額の**1/2**が課税の対象となります。

雑所得

これまでの**9種類の所得のどれにも該当しない所得**が、雑所得です。雑所得にはおもに次のようなものがあります。

雑所得の例

公的年金等の雑所得
・公的年金や企業年金、確定拠出年金などから受け取る老齢年金

業務にかかる雑所得
※業務にかかる雑所得とは、副業にかかる収入のうち、営利を目的とした継続的なもの
・会社員等の継続的な原稿料等

その他の雑所得
・生命保険会社や共済で契約した個人年金保険
・定期積金の給付補てん金

雑所得の金額は、「①公的年金等の雑所得」と、「②業務にかかる雑所得」「③その他の雑所得」の合計額で、総合課税されます。

雑所得の計算式

雑所得の金額　＝　①　＋　②　＋　③

①収入金額－公的年金等控除額

②総収入金額－必要経費

③総収入金額－必要経費

公的年金等控除額の速算表

〈2020年1月から〉

受給者の区分	公的年金等の収入金額（A）	公的年金等控除額		
		公的年金等に係る雑所得以外の所得に係る合計所得金額		
		1,000万円以下	1,000万円超 2,000万円以下	2,000万円超
65歳以上	330万円以下	110万円	100万円	90万円
	330万円超 410万円以下	（A）×25%＋ 27万5,000円	（A）×25%＋ 17万5,000円	（A）×25%＋ 7万5,000円
	410万円超 770万円以下	（A）×15%＋ 68万5,000円	（A）×15%＋ 58万5,000円	（A）×15%＋ 48万5,000円
	770万円超 1,000万円以下	（A）×5%＋ 145万5,000円	（A）×5%＋ 135万5,000円	（A）×5%＋ 125万5,000円
	1,000万円超	195万5,000円	185万5,000円	175万5,000円
65歳未満	130万円以下	60万円	50万円	40万円
	130万円超 410万円以下	（A）×25%＋ 27万5,000円	（A）×25%＋ 17万5,000円	（A）×25%＋ 7万5,000円
	410万円超 770万円以下	（A）×15%＋ 68万5,000円	（A）×15%＋ 58万5,000円	（A）×15%＋ 48万5,000円
	770万円超 1,000万円以下	（A）×5%＋ 145万5,000円	（A）×5%＋ 135万5,000円	（A）×5%＋ 125万5,000円
	1,000万円超	195万5,000円	185万5,000円	175万5,000円

※実際の試験では、速算表が与えられます。

Chapter 4 Section 2

所得税の計算（1）

練習問題

次の各記述のうち、正しいものに○、誤っているものに×をつけなさい。

所得の種類

1．利子所得は税法上は総合課税に分類されるが、一般的には源泉分離課税が適用されている所得である。

それぞれの所得と計算方法

2．2024年の利子所得に対しては、所得税15％、住民税5％、合わせて20％の税金が源泉徴収される。

3．上場株式等の配当等については、総合課税か申告分離課税のどちらかを選ぶ。

4．月ぎめ駐車場は不動産所得になるが、時間ぎめ駐車場については不動産所得にならない。

5．事業所得の計算基礎となる総収入金額とは、その年に受け取った収入のみをいう。

6．退職所得控除の計算式は、勤続20年以下と20年超では異なった計算式が用（もち）いられる。

7．譲渡した時点で所有期間が5年を超える不動産には、分離長期譲渡所得の課税方式が適用される。

8．山林所得とは、立木を伐採して譲渡したり、立木のままで譲渡したりしたことで生じる所得をいう。

9．生命保険の満期金は一時所得となるが、競馬の払戻金は一時所得とはならずに雑所得の対象となる。

10．老齢基礎年金や老齢厚生年金などの公的年金は雑所得となるが、民間の生命保険会社の個人年金は雑所得の対象とはならない。

解答

1 ○ 利子所得は税法上は総合課税に分類されるが、一般的には源泉分離課税が適用される。

2 × 2013年から2037年までは、復興特別所得税（0.315％）が加算されるので、20.315％となる。

3 × 上場株式等の配当等については、本来総合課税が適用される所得だが、申告分離課税または申告不要を選ぶこともできる。ただし、その場合は配当控除は適用されない。

4 ○ 時間ぎめ駐車場については不動産所得にならない。

5 × その年の収入だけでなく、その年に確定した未収金も含まれる。

6 ○ 退職所得控除の計算式は、勤続20年以下と20年超では異なる。

7 × 「譲渡した時点」が誤り。不動産の場合、「譲渡した年の1月1日の時点」を基準とする。

8 ○ 山林所得とは、立木を伐採して譲渡したり、立木のままで譲渡したりしたことで生じる所得をいう。

9 × 競馬の払戻金は一時所得の対象になる。

10 × 民間の生命保険会社の個人年金も雑所得の対象になる。

正解

10問

Chapter 4 タックスプランニング Section 3

所得税の計算(2)

ここでは、合算(がっさん)した所得に
損益通算(そんえきつうさん)や損失の繰越控除(くりこしこうじょ)を行って
税額の算定基礎となる
「課税標準(かぜいひょうじゅん)」を出すことを学びます。

Chapter 4 Section 3

所得税の計算(2)

❶課税標準の計算

- 損益通算
- 損失の繰越控除

❶課税標準の計算

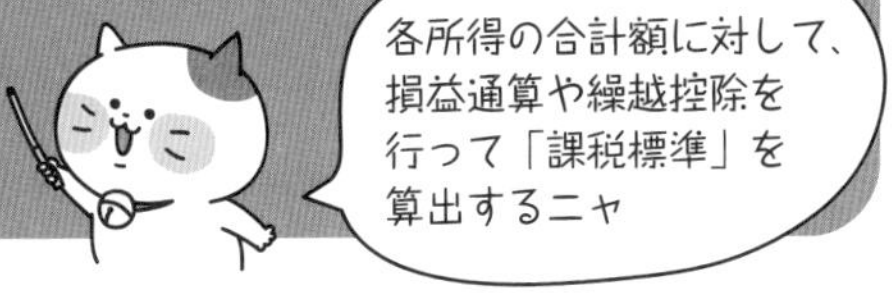

各所得の合計額に対して、損益通算や繰越控除を行って「課税標準」を算出するニャ

課税標準とは、各所得の合計額に対して損益通算や繰越控除という作業を行って算出される**税額計算の基礎となる金額**のことをいいます。

では、課税標準を算出するための、損益通算や繰越控除とはどのようなものなのかを見ていきましょう。

所得税の計算手順(概要)

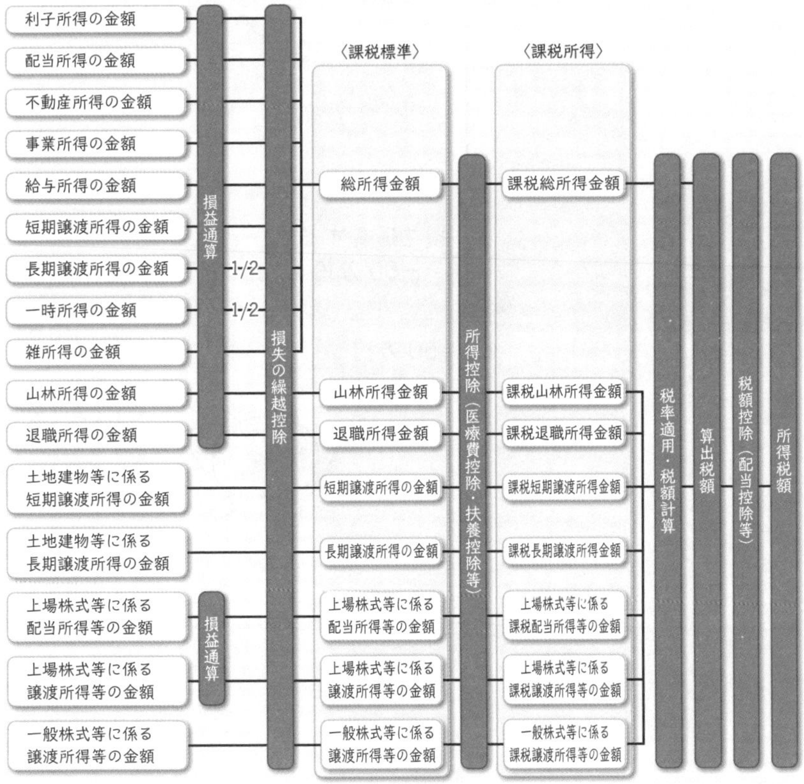

利子所得の金額
配当所得の金額
不動産所得の金額
事業所得の金額
給与所得の金額
短期譲渡所得の金額
長期譲渡所得の金額 1/2
一時所得の金額 1/2
雑所得の金額
山林所得の金額
退職所得の金額
損益通算

土地建物等に係る短期譲渡所得の金額
土地建物等に係る長期譲渡所得の金額
上場株式等に係る配当所得等の金額
上場株式等に係る譲渡所得等の金額
損益通算
一般株式等に係る譲渡所得等の金額

損失の繰越控除

〈課税標準〉
総所得金額
山林所得金額
退職所得金額
短期譲渡所得の金額
長期譲渡所得の金額
上場株式等に係る配当所得等の金額
上場株式等に係る譲渡所得等の金額
一般株式等に係る譲渡所得等の金額

所得控除(医療費控除・扶養控除等)

〈課税所得〉
課税総所得金額
課税山林所得金額
課税退職所得金額
課税短期譲渡所得金額
課税長期譲渡所得金額
上場株式等に係る課税配当所得等の金額
上場株式等に係る課税譲渡所得等の金額
一般株式等に係る課税譲渡所得等の金額

税率適用・税額計算
算出税額
税額控除(配当控除等)
所得税額

◆ 損益通算

損益通算とは、各所得金額を計算したとき、**赤字があった所得を他の黒字の所得から差し引く**ことをいいます。

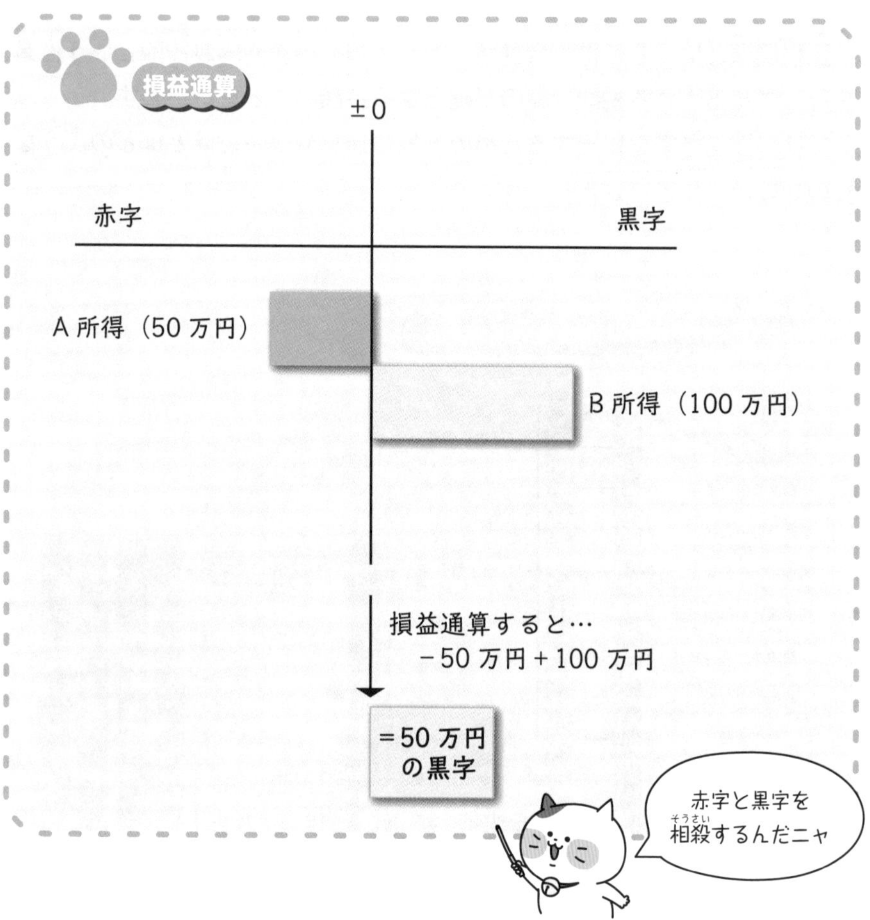

1．損益通算できる所得、できない所得

10種類に分類された所得には、損益通算ができるものとできないものがあります。なお、利子所得などのように、その所得の性質上損失が生じないものは、損益通算の対象外となります。

損益通算できる所得

不動産所得*	事業所得	山林所得	譲渡所得*

＊不動産所得と譲渡所得については、一部、損益通算の対象とならない損失がある。

損益通算できる所得は、不、事、山、譲（＝富士山上）と覚えるニャ

2．損益通算の対象とならない損失

不動産所得と譲渡所得については、損失の種類によっては損益通算の対象とならないものがあります。

損益通算の対象とならない損失

不動産所得	土地取得のための借入金の利子（ローン金利）
譲渡所得	土地・建物の譲渡による損失* 株式等の譲渡による損失** 生活に通常必要でない資産の譲渡損失

＊自分が住む家など、特定の居住用資産の譲渡損失については、損益通算できる特例がある。
＊＊上場株式等の譲渡損失は、申告分離課税を選択した上場株式等の配当所得の金額と損益通算が可能。

生活に通常必要でない資産とは、ゴルフ会員権・別荘などをいうニャ

3. 損益通算の順序

損益通算は、以下の順序で行います。

① 所得を次の3つのグループに分けます。

・**経常（けいじょう）所得グループ**…………利子所得、配当所得、**不動産所得***、**事業所得***、給与所得、雑所得
・**譲渡・一時所得グループ**…**譲渡所得***、一時所得
・**その他の所得グループ**……**山林所得***、退職所得
＊太字になっている所得は、損益通算（赤字を他の所得と通算）できる所得。

② 経常所得グループと譲渡・一時所得グループのそれぞれのグループ内で、損益通算をします（第１次通算）。

③ ②でまだ赤字がある場合は、経常所得グループと譲渡・一時所得グループで損益通算をします（第２次通算）。

④ ③でまだ赤字がある場合は、その他の所得グループのうち、山林所得と損益通算をします（第３次通算）。

⑤ ④でまだ赤字が残る場合は、退職所得と損益通算をします（第４次通算）。

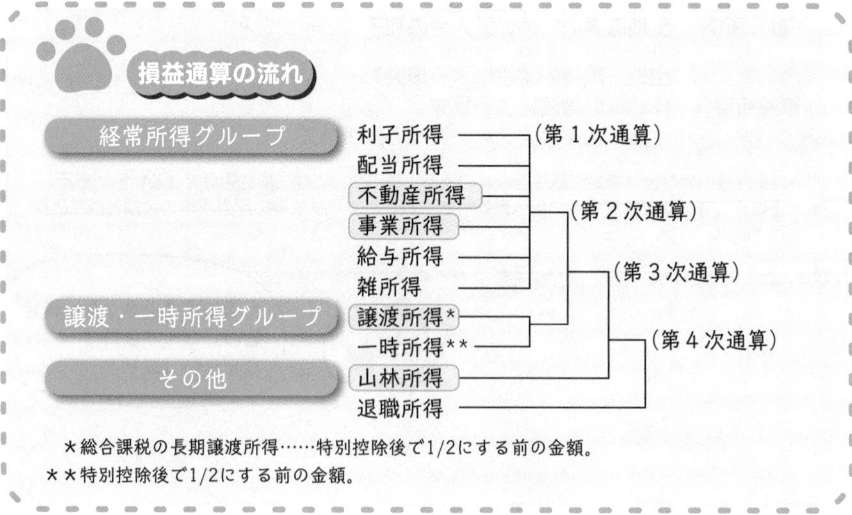

◆ 損失の繰越控除

1．純損失の繰越控除

損益通算をしても、まだ損失が残っている（＝**純損失**）場合、その損失分を翌年以降、**3年**にわたって控除できるしくみがあります。これを**純損失の繰越控除**といいます。対象となる年の所得よりも純損失の金額の方が大きければ、その年の所得はゼロとなります。純損失の繰越控除を受けるためには、確定申告書を期限内に提出し、翌年以降も引き続き確定申告をすることが必要です。

なお、個人事業主など事業所得のある人の場合、青色申告をしているか白色申告をしているかで、繰り越すことのできる純損失の額に違いがあります(→p.304)。

青色申告者の場合、**純損失の全額**を控除することができますが、白色申告者の場合は、純損失の金額のうち、被災（ひさい）した事業用資産の損失と変動所得の損失に限られています。

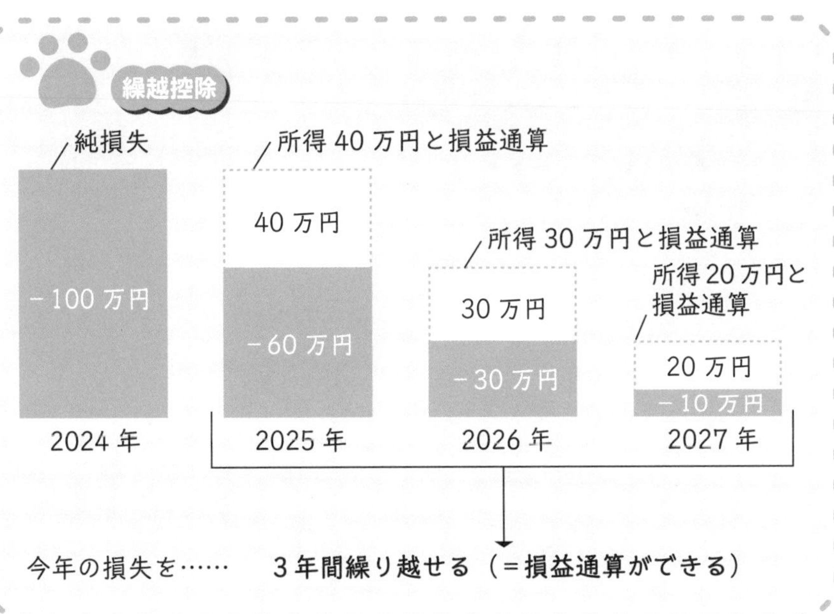

2．雑損失の繰越控除

災害や盗難、横領（おうりょう）などによって損失をこうむった場合、その損失を所得から控除することができます。これを**雑損（ざっそん）控除**（→p.289）といいます。

雑損控除をしても控除しきれなかった金額（雑損失）は、翌年以降3年間にわたって繰り越すことができます。これを**雑損失の繰越控除**といいます。

Chapter 4 Section 3

所得税の計算（2）

練習問題

次の各記述のうち、正しいものに○、誤っているものに×をつけなさい。

課税標準の計算

1．課税標準とは、各所得の合計額をいう。

2．損益通算できる所得は、不動産所得、事業所得、譲渡所得の３種類である。

3．土地購入のための借入金の利子は、損益通算の対象とならない。

4．株式等の譲渡による損失は、給与所得と損益通算できる。

5．純損失の繰越控除では、純損失を２年間にわたって繰越しできる。

6．事業所得のある人で、青色申告者は純損失の全額を繰越控除できる。

今日も
がんばった
ニャ

解答

1 × 課税標準とは、各所得の合計額に対して、損益通算や繰越控除を行って算出する金額をいう。

2 × 損益通算できる所得は、不動産所得、事業所得、山林所得、譲渡所得の４種類である。

3 ○ 土地購入のための借入金の利子は、損益通算の対象とならない。

4 × 株式等の譲渡による損失は、原則として損益通算の対象とはならない。ただし、上場株式等の譲渡による損失は、申告分離課税を選択した上場株式等の配当所得等の金額とは損益通算が可能である。

5 × 繰越しできる期間は「2年間」ではなく「3年間」である。

6 ○ 事業所得のある人で青色申告をしている人は、純損失の全額を繰越控除できる。

正解

6 問

Chapter 4 タックスプランニング　Section 4

所得税の計算（3）

ここでは各所得の控除について学びます。
それぞれの控除について
内容と控除額を見ていきましょう。

Chapter 4 Section 4

所得税の計算(3)

❶所得控除

- 所得控除とは
- 人的控除の種類と控除額
- 物的控除の種類と控除額

❶所得控除

所得税の計算の第３段階までできたニャ。ここでは課税標準から所得控除を引く作業をするニャ

◆ 所得控除とは

損益通算と繰越控除をして各所得を合算し算出した**課税標準**から、**所得控除**を引いていきます。

所得控除とは、納税者の実情に応じた課税をするためのもので、所得税法では、15種類の所得控除が設けられています。大別すると、**納税者本人の事情や家族状況に着目した人的控除**と、一定の支出に着目した**物的控除**の２種類に分けられます。

所得控除の額が多ければ多いほど、所得から差し引く額が多くなるため、課税所得の額が少なくなり、それに応じて税額も少なくなります。

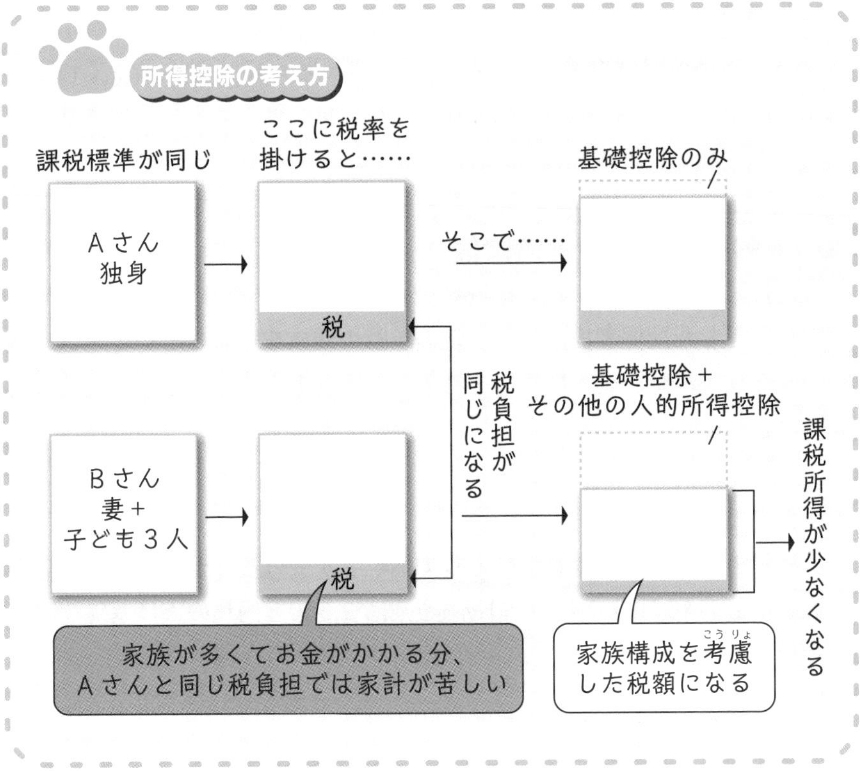

所得控除の考え方

課税標準が同じ

ここに税率を掛けると……

Aさん
独身
→ 税

Bさん
妻＋
子ども３人
→ 税

税負担が同じになる

そこで……

基礎控除のみ

基礎控除＋その他の人的所得控除

課税所得が少なくなる

家族が多くてお金がかかる分、Aさんと同じ税負担では家計が苦しい

家族構成を考慮した税額になる

所得控除の種類

人的控除	物的控除
①基礎控除	①社会保険料控除
②配偶者控除	②小規模企業共済等掛金控除
③配偶者特別控除	③医療費控除
④扶養控除	④生命保険料控除
⑤障害者控除	⑤地震保険料控除
⑥ひとり親控除	⑥雑損控除
⑦寡婦控除	⑦寄附金控除
⑧勤労学生控除	

給与所得者の場合、事前に書類を提出しておけば、年末調整によって各種の所得控除を受けることができます。ただし、医療費控除、寄附金控除、雑損控除の適用を受ける場合には確定申告をする必要があります（→p.302）。

なお、各種所得控除は、その年の12月31日時点の状況によって判定されます。ただし、年の途中で亡くなった場合は、死亡時の状況により、該当するか否かが判定されます。

◆ 人的控除の種類と控除額

人的控除には、ほとんどの納税者が適用できる基礎控除のほか、家族の状況に着目した配偶者控除や、一定の年齢の親族を扶養している場合に適用できる扶養控除、個人的事情を考慮した障害者控除、ひとり親控除などがあります。

1．基礎控除

基礎控除は合計所得金額に応じて納税者が受けることのできる控除で、金額は最高**48万円**です。合計所得金額が2,500万円超の人は基礎控除は受けられません。

2020年分～

合計所得金額	基礎控除額
2,400万円以下	48万円
2,400万円超2,450万円以下	32万円
2,450万円超2,500万円以下	16万円
2,500万円超	－

2．配偶者控除

配偶者控除は、下記の要件を満たす**控除対象配偶者**がいる場合に適用することができる控除です。

控除対象配偶者の要件（2020年１月１日以降）

- 納税者本人の合計所得金額が1,000万円以下
- 納税者と生計を一にしている配偶者（内縁関係は適用外）
- 配偶者の合計所得金額が**48万円以下**
（給与所得の場合は収入103万円以下）
- **青色・白色事業専従者**（せんじゅうしゃ）でないこと

配偶者控除額

控除を受ける人の合計所得金額	控除額	
	控除対象配偶者	老人控除対象配偶者（70歳以上）
900万円以下	38万円	48万円
900万円超950万円以下	26万円	32万円
950万円超1,000万円以下	13万円	16万円

3．配偶者特別控除

配偶者特別控除は、配偶者に48万円超133万円以下の所得がある場合に、納税者本人の合計所得金額および配偶者の合計所得金額に応じて受けられる控除で、控除額は最高38万円です。

配偶者特別控除の要件

・納税者本人の合計所得金額が**1,000万円以下**

・納税者と生計を一にしている配偶者（内縁関係は適用外）

・配偶者の合計所得金額が**48万円超133万円以下**（給与所得の場合は収入103万円超201万6,000円未満）

・青色・白色事業専従者でないこと

配偶者控除と配偶者特別
控除は同時に適用される
ことはないニャ

4．扶養控除

納税者に、配偶者以外の生計を一にする親族がいる場合で、合計所得金額が**48万円以下**など一定の条件にあてはまり、要件を満たす人がいる場合には、扶養控除を受けることができます。

扶養控除の額

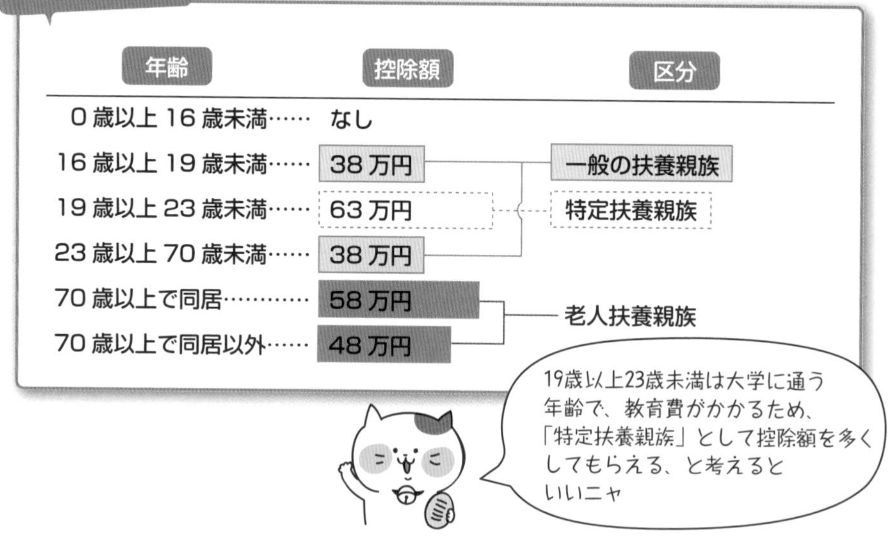

年齢	控除額	区分
0歳以上16歳未満……	なし	
16歳以上19歳未満……	38万円	一般の扶養親族
19歳以上23歳未満……	63万円	特定扶養親族
23歳以上70歳未満……	38万円	一般の扶養親族
70歳以上で同居…………	58万円	老人扶養親族
70歳以上で同居以外……	48万円	老人扶養親族

19歳以上23歳未満は大学に通う
年齢で、教育費がかかるため、
「特定扶養親族」として控除額を多く
してもらえる、と考えると
いいニャ

5．障害者控除

納税者本人、配偶者、扶養親族が障害者の場合に適用できる控除です。

障害者控除の金額

区分	控除額
一般障害者	27万円
特別障害者（障害等級1級、2級など）	40万円
同居特別障害者	75万円

6．ひとり親控除

配偶者と死別・離別していて、合計所得金額が500万円以下の場合に、一定の条件を満たすと適用される控除です。

ひとり親控除は、**婚姻歴の有無や性別にかかわらず**、生計を一にする子のいる「ひとり親」を対象とし、控除額は**35万円**です。

7．寡婦控除

寡婦控除は、「ひとり親控除」を受けられない一定条件を満たす「寡婦（女性）」を対象とし、控除額は**27万円**です。配偶者と死別した寡婦は扶養親族の有無を問わず対象となりますが、配偶者と離別した寡婦は扶養親族がいる場合に対象となります。

8．勤労学生控除

納税者が学生で、合計所得金額が**75万円以下**の場合に適用されます。控除額は**27万円**となっています。

人的控除の種類と控除額

<table>
<tr><th colspan="3">所得控除の種類</th><th>控除額</th><th>おもな適用要件</th></tr>
<tr><td colspan="3">基礎控除</td><td>最高
48万円</td><td>合計所得金額に応じて納税者が適用できる</td></tr>
<tr><td rowspan="2">配偶者
控除</td><td colspan="2">70歳未満</td><td>最高
38万円</td><td rowspan="2">生計を一にする配偶者の合計所得金額が48万円以下 であり、納税者本人の合計所得金額が1,000万円以下</td></tr>
<tr><td colspan="2">70歳以上</td><td>最高
48万円</td></tr>
<tr><td colspan="3">配偶者特別控除</td><td>最高
38万円</td><td>配偶者の合計所得金額が48万円超133万円以下であり、納税者本人の合計所得金額が1,000万円以下</td></tr>
<tr><td rowspan="5">扶養控除*</td><td colspan="2">一般の扶養親族
（16歳以上19歳未満）</td><td>38万円</td><td rowspan="5">扶養親族の合計所得金額が48万円以下</td></tr>
<tr><td colspan="2">特定扶養親族
（19歳以上23歳未満）</td><td>63万円</td></tr>
<tr><td colspan="2">一般の扶養親族
（23歳以上70歳未満）</td><td>38万円</td></tr>
<tr><td rowspan="2">老人扶養親族
（70歳以上）</td><td>同居老親等以外</td><td>48万円</td></tr>
<tr><td>同居老親等</td><td>58万円</td></tr>
<tr><td rowspan="3">障害者
控除</td><td rowspan="2">特別障害者</td><td>非同居</td><td>40万円</td><td rowspan="3">納税者本人、控除対象配偶者、扶養親族が障害者である場合</td></tr>
<tr><td>同居</td><td>75万円</td></tr>
<tr><td colspan="2">障害者</td><td>27万円</td></tr>
<tr><td>ひとり親
控除</td><td colspan="2">ひとり親
（婚姻歴の有無・性別を問わず）</td><td>35万円</td><td>配偶者と死別・離別した一定の者および未婚のひとり親</td></tr>
<tr><td>寡婦控除</td><td colspan="2">ひとり親控除対象外の
一定条件を満たす寡婦</td><td>27万円</td><td>配偶者と死別・離別した扶養親族のいる寡婦および配偶者と死別した寡婦（扶養親族の有無は問わず）が対象</td></tr>
<tr><td colspan="3">勤労学生控除</td><td>27万円</td><td>納税者本人が学生で、合計所得金額が75万円以下であること等</td></tr>
</table>

＊16歳未満の者は扶養控除の対象外。

◆ 物的控除の種類と控除額

物的控除には、社会保険料控除や寄附金控除など社会政策上の理由によるものと、医療費控除や雑損控除など災害等による生活の困窮(こんきゅう)に備(そな)えたものとがあります。

1. 社会保険料控除

社会保険料控除は、納税者本人が支払った納税者本人や**生計を一にする配偶者**や**その他の親族**に係る、健康保険料や厚生年金保険料、国民年金保険料などが対象となります。保険料の**全額**が控除されます。

2. 小規模企業共済等掛金控除

小規模な企業が加入することができる小規模企業共済等や、確定拠出(きょしゅつ)年金に納税者本人が加入し、掛金を支払っている場合に適用できる控除です。掛金の**全額**が控除されます。

3. 医療費控除

納税者本人や生計を一にする配偶者、その他の親族が支払った医療費が、一定額を超えていた場合に適用できます。

医療費控除の計算

控除額* ＝実際に支払った医療費の合計額
　　－保険金などで補てんされる金額**
　　－10万円***

＊控除額の上限は200万円。
＊＊保険金などで補てんされる金額……健康保険の高額療養(りょうよう)費・出産育児一時金や生命保険等の入院給付金など。
＊＊＊総所得金額等が200万円未満の場合は、総所得金額等×５％。

医療費控除の対象となるもの、ならないものの例

・**対象となるもの**

診療費、入院費、出産費用、医薬品の購入費、通院費（交通費）

・**対象とならないもの**

美容整形の費用、人間ドック・健康診断の費用（ただし、重大な病気が見つかった場合を除く）、健康増進・病気予防のためのサプリメント代、自己都合による入院時の個室代（差額ベッド代）、近視や遠視などのために日常生活の必要性に基づき購入されたコンタクトレンズ代・メガネ代*

＊治療のために必要だとして医師の指示で装用するものは対象となる。

●セルフメディケーション税制（医療費控除の特例）

2017年1月1日から2026年12月31日までの間に、健康の維持増進および疾病の予防への取組みとして一定の取組み*を行う個人が、自己または自己と生計を一にする配偶者その他の親族に係る一定のスイッチOTC医薬品**や指定された医薬品の購入の対価が1万2,000円を超えていた場合に適用できます。ただし、従来の医療費控除の特例と重複して適用することはできません（選択制）。

＊特定健康診査、予防接種、定期健康診断、健康診査、がん検診。
＊＊要指導医薬品および一般用医薬品のうち、医療用から転用された医薬品。

セルフメディケーション税制（医療費控除の特例）の計算

・控除額* =スイッチOTC医薬品等の購入代金の合計額－1万2,000円

＊控除額の上限は8万8,000円。

4．生命保険料控除

終身保険や定期保険などの一般の**生命保険料**や、**個人年金保険料**、**介護医療保険料**を払っている場合、次の額が控除されます。

生命保険料の控除額

契約の時期		一般の生命保険料控除	個人年金保険料控除	介護医療保険料控除	合計
2011年以前	所得税	最高5万円	最高5万円	–	最高10万円
	住民税	最高3万5,000円	最高3万5,000円	–	最高7万円
2012年以降	所得税	最高4万円	最高4万円	最高4万円	最高12万円
	住民税	最高2万8,000円	最高2万8,000円	最高2万8,000円	最高7万円

5．地震保険料控除（→p.173）

地震保険料控除は、居住用家屋や生活に必要な家具、什器、衣服などの生活用動産を保険目的とした地震保険料を払った場合に適用できます。控除額は保険料の**全額**（最高**5万円**まで）となっています。

6．雑損控除

雑損控除は、納税者本人や生計を一にする配偶者および親族が保有する資産について、災害や盗難、横領などによって損害を受けた場合に適用されるものです。なお、損失があった年に損益通算しきれなかった損失については、**3年間**の**繰越控除**ができます。

住宅、家具、衣類などの生活に必要な資産が対象で、事業用の資産や別荘、書画、骨董、貴金属類などで30万円を超えるものは、対象にならないので注意するニャ！

雑損控除の控除額

次のうちのいずれか多い金額

・損失額* − 総所得金額等×10%

・災害関連支出** − 5万円

*損失額＝損害額＋災害等に関連してやむを得ない支出をした金額−保険金などで補てんされる金額。

**災害関連支出……具体的には地震や火災の後片付けに要する費用。

7. 寄附金控除

国や地方公共団体などの、「特定寄附金」の対象となる機関に寄附をした場合などに適用されるのが寄附金控除です。

寄附金控除額の計算

控除の額＝{特定寄附金の支出額／総所得金額等×40%} いずれか少ない額－2,000円

物的控除の種類と控除額

所得控除の種類	控除額	適用要件
社会保険料控除	保険料の**全額**	納税者本人や同一生計の親族の社会保険料を支払った場合
小規模企業共済等掛金控除	支払った額の**全額**	小規模企業共済や確定拠出年金の掛金を支払った場合
医療費控除	**医療費－保険金等で補てんされる金額－10万円***	医療費が一定額を超えた場合
生命保険料控除	1種につき最高4万円、3種合わせて12万円**	生命保険、介護医療保険、個人年金保険の保険料を支払った場合
地震保険料控除	保険料の**全額**（最高5万円）	地震保険料を支払った場合
雑損控除	次のうち、どちらか多い金額 ①損失額－総所得金額等×10% ②災害関連支出－5万円	災害や盗難、横領などによって損失が生じた場合
寄附金控除	特定寄附金として支出した金額または総所得額等の合計額×40%のうちいずれか低い金額－2,000円	特定の寄附をした場合

*総所得金額等が200万円未満の場合には、総所得金額等×５%相当額。
**2012年1月1日以降の契約の場合。

Chapter 4 Section 4

所得税の計算（3）

練習問題

次の各記述のうち、正しいものに○、誤っているものに×をつけなさい。

所得控除

1. 所得控除は、人的控除と物的控除の２種類に大別できる。

2. 配偶者控除と配偶者特別控除は同時に受けることができる。

3. 配偶者控除と配偶者特別控除は、配偶者が青色事業専従者の場合は受けることができないが、白色事業専従者であれば受けることができる。

4. 納税者に生計を一にする親族がいる場合には、年齢に関係なく扶養控除を受けることができる。

5. 寡婦控除と勤労学生控除の控除額は、ともに27万円である。

6. 社会保険料控除は全額が所得控除の対象となるが、小規模企業共済等掛金控除については、全額が所得控除の対象とはならない。

7. 通院にかかったバス代も、医療費控除の対象となる。

8. 生命保険料控除の対象となるのは、終身保険や定期保険などの一般の生命保険料および個人年金保険料であり、介護医療保険の保険料は対象にならない。

9. 事業用資産も雑損控除の対象となる。

「きほん問題集」で
試験問題に慣れるニャ！
→問題集p.66-81,
p.177-201

解答

1	○	所得控除は、人的控除と物的控除の２種類に大別される。
2	×	配偶者控除と配偶者特別控除は、同時に受けることはできない。
3	×	配偶者が白色事業専従者の場合も受けることはできない。
4	×	16歳未満の親族は、扶養控除の対象とはならない。
5	○	寡婦控除と勤労学生控除の控除額は、ともに27万円である。
6	×	小規模企業共済等掛金控除も全額が所得控除の対象となる。
7	○	通院にかかった交通費は、医療費控除の対象となる。
8	×	介護医療保険料も生命保険料控除の対象となる。
9	×	事業用資産は雑損控除の対象とはならない。

正解

9 問

Chapter 4 タックスプランニング Section 5

所得税の計算（４）、所得税の申告と納付、個人住民税、個人事業税

いよいよ税額の算出に入ります。
所得税額が算出できたら、
所得税の申告と納付をします。
ここではあわせて個人住民税、
個人事業税についても学びます。

Chapter 4 Section 5

所得税の計算(4)、所得税の申告と納付、個人住民税、個人事業税

22日目
32

❶所得税額の計算

- 所得税額の計算方法

❷税額控除

- 住宅借入金等特別控除（住宅ローン控除）
- 配当控除

❸所得税の申告と納付

- 源泉徴収制度の概要
- 所得税の申告
- 青色申告とは
- 所得税の納付

❹個人住民税

- 個人住民税の特徴と課税方法
- 個人住民税の納付方法

❺個人事業税

- 個人事業税の計算と申告・納付

❶所得税額の計算

いよいよ所得税の計算も大詰め段階。課税標準に税率を掛けて税額を出すニャ

19日目から３日間、所得税の計算について学んできました。現在、すべての所得控除を学習し終わったところです。ここからいよいよ、税額の計算に入ります。

◆ 所得税額の計算方法

所得税額の計算は、課税標準に税率を掛けて算出します。

このとき用（もち）いられる税率は、**総合課税**となる所得と、**分離課税**となる所得で異なります。

1．総合課税される所得金額の計算

総合課税される所得金額は**課税総所得金額**と呼ばれます。

課税総所得金額に対しては、**超過累進税率**（ちょうかるいしん）を適用して、税額を計算します。

> **課税総所得金額に対する所得税額の計算**
>
> 所得税額＝課税総所得金額×所得税の超過累進税率－控除額

所得税の速算表

所得税額＝課税総所得金額(A)×税率(B)－控除額(C)

課税総所得金額（A）		税率（B）	控除額（C）
	195万円以下	5%	－
195万円超	330万円以下	10%	9.75万円
330万円超	695万円以下	20%	42.75万円
695万円超	900万円以下	23%	63.6万円
900万円超	1,800万円以下	33%	153.6万円
1,800万円超	4,000万円以下	40%	279.6万円
4,000万円超		45%	479.6万円

※実際の試験では、速算表が与えられます。

2. 分離課税される所得に対する税額

分離課税される所得については、次の税率で課税されます。

分離課税される所得税額の計算

区分			計算式
譲渡所得（じょうと）	不動産	短期	課税短期譲渡所得金額×30% （復興特別所得税は0.63%、住民税は9%）
		長期	課税長期譲渡所得金額×15% （復興特別所得税は0.315%、住民税は5%）
	株式等		課税譲渡所得金額×15% （復興特別所得税は0.315%、住民税は5%）
山林所得			課税山林所得金額×1/5×所得税の超過累進税率×5
退職所得			課税退職所得金額×所得税の超過累進税率

退職所得と山林所得だけが
所得税の超過累進税率
になっている点に注目ニャ！

❷税額控除

課税所得金額に一定の税率を掛けて所得税額が算定できたら、計算の最終段階である**税額控除**を行い、**申告税額**を計算します。税額控除は所得控除とは異なり、税額から直接差し引かれるものです。

◆ 住宅借入金等特別控除（住宅ローン控除）

住宅ローン控除の名でよく知られているこの控除では、住宅ローンを利用して住宅を購入したり、リフォームを行ったりした場合、年末のローン残高に対して一定の率を掛けた金額が、税額控除の対象になります。

1．控除率と控除期間

一般の住宅向けと、一定の要件を満たしている場合に適用される認定住宅（認定長期優良住宅および認定低炭素住宅）、ZEH水準省エネ住宅*、省エネ基準適合住宅向けの４種類があります。

＊ZEH（ゼッチ）（ネット・ゼロ・エネルギー・ハウス）･･･外皮の断熱性能等を大幅に向上させるとともに、高効率な設備システムの導入により、室内環境の質を維持しつつ大幅な省エネルギーを実現した上で、再生可能エネルギーを導入することにより、年間の一次エネルギー消費量の収支をゼロとすることを目指した住宅

住宅借入金等特別控除の計算

住宅借入金等特別控除額＝住宅借入金等の年末残高×控除率（0.7%）

＊算出された控除額がその年の所得税額を超える場合には、所得税額が限度となる。

住宅借入金等特別控除

居住年	控除率	借入限度額※ 控除期間※			
		一般住宅	認定住宅	ZEH水準省エネ住宅	省エネ基準適合住宅
2024年～2025年に居住	0.7%	2,000万円* 10年	4,500万円 13年	3,500万円 13年	3,000万円 13年

※　2022～2025年に中古住宅に居住した場合の借入限度額は一般住宅が2,000万円、認定住宅等（認定住宅、ZEH水準省エネ住宅、省エネ基準適合住宅）が3,000万円、控除期間は一律10年

＊　2023年末までに建築確認を受けたもの、または2024年６月末までに建築されたもの（ただし、床面積が40㎡以上50㎡未満の家屋は2023年12月末までに建築確認を受けたもの）に限る。

なお、子育て特例対象個人※の場合は、2024年1月1日から12月31日までの間に居住した場合には、借入限度額が上乗せされ、認定住宅は5,000万円、ZEH水準省エネ住宅は4,500万円、省エネ基準適合住宅は4,000万円となります。

※子育て特例対象個人…個人で、年齢40歳未満であって配偶者を有する者、年齢40歳以上であって40歳未満の配偶者を有する者または年齢19歳未満の扶養親族を有する者

2．住宅借入金等特別控除の要件

この控除を受けるには、次のような要件を満たしている必要があります。

おもな要件

- 床面積が**50㎡**以上（子育て特例対象個人で、合計所得金額が1,000万円以下の場合は床面積は40㎡以上。また一定要件を満たせば2024年12月31日までに建築確認を受けた住宅等は40㎡以上）で、そのうち1/2以上が居住用であること
- 1982年以降に建築された住宅（新耐震基準適合住宅）であること
- 控除を受ける年の合計所得金額が**2,000万円**以下（2024年12月末までに建築確認を受けた床面積が40㎡以上50㎡未満の場合は1,000万円以下）であること
- 住宅取得の日から**６ヵ月**以内に入居し、適用を受ける各年の年末まで引き続き居住していること
- 返済期間**10年以上**の住宅ローンであること*

・金融機関（地方公共団体、勤務先等含む）からの借入金であること（親族や知人からの借入金は除く）など

＊勤務先からの借入金の場合、金利0.2％以上。

給与所得者の場合、控除を受ける最初の年は確定申告が必要ですが、翌年以降は年末調整で控除可能です。なお、2023年以降に入居し2024年1月1日以降に行う確定申告等では、控除を受ける人は住宅ローンを利用している金融機関等に個人番号等の一定事項を記載した「住宅ローン控除申請書」を提出することが必要です。また、確定申告や年末調整において、借入金の年末残高証明書の提出は不要になります。

配当控除

配当控除とは、上場株式等の配当金にかかる配当所得について、**総合課税**を選択し、**確定申告をした場合**に受けることのできる税額控除です。

ただし、以下の場合は配当控除を受けることはできません。

配当控除を受けられない場合

・上場株式等の配当所得のうち、申告分離課税を選択したもの
・申告不要制度を選択したもの
・外国法人から受けた配当金
・NISA（ニーサ）口座で受け取った配当金
・J-REIT（ジェイリート）の分配金

配当控除の控除額

配当所得の金額×10％＊

＊課税総所得金額等が1,000万円超の場合、その超える部分については５％。

③所得税の申告と納付

◆ 源泉徴収制度の概要

所得税は、原則として納税者自身がその年の所得や税額を計算して申告し、納付する申告納税制度となっていますが、その制度を補完（ほかん）するものとして、源泉徴収（げんせんちょうしゅう）制度があります。

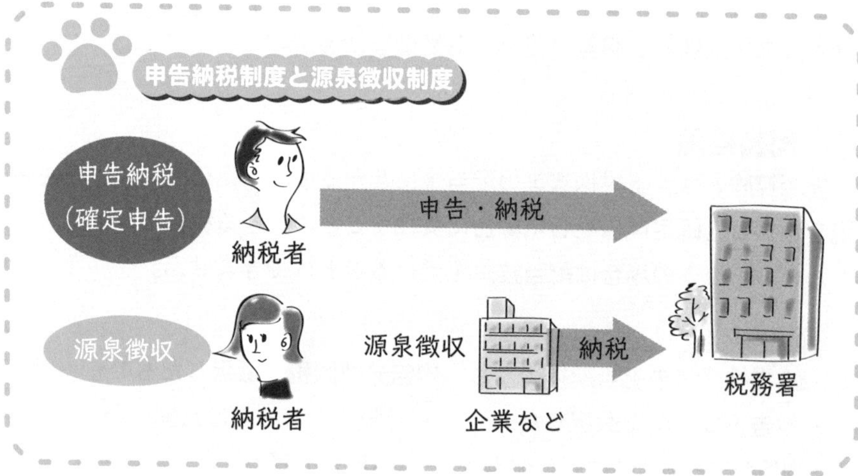

1．源泉徴収制度とは

源泉徴収制度とは、給与などの支払者（会社）が、給与を支払うときに一定の所得税を天引（てんび）きして、原則として、支払った日の属する月の翌月10日までに、給与を受ける人に代（か）わって納付する制度をいいます。

給与所得のほか、利子所得、配当所得、雑所得（公的年金）、退職所得等が、源泉徴収制度の対象となります。

2．源泉徴収票とは

源泉徴収票は、給与、退職手当、公的年金などを支払う者が支払った額や徴収した税額等を記載（きさい）して発行する書類です。

給与所得者の源泉徴収票には、1月1日から12月31日までに支払われた給与等の支払金額や、給与所得控除をしたあとの額、所得税の源泉徴収税額などが記載されています。源泉徴収票は確定申告や住宅ローンを組むときなどに必要とされる書類です。

〈給与所得の源泉徴収票〉

令和××年分　給与所得の源泉徴収票

支払を受ける者	住所又は居所	東京都渋谷区×××	(受給者番号)	
			(個人番号)	1 2 3 4 5 …
			(役職名)	経理部長
			氏名 (フリガナ)	ゼイム　タロウ
				税務　太郎

種別	支払金額	給与所得控除後の金額(調整控除後)	所得控除の額の合計額	源泉徴収税額
給与・賞与	内 6 847 500	4 962 750	4 569 846	0

(源泉)控除対象配偶者の有無等 有	従有	老人	配偶者(特別)控除の額	控除対象扶養親族の数(配偶者を除く。) 特定	従人	老人 内	人	従人	その他	従人	16歳未満扶養親族の数	障害者の数(本人を除く。) 特別 内	人	その他	非居住者である親族の数
○				1		1	1		4		5				1

社会保険料等の金額	生命保険料の控除額	地震保険料の控除額	住宅借入金等特別控除の額
9 0 9 8 4 6	1 2 0 0 0 0	5 0 0 0 0	1 9 6 0 0

*63万円

一般の生命保険料と介護医療保険料、個人年金保険料の控除額の合計額(最高12万円)

1年間で支払った社会保険料の合計額

(摘要)
(1)税務五郎　(2)税務六郎　(3)税務幸子(年少)

生命保険料の金額の内訳	新生命保険料の金額	180,000	旧生命保険料の金額	100,000	介護医療保険料の金額	90,000	新個人年金保険料の金額	360,000	旧個人年金保険料の金額	180,000

住宅借入金等特別控除の額の内訳								
住宅借入金等特別控除適用数	2	居住開始年月日(1回目)	23年	1月	10日	住宅借入金等特別控除区分(1回目)	住	住宅借入金等年末残高(1回目) 11,500,000
住宅借入金等特別控除可能額	115,000	居住開始年月日(2回目)	26年	8月	20日	住宅借入金等特別控除区分(2回目)	増(特)	住宅借入金等年末残高(2回目) 9,000,000

(源泉・特別)控除対象配偶者　(フリガナ) ゼイム　ハナコ　氏名 税務　花子　個人番号 2 3 4 5 6 7 8 9 0 1 2 3　区分
配偶者の合計所得　国民年金保険料等の金額　旧長期損害保険料の金額　基礎控除の額　所得金額調整控除額

控除対象扶養親族	(フリガナ)	氏名	個人番号	16歳未満の扶養親族	(フリガナ)	氏名
1	ゼイム　イチロウ	税務　一郎	3 4 5 6 7 8 9 0 1 2 3 4	1	ゼイム　ハルコ	税務　春子
2	ゼイム　ジロウ	税務　次郎	4 5 6 7 8 9 0 1 2 3 4 5	2	ゼイム　ナツコ	税務　夏子
3	ゼイム　サブロウ	税務　三郎	5 6 7 8 9 0 1 2 3 4 5 6	3	ゼイム　アキコ	税務　秋子
4	ゼイム　シロウ	税務　四郎	6 7 8 9 0 1 2 3 4 5 6 7	4	ゼイム　フユコ	税務　冬子

(備考)

未成年者	外国人	死亡退職	災害者	乙欄	本人が障害者 特別	その他	寡婦	ひとり親	勤労学生	中途就・退職 就職	退職	年	月	日	受給者生年月日 元号	年	月	日
															昭和	37	1	1

支払者	個人番号又は法人番号	9 8 7 6 5 4 3 2 1 0 9 8 7 (右詰で記載してください。)
	住所(居所)又は所在地	東京都杉並区×××
	氏名又は名称	株式会社×××　(電話) 03-××××-××××

(税務署提出用)　整理欄　375

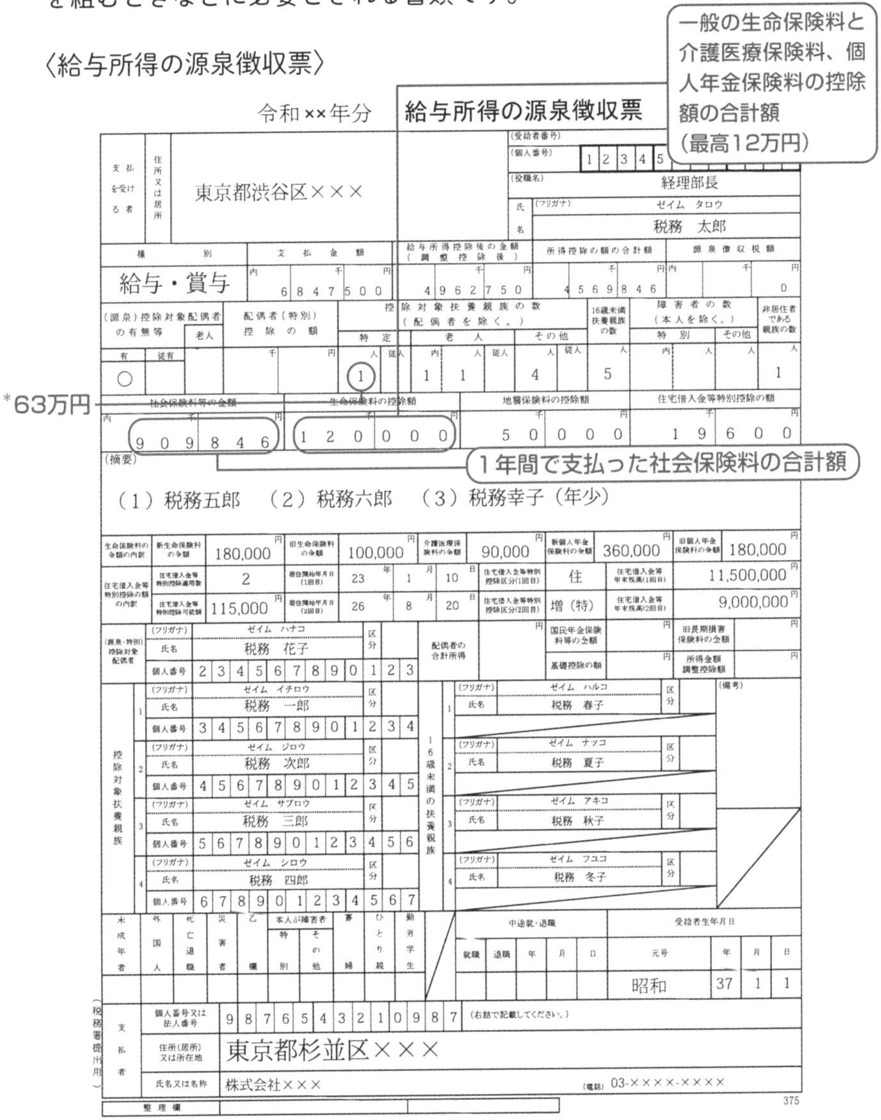

＊特定扶養親族が1人なので控除額は63万円となる

(「給与所得の源泉徴収票」(国税庁)　https://www.nta.go.jp/taxes/tetsuzuki/shinsei/annai/hotei/pdf/0022006-151_02.pdf　を加工して作成)

所得税の申告

1．確定申告とは

確定申告とは、納税者本人が自分の所得税額を計算し、納税の手続きをすることをいいます。

1月1日から12月31日までの1年間の所得と税額を計算し、原則として、翌年**2月16日**から**3月15日**の間に、住所地の所轄（しょかつ）税務署に、確定申告書を提出・納税します。

会社員などの給与所得だけの人は、給与等から源泉徴収で天引きされた所得税について**年末調整**が行われていれば、原則確定申告をする必要がありません。

ただし、次のような場合には確定申告が必要です。

給与所得者で確定申告が必要な場合

- 給与収入が**2,000万円**を超えている人
- 2ヵ所以上から給与の支払いを受けている人
- 給与所得、退職所得以外の所得が**20万円**を超えている人
- **雑損控除**、**医療費控除**、**寄附金（きふきん）控除***を受ける人
- 住宅借入金等特別控除を受けるとき（**最初の年分のみ**必要。2年目以降は年末調整可）
- **配当控除**などの税額控除を受けるとき

*確定申告の不要な給与所得者等がふるさと納税を行う場合、「ふるさと納税ワンストップ特例制度」を利用すれば、確定申告を行わなくてもふるさと納税の寄附金控除を受けられます。特例の申請にはふるさと納税先の自治体数が5団体以内で、ふるさと納税を行う際に各ふるさと納税先の自治体に特例の適用に関する申請書を提出する必要があります。

2．準確定申告

準確定申告とは、納税者が死亡した場合の確定申告をいいます。

その年の途中で死亡した場合は、1月1日から死亡した日までに確定した所得金額および税額を計算して、相続があったことを知った日の翌日以降**4ヵ月**以内に、死亡した人の相続人が行わなければなりません。

◆ 青色申告とは

青色申告制度とは、納税者が一定の帳簿(ちょうぼ)を備え付けて精度の高い記帳に基づいた申告を行っている場合、**税制上有利な取扱いを認める制度**です。青色申告をする人を**青色申告者**といいます。青色申告者は帳簿書類の7年間の保存が義務づけられています。

なお、一般の申告をする人を**白色申告者**といいます。

1. 青色申告の対象となる人

不動産所得、事業所得、山林所得がある人は、その事業の規模にかかわらず青色申告の承認を受けることができます。

青色申告の対象となるものは、
富士山＝不動産・事業・山林所得
と覚えるニャ！

2. 青色申告の申請手続き

その年の**3月15日**までに、納税地の所轄税務署長に対して青色申告承認申請書を提出します。

なお、その年の1月16日以後に新たに事業を開始した場合は、事業開始の日から**2ヵ月**以内に提出します。

3. 青色申告の特典

青色申告者には、所得計算や手続きなどの面で、次のような特典があります。

●青色事業専従者(せんじゅうしゃ)給与の必要経費への算入

生計を一にする配偶者や親族が事業の手伝いをしている（＝家族従業員がいる）場合、その人たちに支払う給与を**青色事業専従者給与***として、必要経費にすることができます。

*白色申告者の場合は、配偶者であれば86万円、その他の親族は一人につき50万円まで控除される。

この適用を受けるには、次の条件を満たしている必要があります。

適用条件

給与を支払われる人の条件

- 青色申告者と生計を一にする配偶者、その他の親族（15歳以上）であること
- もっぱら事業に従事（じゅうじ）していること（原則、1年のうち6ヵ月を超える期間）

給与の条件

- 実際に給与を支払っていること
- あらかじめ給与額を税務署に届けていること
- 給与額が労働の対価（たいか）として妥当な額であること

●青色申告特別控除額

正規の簿記の原則に従って記帳するなど、一定の要件を満たしている場合は、事業的規模▼の不動産所得者または事業所得者は**青色申告特別控除**として、**55万円**を控除することができます。さらに電磁的記録▼の備付けおよび保管、もしくはe-Tax（イータックス）▼により電子申告している場合には**65万円**の控除となります。

その他の場合の控除額は原則**10万円**です。

●純損失の繰越控除と繰戻還付（くりもどしかんぷ）

青色申告者は、その年に生じた純損失の金額を、翌年以降**3年間**にわたって**繰越控除**できます。

また、前年にも青色申告をしている場合には、その年の純損失の金額の全部または一部を前年分に**繰戻し**して、前年分の所得税額の**還付**を受けることもできます。

事業的規模…一戸建てでおおむね5棟以上、アパート・マンションでおおむね10室以上の不動産の貸付規模を基準とする。
電磁的記録…コンピュータによる情報処理で記録・保存されたデータのこと。
e-Tax…国税庁が運営する、国税電子申告・納税システムのこと。

◆ 所得税の納付

所得税は原則として3月15日までに、申告書に記載した金額を税務署や金融機関を通じて国に納付します。

ただし、次のような納付の方法もあります。

1. 延納（えんのう）

期日までに所得税の全額を納付できないときは、3月15日までに納付税額の1/2以上の所得税を納付すれば、残額は5月31日までに納付を延期することができます。これを延納といいます。

ただし、延納した税額に対しては、附帯税（ふたいぜい）として利子税が課税されます。

2. 予定納税

前年の所得税額をもとに計算した、その年の納税額の予想（＝予定納税基準額）が**15万円以上**の場合、確定申告を待たずに、あらかじめ第１期（７月）と第２期（11月）に、それぞれ**予定納税基準額の1/3ずつを前払い**する制度です。

④個人住民税

個人住民税は、地方公共団体が課税主体となる税金です。道府県が課税する道府県税（東京都の場合は都民税）と、市町村が課税する市町村税（東京23区は特別区民税）に分かれています。

◆ 個人住民税の特徴と課税方法

個人住民税は、**その年の１月１日**現在、各都道府県や市区町村に住所がある人の**前年の所得に対して課税**される税金です。これを**前年所得課税**といいます。

また、住民税は地方公共団体が納税額を決定し、納税者はそれに従って納税する賦課課税（ふかかぜい）方式をとっています。

個人住民税は、所得の多寡（たか）（多い少ない）にかかわらず税額が**一律の均等割（きんとうわり）**と、所得に応じて納税額が異なる**所得割**からなっています。また、金融商品等の利子や株式の配当を受け取る場合にも個人住民税が課税されます。

さらに、所得税と同様、**所得控除**がありますが、控除額は一部異なります。

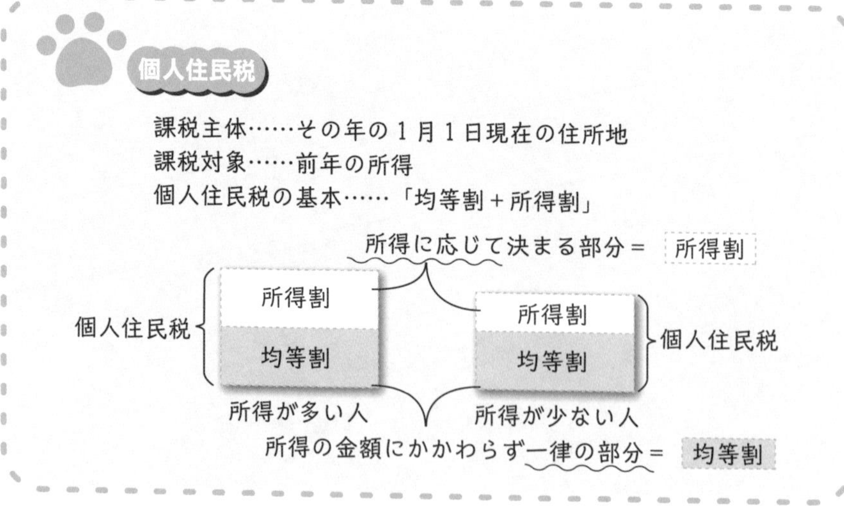

◆ 個人住民税の納付方法

個人住民税の納付方法には、次の２種類があります。

1. 普通徴収（給与所得者以外）

納税通知書に従って４回（６月、８月、10月、翌年１月）に分けて納付する方法です。

2. 特別徴収（給与所得者）

年税額を12回（６月から翌年５月まで）に分けて、給与からの天引きで納付する方法です。

⑤個人事業税

事業所得や不動産所得のある人に課税される個人事業税は、都道府県に納付する地方税だニャ

◆ 個人事業税の計算と申告・納付

個人事業税は**都道府県**が課税主体となる**地方税**で、一定の事業所得または事業的規模の不動産所得のある人に課税される税金です。

個人事業税の計算

個人事業税の額＝（事業所得および不動産所得

－事業主控除額290万円）×税率*

＊都道府県・業種によって３％～５％

個人事業税の申告と納付

申告期限……………翌年３月15日

申告書の提出先……都道府県税事務所

納付時期……………８月および11月

ただし、**確定申告をしている場合**には、個人事業税の申告は**不要**です。

Chapter 4 Section 5

所得税の計算(4)、所得税の申告と納付、個人住民税、個人事業税

練習問題

次の各記述のうち、正しいものに○、誤っているものに×をつけなさい。

税額控除

1. 住宅借入金等特別控除を受けることができるのは、その年の所得が3,000万円以下の納税者に限られる。

2. 上場株式等の配当所得のうち、申告分離課税を選択したものについては、配当控除を受けることができない。

所得税の申告と納付

3. 源泉徴収制度の対象となる所得は、給与所得のみである。

4. 給与収入が1,500万円を超えている場合は、会社員でも確定申告をしなければならない。

5. 準確定申告は、相続があったことを知った日の翌日以降4ヵ月以内に、死亡した人の相続人が行わなければならない。

6. 青色申告承認申請書は、その年の1月16日以後に新たに事業を開始した場合は、事業開始の日から3ヵ月以内に提出しなければならない。

7. 青色申告者の特別控除額は、最高60万円とされている。

8. 期日までに所得税の全額を納付できないときは、3月15日までに納付税額の1/2以上の所得税を納付すれば延納が認められる。

個人住民税

9. 個人住民税には所得控除がない点が、所得税とは異なっている。

個人事業税

10. 事業を営(いとな)んでいる人は、必ず個人事業税の申告をしなければならない。

解答

1　×　床面積が50㎡以上の場合は2,000万円以下の納税者、子育て特例対象個人や2024年12月末までに建築確認を受けた床面積40㎡以上50㎡未満の住宅等の場合は1,000万円以下の納税者に限られる。

2　○　上場株式等の配当所得のうち、申告分離課税を選択したものについては、配当控除を受けることができない。

3　×　利子所得、配当所得、雑所得（公的年金）、退職所得等も源泉徴収制度の対象となる。

4　×　「1,500万円を超えた場合」が間違い。給与収入が2,000万円を超えた場合に、確定申告が必要になる。

5　○　準確定申告は、相続があったことを知った日の翌日以降４ヵ月以内に、死亡した人の相続人が行うものとされている。

6　×　３ヵ月以内ではなく「2ヵ月以内」。

7　×　青色申告者は10万円または55万円（電子納付の場合は65万円）を青色申告特別控除として控除できる。

8　○　期日までに所得税の全額を納付できないときは、３月15日までに納付税額の1/2以上の所得税を納付すれば延納が認められるものとされている。

9　×　個人住民税にも所得控除はある。

10　×　確定申告をしている場合は、個人事業税の申告は不要である。

正解

10問

23日目

32

Chapter 5 不動産 | Section 1

不動産の基礎知識

今日から不動産の勉強に入ります。
まずは不動産を学ぶうえでの基礎となる
不動産の見方について
しっかり学んでいきましょう。

Chapter 5 Section 1

不動産の基礎知識

23日目
32

❶不動産の見方

- 不動産の類型と権利
- 不動産に関する調査
- 不動産の価格に関する調査

❶不動産の見方

土地が建物との関係で分類されることや、不動産登記（とうき）とはどのようなものかを押さえていくニャ

日本では、土地と建物は、それぞれ独立した不動産とみなされています。土地はその上にある建物との関係によって分類されます。

◆ 不動産の類型と権利

民法では、不動産を「**土地**およびその**定着物**（ていちゃくぶつ）」と定義しています。

定着物には建物のほか、樹木、石垣なども含まれますが、ここでは土地と建物のことと理解しておいてください。

1．宅地の類型

建物を建てるための土地を宅地といい、宅地はその上にある建物との関係により、次の３つのタイプがあります。

宅地の種類

更地（さらち）………建物などがなく、その土地の使用を制約する権利（借地権（しゃくちけん）など）の付いていない土地

建付地（たてつけち）……建物とその敷地の所有者が同じで、その土地の使用を制約する権利が付いていない土地

底地（そこち）………貸している土地の上に他人の建物があり、借地権や地上権が設定された土地の所有権のこと

また、建物を所有することを目的に、土地を借りている人が持つ権利のことを**借地権**といいます。

更地

建物がなく、使用を制約する権利の付いていない土地

建付地

建物と土地の所有者が同じで、使用を制約する権利の付いていない土地

どちらもAさんのもの

底地

貸している土地の上に他人の建物がある土地。借地権などのある土地の所有権のこと

Aさん…土地の所有者（土地を貸す）

Bさん…建物の所有者
（土地を借りて、使用する権利＝借地権を持っている）

2．不動産の権利

不動産にはさまざまな権利がありますが、次の2つに大別（たいべつ）できます。

不動産の権利

物権（ぶっけん）……人が物を直接に支配する権利。所有権など

債権（さいけん）……人が人に対して、一定の財産上の行為を求めることのできる権利。賃借権など

◆ 不動産に関する調査

不動産の購入には、権利関係などの調査が欠かせません。これらを確認するための書類として不動産登記記録（不動産登記簿）があります。不動産登記記録は、登記所（法務局）でデータ化されて保管されています。

不動産登記記録には、土地や建物の所在地や、所有権者などが記録されています。

不動産登記記録は、所定の手続きをすれば、だれでも自由に、登記事項証明書や登記事項要約書の交付の請求ができます（郵送やオンラインでの請求も可能）。ただし交付方法は郵送又は窓口受取となります。

登記所（法務局）で閲覧できる資料

資料	内容
地図（第14条地図）	不動産登記法第14条に規定されている地図 土地の形状や位置の表記は比較的正確に表示されている
公図	土地の位置や形状などが確認できる地図。精度は低い
建物図面	建物の位置や形状を示したもの
地積測量図	土地の形状や面積を示したもの

1．不動産登記の種類

不動産の登記には、表示に関する登記と、権利に関する登記があります。

登記記録は、次のような構成になっています。

登記記録の構成

表題部……表示に関する登記を記載（所在、地番、地積など）

権利部……権利に関する登記を記載

甲区……所有権に関する記載（所有権保存登記、所有権移転登記、所有に関する仮登記、差押え、仮処分など）

乙区……所有権以外の権利を記載（抵当権設定、地上権設定、地役権設定など）

表題部の所在・地番は住居表示と必ずしも一致しないニャ。地目や地積も土地の現状や実測面積と一致しているとは限らないので注意するニャ

建物の登記

・マンション等の区分建物の場合、登記する際は、壁その他の区画の内側線で囲まれた部分（内法面積）の水平投影面積*で計算される

・マンション以外の一戸建て等の建物の床面積は、壁その他の区画の中心線で囲まれた部分（壁芯面積）の水平投影面積で計算される

＊水平投影面積…土地や建物に凹凸や斜面の部分があっても、その土地や建物が水平だとして測った面積のこと。

壁芯面積と内法面積

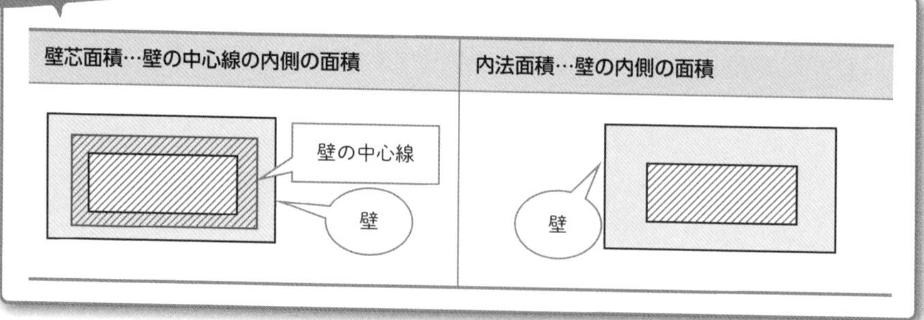

用語

抵当権…債務不履行の際にその土地や建物を競売にかけて売却代金から弁済を受けられる権利のこと。
地上権…建物などの工作物等を所有するために他人の土地を使用する権利のこと。
地役権…自分の土地のために他人の土地を利用する権利のこと。

表題部になされる登記は不動産の所有権を取得したら、その日から1カ月以内に、所有者がその旨を必ず申請しなければなりません。これを**登記申請義務**といいます。

権利部になされる登記には**本登記**と**仮登記**の２種類があります。権利部の登記は任意です。ただし、相続登記については2024年４月１日から義務化されました。2024年３月以前に相続した不動産も、相続登記がされていないものは、義務化の対象となります。

本登記と仮登記

本登記……登記本来の**対抗力**を発生・消滅させる効果がある登記

仮登記……書類等の不備で本登記の要件が整わなかった場合などに、将来の本登記の順位を保全するために行う予備的な登記

2．不動産登記の効力

不動産登記には、不動産登記記録上に所有者として記載された人が第三者に対して、「この不動産は私が所有しているものです」と主張する力（**対抗力**）があります。

しかし、登記記録上の所有者が必ずしも真の所有者であるという保証はありません。たとえば、登記に記載されている人と取引した場合、実際の所有者と異なっていて、損失をこうむったとしても、**購入した側に保護される権利は認めていない**のです。これを「**公信力**がない」といいます。

つまり、登記を信用して、本当は権利を持っていない人と取引すると、権利が取得できない場合もあります。

対抗力と公信力

対抗力……第三者に対して、権利の得失・変更を主張できる法的な効力

公信力……登記を信じて、登記記載者と取引した者が保護される権利

◆ 不動産の価格に関する調査

不動産取引の際に目安となる不動産の価格と、不動産の価値を知るための鑑定（かんてい）評価の方法を理解しましょう。

1．不動産の価格

不動産の価格には、行政上の目的から**４つの公的な価格**が公開されており、「**一物四価**（いちぶつよんか）」（１つのものに４つの価格がある）と呼ばれています。さらに、実際に売買される取引価格である**実勢**（じっせい）**価格**（いわゆる時価）を加えて**一物五価**（いちぶつごか）と呼ばれることもあります。

４種類の公的な土地の価格

	公示（こうじ）価格	路線価（ろせんか）（相続税評価額）	固定資産税評価額	基準地標準価格
内容	一般の土地取引価格の指標（しひょう）となる価格	相続税や贈与税の算定基準となる価格	固定資産税や不動産取得税等の計算のもととなる価格	基準地（都道府県知事が選択）の標準価格
決定機関	国土交通省	国税庁	市町村（東京23区は東京都）	都道府県
評価基準日	毎年１月１日	毎年１月１日	３年ごとの基準年の１月１日	毎年７月１日
発表時期	３月下旬	７月上旬	３月または４月	９月下旬
価格の水準*	ー	80%	70%	100%

＊公示価格を100%とした場合の評価割合。

どの官庁が調べて
いつ発表するのかなど
比べて覚えるニャ

2．不動産の鑑定評価

不動産の価格が、適正な価格であるかどうかを判断するのが難しい場合には、専門家である不動産鑑定士に評価をしてもらいます。これを鑑定評価（かんていひょうか）といいます。

不動産の鑑定評価の方法には、次の３種類がありますが、原則として３種類の手法を併用（へいよう）して**総合的に評価**することになっています。

●原価法

原価法とは、一般的に**造成（ぞうせい）宅地や建物**などに利用されるものです。新たに造成したり、建築などをした場合にいくらになるか、**再調達原価（さいちょうたつげんか）**を求めて、経過年数分を減額する**減価修正**を行い、その不動産の価格を求める方法です。

ただし、**既成（きせい）の市街地**など、古くからあるものは再調達原価が算定できないケースが多いため、この算定方法は適用できません。

●取引事例比較（ひかく）法

取引事例比較法とは、類似（るいじ）した地域の取引事例をもとに、その不動産の価格を求める方法です。

この手法を用（もち）いるときは、必要に応じて、参考となる不動産の価格に影響を与えた要因を取り除いて、価格を修正したり（**事情補正（じじょうほせい）**）、比較する不動産との間にタイムラグがある場合は、価格水準の変化を勘案（かんあん）して価格を修正したり（**時点修正**）することがあります。

近隣地域または同一需給圏内（じゅきゅうけんない）の類似地域などで類似する不動産取引が行われている場合に、有効な方法です。

事情補正の例としては、売主が売り急いでいたため、その分価格が低くなっていることなどが考えられるニャ

●収益還元法

収益還元法とは、その不動産が**将来生み出すであろうと期待される純収益の金額**を予想して、その不動産の価格を求める方法です。

賃貸用の不動産のほか、事業に使う事業用不動産の価格を求める場合に有効な方法です。

また、自用不動産にも賃貸を想定することで適用できます。

なお、収益還元法には直接還元法とDCF（ディスカウンテッド・キャッシュフロー）法の２つがあります（→p.372）。

不動産の鑑定評価の方法

種類	参考にするものは？	どんな不動産に有効？	補正方法など
原価法	再調達原価	造成宅地、建物	減価修正
取引事例比較法	類似した取引事例	近隣に類似の取引がある不動産	事情補正、時点修正
収益還元法	将来生み出す純収益（予想）	賃貸用不動産、企業用不動産	

Chapter 5 Section 1

不動産の基礎知識

練習問題

次の各記述のうち、正しいものに○、誤っているものに×をつけなさい。

不動産の見方

1．不動産登記記録は、所定の手続きをすればだれでも自由に閲覧できる。

2．不動産登記記録の表題部には、土地や建物の表示に関する登記が記載されており、不動産を取得した場合は、その日から３ヵ月以内に、所有者がその旨を必ず登記申請しなければならない。

3．不動産登記記録の権利部乙区には、所有権以外の権利が記載されている。

4．不動産登記上の不動産の所有者と、実際の所有者は必ず一致している。

5．固定資産税評価額は、都道府県の定める土地の価格である。

6．不動産登記には、対抗力はあるが、公信力はない。

7．収益還元法は、類似した地域の取引事例をもとに、その不動産の価格を求める方法である。

間違ったら
見直すニャ

解答

1 ○ 不動産登記記録は、所定の手続きをすればだれでも自由に閲覧することができる。

2 × ３ヵ月ではなく、１ヵ月以内に申請しなければならない。

3 ○ 権利部は、甲区に所有権に関する記載、乙区に所有権以外の権利についての記載がある。

4 × 必ずしも一致しているわけではない。

5 × 都道府県ではなく市区町村。

6 ○ 不動産登記には、対抗力（第三者に対して、権利の得失・変更を主張できる法的な効力）はあるが、公信力（登記を信じて、登記記載者と取引した者が保護される権利）はない。

7 × 収益還元法は、その不動産が将来生み出すと期待される純収益の金額を予想して、その不動産の価格を求める方法である。

正解

7 問

Chapter 5 不動産 Section 2

不動産取引

不動産取引において
それぞれの立場の人が
どのような責任を負うのかを学びましょう。

Chapter 5 Section 2

不動産取引

24日目
32

❶宅地建物取引業法

- 宅地建物取引業法

❷不動産の売買・賃貸借契約

- 不動産の売買契約
- 不動産の賃貸借契約

❶宅地建物取引業法

不動産の取引を
業として行うには、
宅地建物取引業の
免許が必要なんだ
ニャ！

わが国では、不動産の取引を安全に行うために、さまざまな法律が定められています。

◆ 宅地建物取引業法

1．宅地建物取引業

宅地建物取引業とは、次の３つを**業として行う**ことをいいます。

> **宅地建物取引業**
>
> 土地や建物について
>
> ①自ら売買・交換する
>
> ②他人の代わりに売買・交換・貸借を行う（**代理**）
>
> ③他人の売買・交換・貸借を仲介する（**媒介**）

「業として行う」とは、
不特定多数の人を対象に、
繰り返し行うことだニャ

これらを行うには、国土交通大臣または都道府県知事の免許が必要です。免許の有効期間は**5年**となっています。

なお、有効期間満了後引き続き業を営もうとする場合は、有効期間が満了する日の90日前から30日前までに免許の更新申請を行うことが必要です。ただし、破産者で復権していない場合や宅建業に関して不正または不誠実な行為をする恐れが明らかな場合など欠格事由に該当する場合は更新できません。

自分が建てたアパートの部屋を貸す場合は、「宅地建物取引業」には該当しないよ。したがって免許は不要だニャ

2．宅地建物取引士

宅地建物取引業を行う事務所には、一定の割合で常駐している専任の**宅地建物取引士**を置かなければなりません。

宅地建物取引士になるには、国家試験への合格と、実務経験等の要件を満たして、宅地建物取引士証の交付を受けることが必要です。

事務所の場合は、業務に従事する者**5名のうち1名以上の割合**で、宅地建物取引士を置くことが義務づけられています。

次の業務は、宅地建物取引士（専任でなくともよい）しかできません（独占業務）。

宅地建物取引士の独占業務

・重要事項の説明･･･契約者である買主や売主に対して、宅地建物取引士証を提示して、**契約成立前**に所定の事項（重要事項）を記載した書面（電磁的方法も可）で説明しなければならない。
・重要事項説明書への記名
・契約書面への記名

3．媒介契約

宅地建物取引業者に、不動産の売買などの仲介業務を依頼する場合、**媒介契約**をしなければなりません。

媒介契約には、一般媒介、専任媒介、専属専任媒介の３種類があります。

媒介契約の3つの種類

	契約期間	依頼者ができること		宅地建物取引業者の義務	
		他の業者に同時に依頼	自分で取引相手を見つける（自己発見取引）	依頼者への報告義務	指定流通機構への物件登録義務
一般媒介	制限なし	○　できる	○　できる	×　なし	×　なし
専任媒介	3ヵ月以内	×　できない	○　できる	○　あり（2週間に1回以上）	○　あり（契約日から7日以内に登録）
専属専任媒介	3ヵ月以内	×　できない	×　できない	○　あり（1週間に1回以上）	○　あり（契約日から5日以内に登録）

一般媒介がもっとも縛(しば)りが弱く、専属専任媒介が強くなっていることに注目ニャ！

4．報酬(ほうしゅう)の限度額（消費税課税業者の場合）

宅地建物取引業者が受け取ることのできる報酬については、宅地建物取引業法によって、取引金額に応じて限度額が定められています。

依頼者の一方から受け取れる報酬の限度額（消費税を除く）

売買（交換）の媒介（400万円超の場合）……売買価格×3％＋6万円
売買（交換）の代理……………………………媒介の2倍
貸借の媒介・代理………………………………依頼者双方から合わせて賃料の1ヵ月分

②不動産の売買・賃貸借契約

不動産の取引について、売主と買主、賃貸人（大家）と賃借人（入居者）が契約にあたってどのような責任を負うのか理解するニャ

不動産の売買契約

不動産の売買契約とは、売主が不動産を買主に売ることを約束し、それに対して買主がその代金の支払いを約束することで成立する契約をいいます。

1．手付金

不動産の売買契約にあたって、買主から売主に対して渡されるお金を手付金といいます。

通常、この手付金は解約手付と呼ばれ、相手が履行▼に着手する前であれば、買主は解約手付を放棄すれば、契約の解除ができます。また、売主が契約を解除したいときは、手付倍返しといって受け取った**手付金の額の２倍**のお金を渡さなければなりません。

なお、売主が宅地建物取引業者で、買主は宅地建物取引業者でない場合、売主が受け取る手付金の上限は、売買代金の２割までとされています。

手付倍返し
やっぱり売るの
やめます
手付金 × 2
それは
残念です
売主
買主

用語

履行…約束などを実際に行うこと。

2．契約不適合責任

売主が引き渡した目的物が種類や品質の点で契約内容と異なっていたり、数量が不足していた場合(**契約内容に適合していなかった場合**)に、買主は売主に対し、損害賠償や契約の解除のほか、修補(しゅうほ)や代替物(だいたいぶつ)の引渡しなど完全な履行を請求（追完(ついかん)請求）することや、代金の減額を請求することができます。ただし、売主と買主のいずれに帰責(きせき)事由があるかに応じて、救済方法は異なります。

買主がこれらの請求をするためには、原則として引き渡された目的物が契約に適合していないことを知ってから**1年以内**に、売主にその旨(むね)を**通知する**必要があります。

契約不適合責任の内容

買主の救済方法	買主に帰責事由あり	双方とも帰責事由なし	売主に帰責事由あり
損害賠償	できない	できない	できる
解　　除*	できない	できる	できる
追完請求	できない	できる	できる
代金減額	できない	できる	できる

＊不履行が軽微であるときは不可

◆ 不動産の賃貸借契約

土地や建物の貸し借りに関する法律を借地借家法といいます。

1．新法と旧法について

かつて、不動産の賃貸借に関しては「借地法」と「借家法」という２つの法律（旧法）がありましたが、1992年８月１日、１つの新しい法律として「**借地借家法**」（新法）が施行されました。

ただし、**新法施行前に締結された契約**については、契約の更新や相続、譲渡などがあっても、**旧法が適用**されることになっています。

2．借地に関する権利

借地権とは、建物を所有することを目的に、土地を借りている人が持つ権利のことをいいます。借地権には、**普通借地権**と**定期借地権**があります。

●普通借地権

普通借地権とは、土地の所有者である地主に契約更新を拒む**正当な事由**がない限り、借地人の希望によって、契約が更新される借地権です。

普通借地権の存続期間

当初……30年（当事者の合意があれば30年以上可）

契約更新を行う場合……最初の更新：**20年**＊

２回目以降の更新：**10年**＊＊

＊当事者の合意があれば20年以上可。　＊＊当事者の合意があれば10年以上可。

更新がない場合、借地人は地主に対して、建物を時価で買い取る**建物買取請求権**を行使できます。

普通借地権は借地人の権利が強く、
地主にとっては「貸した土地がなかなか
返ってこない」というデメリットが
あったんだ。そこで、1992年に
定期借地権が制定されたんだニャ

●定期借地権

定期借地権とは、普通借地権とは異なり、当初の契約期間で借地関係が終了し、その後の契約の**更新がない**借地権です。

地主側からすると借地人に貸した土地が必ず返還(へんかん)される制度です。

定期借地権には、次の3つの種類があります。

3つの定期借地権とその特徴

	一般定期借地権	事業用定期借地権等	建物譲渡特約付借地権
建物の利用目的	制限なし	事業のみ（居住用不可）	制限なし
契約の存続期間	50年以上	10年以上50年未満	30年以上
契約方法	書面	公正証書▼	制限なし
借地関係の終了	期間の満了	期間の満了	建物の譲渡
期間満了時の返還形態	原則として更地(さらち)で返還	原則として更地で返還	地主は借地人から建物を買い取る

3．借家に関する権利

借家権とは、自分が使用する目的で、他人の建物を借りる権利のことをいいます。**普通借家権**と**定期借家権**があります。

●普通借家権

普通借家権とは、建物の賃借(ちんしゃく)権のことをいいます。普通借家権の契約の存続期間は、原則として1年以上とされており、存続期間が1年未満の場合、期間の定めのない契約とみなされます。

普通借家権は、普通借地権と同様、賃貸(ちんたい)人（大家）は**正当な事由**がない限り、契約の更新を拒むことができない借家権です。

用語

公正証書…公証人が個人や会社等から嘱託(しょくたく)されて作成する公文書のこと。強力な証拠力がある。

●定期借家権

定期借家権とは、一定期間だけの借家権のことをいい、契約期間が終了すると契約は更新されません。契約は公正証書等の書面で行います。

定期借家権

契約期間………制限なし。1年未満も可

契約の更新……**契約の更新はしない**が、再契約は可

契約方法………公正証書等の書面による

Chapter 5 Section 2

不動産取引

練習問題

次の各記述のうち、正しいものに○、誤っているものに×をつけなさい。

宅地建物取引業法

1. 自分が建てたアパートの部屋を貸す場合も、「宅地建物取引業」に該当するので、免許が必要となる。

2. 宅地建物取引業の事務所には、業務に従事する者5名のうち1名以上の割合で、宅地建物取引士を置くことが義務づけられている。

3. 売買価格が400万円を超える不動産の報酬限度額は、消費税を除いて「売買代金×3％＋6万円」である。

不動産の売買・賃貸借契約

4. 売主が契約を解除したいときは、買主に対して手付金を返せば足りる。

5. 不動産の賃貸借契約について、1992年8月1日、「借地借家法」（新法）が施行されたが、新法施行前に締結された契約については、旧法が適用される。

6. 普通借地権の当初の契約期間は20年である。

7. 定期借地権は、地主にとっては契約期間終了後、必ず土地が返ってくるというメリットがある。

8. 定期借家権の契約は公正証書で行わなければならない。

引っかけ
問題に
注意だニャ

解答

1　×　このケースは、宅地建物取引業には該当しない。

2　○　宅地建物取引業を営(いとな)む事務所には、業務に従事する者５名のうち１名以上の割合で、宅地建物取引士を置くことが義務づけられている。

3　○　売買価格が400万円を超える不動産の報酬限度額は、消費税を除いて「売買価格×３％＋６万円」とされている。

4　×　売主の契約解除にあたっては、手付金の２倍の額を返す。

5　○　新法施行前に締結された契約については、契約の更新や相続、譲渡等がある場合も旧法が適用される。

6　×　30年である。

7　○　定期借地権には更新がないため、地主にとっては契約期間終了後、必ず土地が返ってくるというメリットがある。

8　×　公正証書などの書面であればよい。

正解

8 問

Chapter 5 不動産 | Section 3

不動産に関する法令

不動産に関する法令を学びます。
建築基準法、区分所有法は特に出題されやすいので、
よく覚えるようにしましょう。

Chapter 5 Section 3

不動産に関する法令

ここをまなぶよ

❶不動産に関するさまざまな法令

- 都市計画法
- 建築基準法
- 区分所有法（建物の区分所有等に関する法律）
- 農地法
- 国土利用計画法

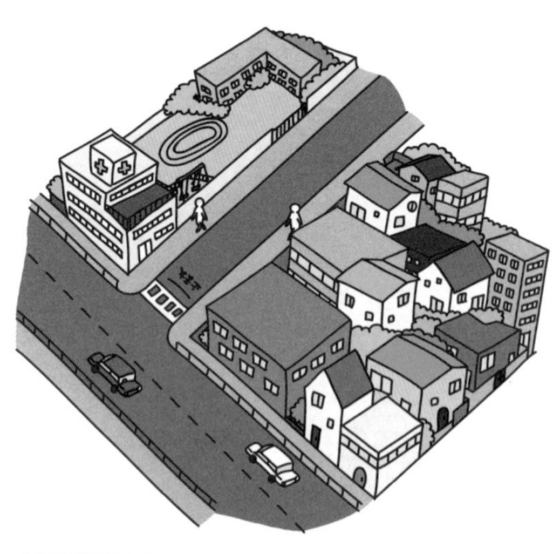

❶不動産に関する さまざまな法令

◆ 都市計画法

都市の健全な発展と秩序ある整備を行うため、**都市計画法**という法律で、都市計画に関する基本的な事項を定めています。

1．都市計画法による規制

土地の所有者が、自分の土地を各自勝手に利用してしまうと、都市は無秩序で使い勝手の悪いものになってしまいます。

そのような事態を避けるため、都市計画法では、計画的に街づくりを行う地域を**都市計画区域**と定め、さらに都市計画区域内の地域ごとに、建物の**建築等の制限**を設けています。

都市計画区域内の土地は、①市街化区域②市街化調整区域③非線引き区域の３つに分類されます。

都市計画地域

また、都市計画区域以外の区域のうち、そのまま土地利用を整序(せいじょ)することなく放置すれば、将来の都市としての整備、開発および保全に支障のある地域は準都市計画区域として定められています。

2．開発許可制度

都市計画区域内で、一定規模以上の開発行為を行う場合、原則として都道府県知事の許可を受けなければなりません。

都市計画区域内での開発で許可が必要な場合

市街化区域…………1,000㎡以上の場合、許可が必要

市街化調整区域* …**規模にかかわらず**、原則として都道府県知事の許可が必要

非線引き区域*…… 3,000㎡以上の場合、許可が必要

＊農林漁業用建物、農林漁業用事業者の住宅は除く。

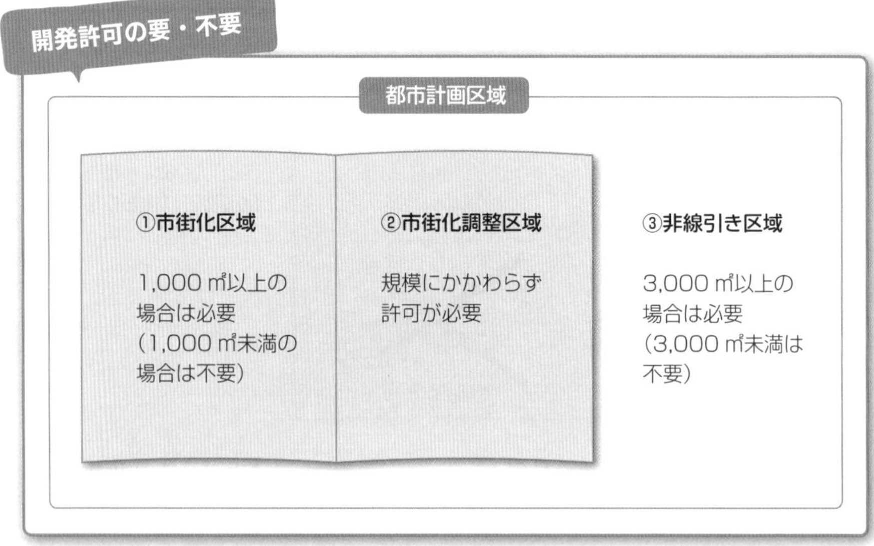

◆ 建築基準法

建築基準法とは、建物を建築する際にかかわる基本的な事項を定めた法律です。

建物の敷地や構造、設備、用途について、最低限の規則を定めています。

1．道路に関する規定

建築基準法では、交通や防災などの面から、道路の幅（幅員という）を定めています。

●建築基準法上の道路

原則として幅員が4m以上のものを道路としています。なお、特定行政庁*の指定区域では6m以上です。

＊特定行政庁……建築主事（建築物の確認や検査などを行う職員）を置く市町村では市町村長、その他では都道府県知事を指す。

●2項道路

原則的には、幅員4m以上の道路に接していない土地には、建築物を建てることができません。しかし、建築基準法は1950年に制定された法律なので、**それ以前に道路として使われていたもの**で、幅員が4mに満たない道路については、特定行政庁の指定により2項道路として、建築が許可されています。

建築基準法第42条第2項に規定されていることから、こう呼ばれているニャ

2項道路は、道の中心から両側に2m後退（セットバック）した線が道路の境界線とみなされ、新しく建物を建築する場合は、その境界線まで後退しなければなりません。

セットバックした部分は建物を建てられず、建蔽率や容積率を計算する際の敷地面積にも算入できません。

〈セットバック〉

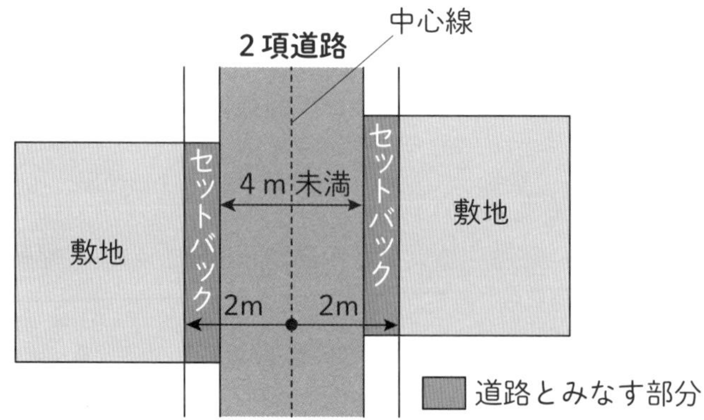

●接道義務

都市計画区域内や準都市計画区域内で建物を建築する場合、原則として、建築基準法で定める道路（原則として幅員4m以上）に2m以上接していなければなりません。これを接道義務（せつどうぎむ）といいます。

〈接道義務〉

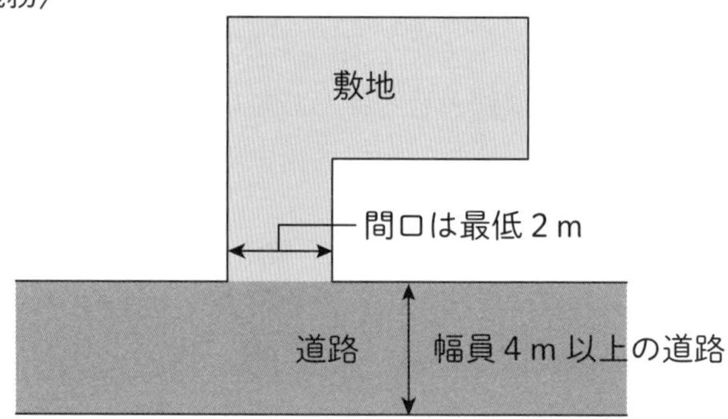

2．用途制限

住居地域、商業地域、工業地域など、市街地の大枠（おおわく）としての土地利用を定めたものを用途地域といいます。

13種類の各用途地域内では、建築できる建物の用途が制限されています。これが用途制限です。

なお、敷地が2つ以上の異なる用途地域にまたがる場合は、敷地面積が過半を占めるほう（全体に占める面積が広いほう）の用途地域の制限を受けます。

用途地域別建築制限

	住居系								商業系		工業系		
	第一種低層住居専用地域	第二種低層住居専用地域	第一種中高層住居専用地域	第二種中高層住居専用地域	第一種住居地域	第二種住居地域	準住居地域	田園住居地域	近隣商業地域	商業地域	準工業地域	工業地域	工業専用地域
神社、教会、保育所、診療所	○	○	○	○	○	○	○	○	○	○	○	○	○
住宅、図書館、老人ホーム	○	○	○	○	○	○	○	○	○	○	○	○	×
幼稚園、小中高等学校	○	○	○	○	○	○	○	○	○	○	○	×	×
大学、高等専門学校、病院	×	×	○	○	○	○	○	×	○	○	○	×	×
カラオケボックス	×	×	×	×	×	△	△	×	○	○	○	△	△
ホテル、旅館	×	×	×	×	△	○	○	×	○	○	○	×	×

○建設できる　×建設できない　△一部制限あり

工業専用地域には、図書館や学校、病院のような建物は建てられないとか、それぞれの用途地域の向き・不向きの傾向を押さえるようにするニャ

3．建築物の高さ等

●第一種・第二種低層住居専用地域、田園住居地域の建築物の高さの制限

第一種・第二種低層住居専用地域、田園住居地域では、原則として建築物の高さは10mまたは12mのうち、都市計画で定められた高さの限度を超えることはできません（建築物の絶対高さ制限）。

4．建蔽率

建物を建築する場合、敷地面積によって建てられる建物の大きさに制限が設けられています。

建築基準法では、敷地面積に対する建物の建築面積の割合が定められています。これを建蔽率（けんぺいりつ）といい、次の式で求められます。

建蔽率の計算式

$$建蔽率（\%）=\frac{建築物の建築面積}{敷地面積}\times 100$$

●建蔽率の緩和措置（かんわそち）

それぞれの用途地域では、都市計画や特定行政庁、条例などで、建蔽率の上限が定められています。ただし、次のような場合には、この上限が緩和されます。

建蔽率の上限が緩和または適用除外（制限無し）となる場合

	対象となる建築物	緩和率
①	建蔽率が80%の用途地域を除く防火地域にある耐火建築物またはこれと同等以上の延焼防止性能を有する建物（以下、「耐火建築物等」という）	10%加算
②	建蔽率が80%の用途地域を除く準防火地域にある ・耐火建築物等 ・準耐火建築物またはこれと同等以上の延焼防止性能を有する建物	10%加算
③	特定行政庁の指定する角にある敷地またはこれに準ずる敷地にある建物	10%加算
④	①または②と③の両方に該当する場合	20%加算
⑤	建蔽率が80%の用途地域の防火地域にある耐火建築物等	100%（制限なし）

＊都市計画区域などでは、防災上の理由から防火地域と準防火地域が定められている。

なお、次に該当する建築物は、建蔽率の制限がありません。

建蔽率の制限がない場合

- 建蔽率が**80%**の用途地域内で、かつ**防火地域内**にある**耐火建築物**
- 派出所（はしゅつじょ）、公衆便所など
- 公園、広場、道路、川などの内にある建築物で、特定行政庁が安全と認めたもの

●敷地が建蔽率の異なる地域にまたがる場合

それぞれの地域の敷地面積の比例配分によって**加重平均**された建蔽率を限度とします。

例　2つの用途地域にまたがる土地の最大建築面積

甲土地と乙土地にまたがって建物を建てる場合の最大建築面積を求めると

甲土地：210㎡　建蔽率60%

乙土地：90㎡　建蔽率50%

建蔽率：210㎡/300㎡×60%＋90㎡/300㎡×50%＝57%

最大建築面積：300㎡×57%＝171㎡

5. 容積率

建築基準法では、敷地面積に対する建物の大きさを**容積率**によって制限しています。

容積率は、敷地面積に対する建築物の延(の)べ面積（床面積の合計）の割合で、次の式で求められます。

容積率の計算式

$$容積率（\%）= \frac{建築物の延べ面積}{敷地面積} \times 100$$

容積率は用途地域ごとに都市計画等によって定められています。

容積率の異なる地域にまたがって建物の敷地がある場合には、容積率は加重平均で計算します。

●容積率の制限

容積率は、建物の前の道路（前面道路）の幅員によって制限を受けます。前面道路が12m未満の場合の制限は、以下のとおりです。

なお、複数の道路に面している角地などの場合は最も幅の広い道路が基準になります。

前面道路の幅員が12m未満の場合の容積率

次の①、②のうち、小さいほうを容積率とする

①都市計画で定められた指定容積率

②前面道路の幅員による容積率の制限

住居系用途地域……前面道路の幅員×$\frac{4}{10}$

その他の用途地域…前面道路の幅員×$\frac{6}{10}$

例 容積率の制限

下記の例の場合

① 指定容積率：300%

② 前面道路の幅員による容積率の制限

6m×4/10＝240%　∴②のほうが小さいので、容積率は240%

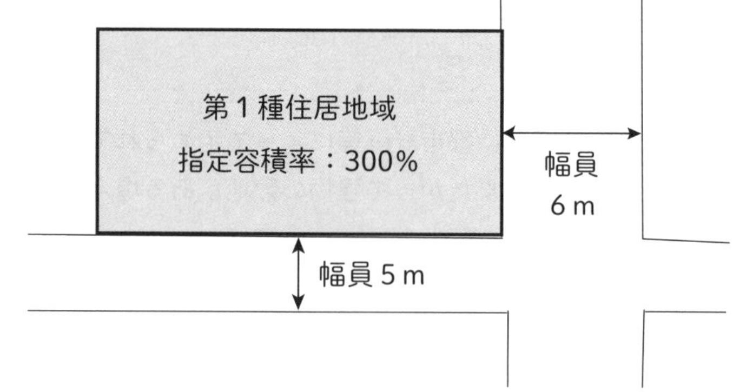

6．防火地域と準防火地域

都市計画区域内および準都市計画区域内では、防災上の理由から防火地域と準防火地域が定められる場合があります。防火地域内で一定の要件に該当する場合には、建築物を耐火建築物にしなければなりません。

建築物が2つの地域にまたがる場合には、厳しいほうの規制が敷地全体に適用されます。

◆ 区分所有法（建物の区分所有等に関する法律）

区分所有法とは、分譲マンションのような集合住宅での共同生活を円滑（えんかつ）にするための法律です。

また、マンションの部屋の持ち主（**区分所有者**）に対して、共通の管理や使用について定めています。

●専有部分と共用部分

分譲マンションは、専有部分と共用部分からなり、専有部分の所有権を**区分所有権**といいます。

また、専有部分と共用部分は、一体のものとして考えられるため、分離して処分することはできません。

専有部分と共用部分

専有部分		住居や店舗などに独占的に利用可能
共用部分	法定共用部分	法律上、共用部分となるもの 共同の玄関、エレベーター、配線、配管など
	規約共用部分	規約によって共用部分としたもの 集会室、管理事務室など

専有部分
共用部分
敷地利用権

区分所有権…専有部分の所有権

共用部分は区分所有者全員のものだよ。
持ち分割合は、原則として床面積割合に比例するけど、規約で定めることもできるニャ

●敷地利用権

区分所有建物の所有者が持っている敷地の権利を敷地利用権といいます。

原則として専有部分と敷地利用権を分離して処分することはできません（**分離処分の禁止**）。

●規約

規約とは、分譲マンションの建物や敷地、共用部分などの管理や使用について、区分所有者の間で取り決めたものです。

規約の効力は、区分所有者だけでなく、その部屋を区分所有者から借りている人（賃借人）やその家族にも及(およ)びます。

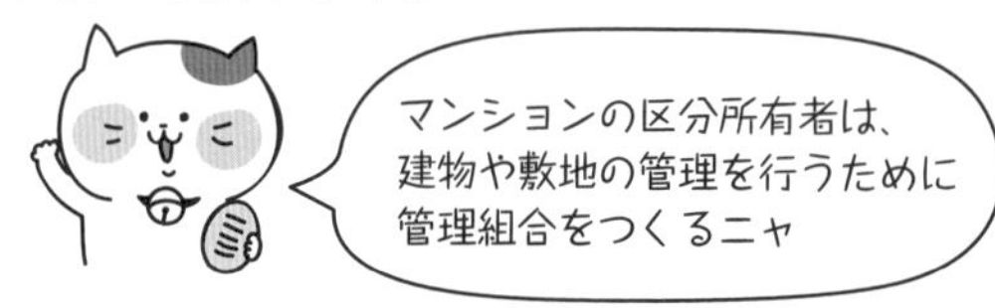
マンションの区分所有者は、
建物や敷地の管理を行うために
管理組合をつくるニャ

●集会の決議

分譲マンションでは、**年1回以上**、集会（総会など）を招集(しょうしゅう)しなければなりません。

決議に必要な区分所有者および議決権の数は次のとおりです。

区分所有法における区分所有者および議決権の要件

決議に必要な数	おもな決議事項
1/5以上	集会の招集
過半数	管理者の選任・解任
3/4以上	規約の設定・変更・廃止、 大規模滅失(めっしつ)（建物価格の1/2超）による共用部分の復旧
4/5以上	建替え（建物を取り壊し、新たに建築する）

◆ 農地法

農地法とは、農地の取引について定めた法律です。農地の取引は、**農地法によって厳しく制限**されています。

農地法3条・4条・5条

	目的	許可権者	市街化区域内の特例
3条	権利移動 （農地・採草放牧地をそのままの状態で売却等すること）	農業委員会	―
4条	転用 （農地を農地以外の土地に変更すること）	都道府県知事等 （4ha超は農林水産大臣と協議）	あらかじめ農業委員会に届け出れば許可は不要
5条	転用目的の権利移動 （農地を農地以外の土地にするために権利を移動すること）		

◆ 国土利用計画法

国土利用計画法とは、計画的な**土地利用**や**地価の抑制**(よくせい)を目的とした法律です。

まとまった土地の取引について、区域を指定して、**都道府県知事**への届出や許可を義務づけています。

土地取引の届出制と許可制

	区域の指定なし	注視(ちゅうし)区域	監視(かんし)区域	規制区域
届出制	事後届出制	事前届出制		許可制
時期	契約締結日から2週間以内	契約締結前		
申請者	買主	買主と売主		
審査対象	土地の利用目的のみ	土地の利用目的と価格		
届出対象面積	市街化区域……2,000㎡以上 その他の都市計画区域……5,000㎡以上 都市計画区域外……10,000㎡以上		都道府県の規則で定められた面積以上	面積要件なし

Chapter 5 Section 3

不動産に関する法令

練習問題

次の各記述のうち、正しいものに○、誤っているものに×をつけなさい。

不動産に関するさまざまな法令

1．都市計画区域内で一定規模以上の開発行為を行う場合、原則として国土交通大臣の許可を得なければならない。

2．市街化区域内で500㎡以上の開発行為を行う場合、許可が必要となる。

3．原則的に、幅員４ｍ以上の道路に接していない土地には、建築物を建てることができない。

4．セットバックした部分は建物を建てられないが、建蔽率や容積率を計算する際の敷地面積には算入することができる。

5．都市計画区域内や準都市計画区域内で建物を建築する場合、原則として、建築基準法で定める道路に、３ｍ以上接していなければならない。

6．敷地が異なる２つ以上の用途地域にまたがる場合は、敷地面積が過半を占めるほうの用途地域の制限を受ける。

7．建蔽率が60％の地域内で、かつ防火地域内にある耐火建築物については、建蔽率の制限を受けない。

8．分譲マンションの建替えについては、区分所有者の5/6以上の同意が必要とされている。

9．農地の権利移動については、原則として農業委員会の許可が必要とされる。

10．国土利用計画法では、まとまった土地の取引について、区域を指定して、国土交通大臣への届出や許可を義務づけている。

解答

1 × 国土交通大臣ではなく、都道府県知事の許可が必要。

2 × 500㎡以上ではなく「1,000㎡以上」。

3 ○ 設問のとおり。ただし、建築基準法の制定以前に道路として使用されていたもので、幅員４mに満たない道路については、特定行政庁の指定により２項道路として建築が許可されている。

4 × セットバックした部分は建蔽率・容積率の計算をする際の敷地面積には算入されない。

5 × ３mではなく、２m以上接していなければならない。

6 ○ 敷地が異なる２つ以上の用途地域にまたがる場合は、敷地面積が過半を占めるほうの用途地域の制限を受けるものとされている。

7 × 「60％」が誤り。正しくは「80％」。

8 × 5/6ではなく「4/5以上」が正しい。

9 ○ 農地の権利移動については、原則として農業委員会の許可が必要とされている。

10 × 国土交通大臣ではなく、都道府県知事。

正解

10問

よしよし、
その調子だニャ

26日目

32

Chapter 5 不動産 | Section 4

不動産にかかる税金(1)

不動産は、さまざまな段階で税金がかかります。
今日は不動産の取得時、保有時、譲渡時にかかる
税金について勉強しましょう。

Chapter 5 Section 4

不動産にかかる税金（1）

26日目
32

❶不動産の取得にかかる税金

- 不動産取得税
- 登録免許税
- 消費税
- 印紙税

❷不動産の保有にかかる税金

- 固定資産税
- 都市計画税

❸不動産の譲渡にかかる税金

- 譲渡所得

❶不動産の取得にかかる税金

不動産を購入したときにかかる税金には、不動産取得税、登録免許税、消費税、印紙税の４種類があるニャ

◆ 不動産取得税

不動産取得税は、都道府県が課税する地方税で、増改築（ぞうかいちく）を含めた不動産の取得の際にかかる税金です。

1．不動産取得税の納税義務者

売買や交換によって不動産を取得した人以外にも、**贈与**や新築・増改築などで不動産を取得した場合にも課税されます。

相続や遺贈（いぞう）によって取得した場合は、不動産取得税は課税されないニャ

2．不動産取得税の課税標準（かぜいひょうじゅん）と税率

不動産取得税の計算

不動産取得税＝課税標準*（**固定資産税評価額**）×税率**

＊2027年３月31日までの宅地の取得については、課税標準が**固定資産税評価額**×$\frac{1}{2}$に軽減される。家屋（かおく）の課税標準はp.354の軽減特例がある。

＊＊2027年３月31日までの住宅用家屋、土地の取得については**3**％、住宅以外の家屋については４％が適用される。

3．不動産取得税の軽減特例

不動産取得税には、軽減特例があります。

不動産取得税の課税標準等に関する特例

家屋の場合

家屋の種類	適用の要件	軽減金額
新築	・居住用の家屋であること（貸家も可） ・50㎡（戸建以外の賃貸住宅は40㎡）以上240㎡以下	1,200万円*
中古	・自分が住む住宅であること ・50㎡以上240㎡以下 ・築後20年（耐火住宅は25年）以内等	築年数によって異なる

＊長期優良住宅の場合は**1,300万円**（2026年3月31日までに取得の場合）。

宅地の場合

課税標準＝固定資産税評価額×$\frac{1}{2}$＊＊

一定の要件を満たしている場合は税額控除あり

＊＊2027年3月31日までに取得の場合。

●住宅用地の税額軽減

「住宅用地の税額の軽減」の要件を満たす住宅の土地を取得した場合、次のいずれか多い金額が税額から控除されます。

・45,000円（150万円×３％）

・土地１㎡当たりの固定資産税評価額×1/2＊×（住宅の床面積×２）＊＊×３％

＊2027年３月31日まで。
＊＊200㎡を限度。

◆ 登録免許税

土地・建物を取得した場合、不動産登記を行います。登録免許税は、このときにかかる税金で、国が課税する国税です。

1．登録免許税の納税義務者

納税義務者は、登記をする個人および法人です。

2．課税標準と税率

登録免許税の計算

登録免許税＝課税標準*（固定資産税評価額）×税率

＊抵当権設定登記の場合は、債権金額。

3．軽減税率

登録免許税には、２種類の税率軽減の特例があります。

①土地の売買による登記の際、税率が軽減される特例

②自己の居住用家屋に対する軽減措置

登録免許税の税率

特記事項		税率（原則）	自己の居住用家屋の軽減税率（2027年3月31日まで）
所有権保存登記		0.4%	0.15%(0.1%)**
所有権移転登記	売買等	2.0%*	0.3%(戸建て0.2%、マンション0.1%)**
	相続	0.4%	—
	遺贈・贈与	2.0%	
抵当権設定登記		0.4%	0.1%

＊**土地の売買等**の所有権の**移転登記**については、原則の2.0%が2027年３月31日まで**1.5%**となる**軽減措置**がある。
＊＊（　）は長期優良住宅の場合（2027年3月31日まで）。

軽減税率の適用を受けるための住宅要件

	要件	用途	床面積	登記の時期
新築住宅	2027年３月31日までの新築、取得	自己の居住用	50㎡以上	新築または取得後１年以内
中古住宅	築後20年（耐火住宅は25年）以内等			

◆ 消費税

不動産の取引については、消費税の対象になるものと、ならないものがあります。たとえば、**建物**には消費税が**課税**されますが、**土地**については消費税は**非課税**となります。

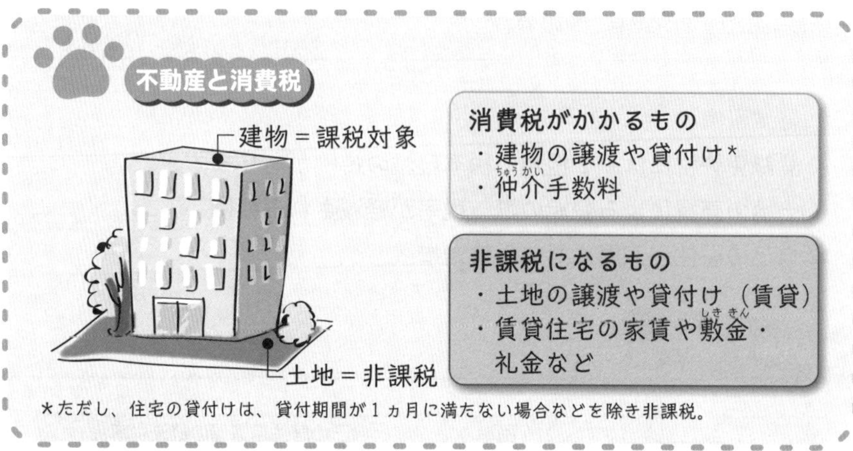

不動産と消費税
建物＝課税対象
土地＝非課税
消費税がかかるもの
・建物の譲渡や貸付け*
・仲介手数料
非課税になるもの
・土地の譲渡や貸付け（賃貸）
・賃貸住宅の家賃や敷金・礼金など
*ただし、住宅の貸付けは、貸付期間が1ヵ月に満たない場合などを除き非課税。

◆ 印紙税

不動産取引にあたって、一定の文書を作成した場合には、印紙税が課税されます。印紙税は、文書の記載金額に応じた収入印紙を貼付（ちょうふ）することで納付します。印紙には**消印**（けしいん）▼または**署名**をします。

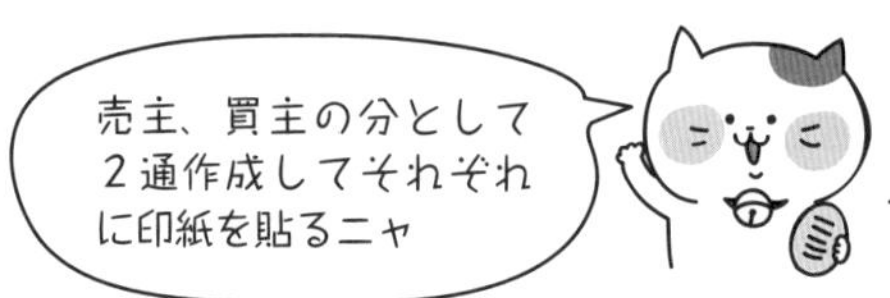

売主、買主の分として2通作成してそれぞれに印紙を貼るニャ
印紙を貼付していない・消印をしていないなどの場合でも、契約書の内容・効果には影響しないニャ

印紙税が課税される文書

- 不動産売買契約書
- 工事請負（うけおい）契約書
- 金銭消費貸借契約書　など

印紙税の税額は、契約書に記載された契約金額に応じて定められています。

用語

消印…印紙等とその下の文書にまたがって押す印のこと。印紙等の再使用を防ぐ。

❷不動産の保有にかかる税金

不動産を保有しているときにかかる税金には、固定資産税と都市計画税があるよ。いずれも市区町村が課税主体となっているニャ

◆ 固定資産税

固定資産税は土地や家屋などを保有している場合に課税される税金です。

1．固定資産税の課税主体と納税義務者

固定資産税は、市区町村が、毎年1月1日時点で、固定資産課税台帳に登録されている土地・建物などの所有者に課税します。

課税主体＝市区町村 ⇒ 納税義務者＝1月1日現在の土地建物の所有者

2．課税標準と税率

固定資産税の計算

固定資産税＝課税標準（固定資産税評価額）×1.4％（標準税率）*

＊地方公共団体は、特例により自由に税率を定めることができる。

3．軽減特例

固定資産税には、次のような特例があります。

固定資産税の軽減特例

住宅用地の課税標準の特例

・小規模住宅用地（200㎡以下の部分）……固定資産税評価額×$\frac{1}{6}$

・一般住宅用地（200㎡を超える部分）……固定資産税評価額×$\frac{1}{3}$

新築住宅の税額軽減の特例

軽減される期間…新築後、戸建では3年間（マンション等は5年間）*
軽減額…………………床面積120㎡までの固定資産税額が$\frac{1}{2}$に軽減

＊長期優良住宅の場合は、戸建ては5年間、マンション等は7年間軽減（2026年3月31日まで）。

◆ 都市計画税

市街化区域内の土地や家屋に対しては、都市計画税が課税されます。

1. 都市計画税の課税主体と納税義務者

都市計画税は、市区町村が、毎年1月1日時点で、固定資産課税台帳に登録されている**市街化区域内**の土地・建物などの所有者に課税します。

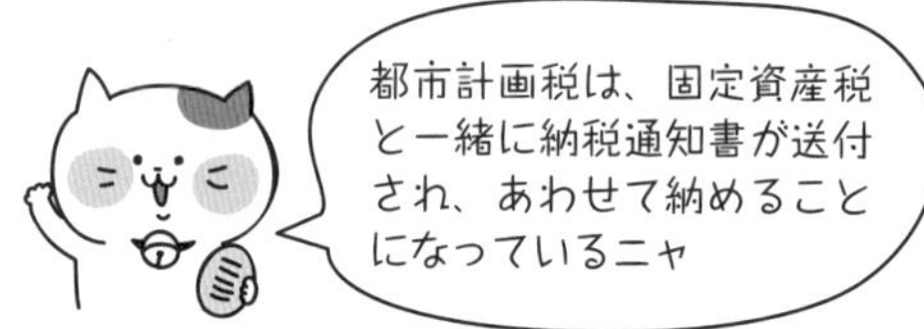
都市計画税は、固定資産税
と一緒に納税通知書が送付
され、あわせて納めること
になっているニャ

2. 課税標準と税率

都市計画税は次のような計算式で求めます。

都市計画税の算出

都市計画税＝課税標準（固定資産税評価額）×0.3%（上限）

3. 軽減特例

住宅用地に対して、次のような課税標準の特例があります。

都市計画税の軽減特例

小規模住宅用地（200㎡以下の部分）………固定資産税評価額×$\frac{1}{3}$

一般住宅用地（200㎡を超える部分）………固定資産税評価額×$\frac{2}{3}$

③不動産の譲渡にかかる税金

不動産譲渡時にかかる税額の計算にあたっては、特例が適用されることがあるよ。どのような特例があるのかを、しっかり押さえるニャ

譲渡所得

不動産を譲渡して得た所得は**譲渡所得**となり、**所得税**や**住民税**が課税されます。

1．譲渡所得の計算

譲渡所得は次のように求めます。

譲渡所得の計算

譲渡所得＝譲渡価額－（取得費＋譲渡費用）
（総収入金額）

取得費：
- 購入代金
- 購入の際の仲介手数料
- 使用開始日までの借入金利子
- 登録免許税
- 不動産取得税など

譲渡費用：
- 仲介手数料
- 建物解体費用
- 立退き料（たちのき）
など

取得費のポイント

- 相続や贈与により不動産を取得した場合の取得費は、被相続人や贈与者がその土地建物を取得したときの購入代金や購入手数料を引き継ぐ
- 取得費が不明な場合、譲渡価額の**5％**を取得費とすることが可能（**概算取得費**（がいさんしゅとくひ））
- 建物の場合、購入代金等から減価償却費（げんかしょうきゃく）相当額を差し引く（土地は償却されない）
- 相続した財産を相続の申告期限から**3年**以内に譲渡した場合、払った相続税の一部を取得費として加算可能（**相続税額の取得費加算の特例**）

2．短期譲渡所得と長期譲渡所得

譲渡所得の税率は、譲渡した不動産を所有していた期間が、短期か長期かによって異なります。

短期譲渡所得と長期譲渡所得

譲渡した年の１月１日における所有期間が

５年以下の場合………短期譲渡所得

５年を超える場合……長期譲渡所得

3．譲渡所得の税率

譲渡所得にかかる税率は次のように定められています。

譲渡所得にかかる税率

短期譲渡所得………譲渡所得×39％（所得税30％* ＋住民税９％）

長期譲渡所得………譲渡所得×20％（所得税15％** ＋住民税５％）

*2037年３月31日までは復興特別所得税0.63％が加算される。

**同じく0.315％が加算される。

4．居住用財産の譲渡の特例

居住用財産を譲渡した場合には、一定の要件を満たしていると、以下の特例の適用を受けることができます。

居住用財産の譲渡にかかる特例

譲渡益がある場合の特例

①居住用財産の 3,000 万円特別控除の特例

②居住用財産の軽減税率の特例

（①と②：○併用（へいよう）できる）

③特定の居住用財産の買換え特例

（②と③：×併用できない）

譲渡損が生じた場合の特例

①居住用財産の買換え等の譲渡損失の損益通算（そんえきつうさん）および繰越控除（くりこしこうじょ）

②特定居住用財産の譲渡損失の損益通算および繰越控除

●譲渡益がある場合の特例

①居住用財産の3,000万円特別控除の特例

個人が自己の居住用財産を売却したときの譲渡所得から、**3,000万円**を控除できる制度です。居住用財産の**所有期間は問われません**が、確定申告をしないと、この特例の適用を受けることはできません。

3,000万円特別控除を受けるには、課税所得金額がゼロの場合でも、確定申告が必要ニャ！

居住用財産の3,000万円特別控除の特例のおもな要件

・個人が自己の居住用財産を譲渡する場合であること
・譲渡した相手が、配偶者や直系血族、生計を一にしている親族・同族会社などの特別な関係でないこと
・前年、前々年に、この特例や「特定の居住用財産の買換え特例」「譲渡損失の繰越控除の特例」を受けていないこと（３年に１回なら適用可能）
・以前住んでいて、現在居住していない場合は、住まなくなってから３年目の年の12月31日までに譲渡すること

②被相続人の居住用財産（空き家）を売ったときの特例

相続・遺贈によって被相続人（ひそうぞくにん）の居住の用に供（きょう）していた、空き家となった土地建物を2016年４月１日から2027年12月31日までの間に譲渡した場合に、3,000万円を控除できる制度です。「売却代金が１億円以下であること」「相続の開始があった日から３年を経過する日の属する年の12月31日までに譲渡すること」等の条件を満たす必要があります。

③居住用財産の軽減税率の特例

次の要件を満たしている場合、①の3,000万円特別控除を受けた後、さらに軽減税率が適用される制度です。

居住用財産の軽減税率の特例の要件

・譲渡した年の1月1日時点で、所有期間が**10年**を超えていること
・3,000万円の特別控除　と同様の適用要件を満たしていること
・住んでいた家屋または住まなくなった家屋を取り壊した場合は、次の3つの要件すべてを満たすこと
　①取り壊された家屋およびその敷地は、家屋が取り壊された日の属する年の1月1日時点で、所有期間が10年を超えていること
　②その敷地の譲渡契約が、家屋が取り壊された日から1年以内に締結され、かつ、住まなくなった日から3年を経過する日の属する年の12月31日までに売ること
　③家屋を取り壊してから譲渡契約を締結した日まで、その敷地を貸駐車場などその他の用に供していないこと

譲渡所得の税率

区分		所得税	住民税
3,000万円特別控除後の課税長期譲渡所得	6,000万円以下の部分	10%	4%
	6,000万円超の部分	15%	5%

❹特定の居住用財産の買換え特例

譲渡した年の**1月1日の所有期間が10年超**で、**居住期間10年以上**の居住用財産を譲渡し、かわりに一定の居住用財産を購入した場合、譲渡益の**課税繰延**（くりの）べの特例が受けられます。買換え特例を選択すると、3,000万円の特別控除や軽減税率の特例とは併用できません。

特定の居住用財産の買換え特例の譲渡資産のおもな要件

・譲渡した年の1月1日現在で、所有期間が10年を超えていること
・通算居住期間が10年超であること
・前年、前々年に「3,000万円の特別控除」「軽減税率の特例」を受けていないこと
・譲渡対価（たいか）が1億円以下であること
・2025年12月31日までに譲渡していること。

買換え資産のおもな適用要件

・譲渡の前年から譲渡の翌年12月31日までの３年間に取得すること
・取得日の翌年12月31日までに居住し、継続して居住する見込みであること
・建物の床面積は50㎡以上で、土地面積が500㎡以下であること
・新築から20年（中古耐火建築物は25年）以内、または一定の耐震（たいしん）基準を満たすものは建築年数を問わない

●譲渡損がある場合の特例

❶居住用財産の買換え等の譲渡損失の損益通算および繰越控除

譲渡した年の１月１日時点で**所有期間５年超**の居住用財産の**買換え**をして、損失が生じた場合、一定の要件を満たせば、その年に損益通算をしたり、翌年以後**３年間**にわたって損失分を繰越控除したりすることができます。

居住用財産の買換え等の譲渡損失の損益通算
および繰越控除の特例のおもな適用要件

・譲渡した前年の１月１日から翌年12月31日までに買い換えて資産を取得し、取得した年の翌年の年末までに居住していること
・買換資産を取得した年の12月31日時点において、買換資産について10年以上の住宅ローンを組んでいること
・控除を受ける年の合計所得金額が**3,000万円以下**であること
・譲渡した年の前年、前々年に「3,000万円の特別控除」「軽減税率の特例」「買換えの特例」を受けていないこと
・2025年12月31日までに譲渡していること

❷特定の居住用財産の譲渡損失の損益通算および繰越控除

その年の１月１日時点で**所有期間５年超の居住用財産**の譲渡をした場合、一定の要件を満たせば、**買換えをしなくても**、翌年以後**３年間**にわたって損失分を損益通算できます。

譲渡資産の売買契約日の前日における住宅ローンの残高から、売却価額を差し引いた残りの金額が、損益通算の限度額となります。

特定の居住用財産の譲渡損失の損益通算および繰越控除の特例のおもな適用要件

・譲渡資産の売買契約日の前日において返済期間10年以上の住宅ローン残高があること
・譲渡価額が、住宅ローン残高を下回っていること
・繰越控除をする年の合計所得金額が3,000万円以下であること
・譲渡した年の前年、前々年に「3,000万円の特別控除」「軽減税率の特例」「買換えの特例」を受けていないこと
・前年以前３年以内に「譲渡損失の特例」を受けていないこと

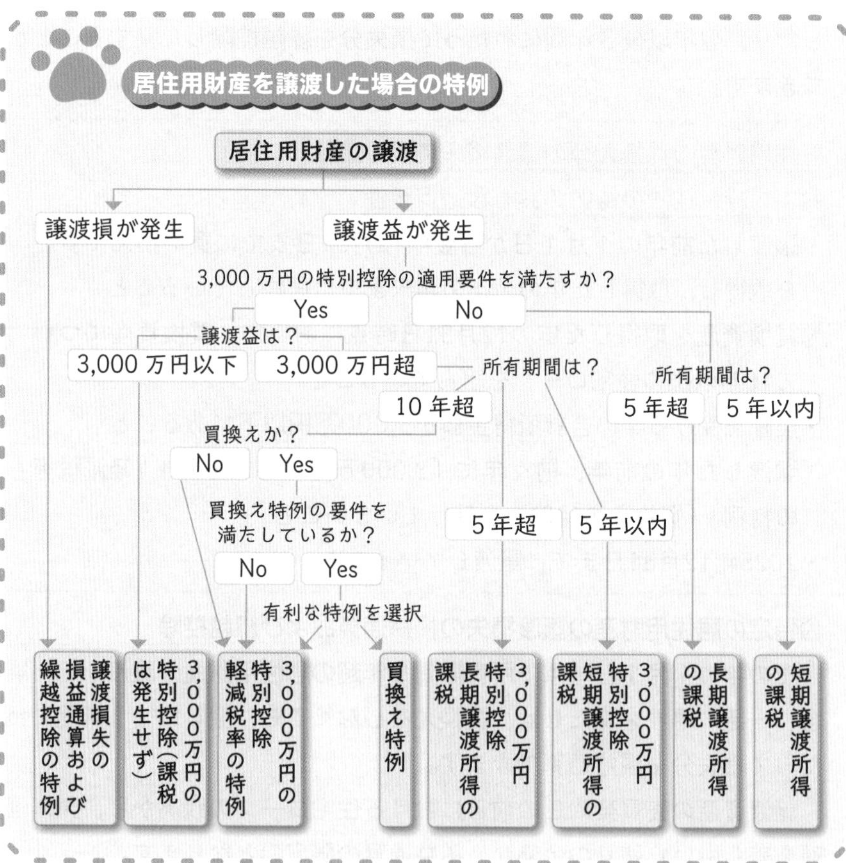

Chapter 5 Section 4

不動産にかかる税金（1）

練習問題

次の各記述のうち、正しいものに○、誤っているものに×をつけなさい。

不動産の取得にかかる税金

1．中古住宅で不動産取得税の課税標準等に関する特例を受けることができるのは、自己の居住用の住宅に限られる。

2．不動産取得税については、宅地の取得について、課税標準が固定資産税評価額×2/3に軽減される特例がある。

3．建物を登記する場合、登録免許税の特例税率が受けられるのは自己居住用の建物に限られる。

4．土地、建物のいずれについても、消費税は課税される。

5．印紙税を貼付していない、あるいは消印していない場合でも、契約書の効力には影響しない。

不動産の保有にかかる税金

6．固定資産税の新築住宅の税額軽減の特例が適用されるのは、一般の住宅の場合、新築後4年間に限られる。

7．都市計画税の小規模住宅用地の課税標準の特例の計算式は、「固定資産税評価額×1/3」である。

不動産の譲渡にかかる税金

8．居住用財産の3,000万円特別控除と、特定の居住用財産の買換え特例は併用できる。

9．居住用財産の買換え等の譲渡損失の損益通算および繰越控除については、その年の合計所得金額が3,000万円超の人は、利用することができない。

解答

1 ○ 中古住宅で不動産取得税の課税標準等に関する特例を受けることができるのは、自己の居住用の住宅に限られる。

2 × 固定資産税評価額×1/2に軽減される。

3 ○ 建物を登記する際、登録免許税の特例税率が受けられるのは自己居住用の建物に限られる。

4 × 建物には消費税が課税されるが、土地は非課税である。

5 ○ 印紙税を貼付していない場合や、印紙に消印していない場合でも契約書自体は有効である。

6 × ４年間ではなく「３年間」。

7 ○ 都市計画税の小規模住宅用地（200㎡以下の部分）の課税標準の特例は、「固定資産税評価額×1/3」で算出する。

8 × 併用することはできない。

9 ○ 居住用財産の買換え等の譲渡損失の損益通算および繰越控除は、その年の合計所得金額が3,000万円超の人には適用されない。

正解

9 問

Chapter 5 不動産 | Section 5

不動産にかかる税金(2)、不動産の有効活用

不動産の勉強も、最終日となりました。
不動産の賃貸(ちんたい)にかかる税金と、
不動産の有効活用にあたって、
どのような方式があるかを学びましょう。

Chapter 5 Section 5

27日目 32

不動産にかかる税金(2)、不動産の有効活用

❶不動産の賃貸にかかる税金

- 不動産の賃貸にかかる税金
- 借地権の税務

❷不動産の有効活用

- 不動産の活用方法
- 不動産投資と利回り
- 不動産の有効活用の事業手法

❶不動産の賃貸にかかる税金

不動産所得には
どのようなものがあるか
を理解するニャ

◆ 不動産の賃貸にかかる税金

不動産の賃貸(ちんたい)収入は、不動産所得として所得税が課税されます。

1．不動産所得とは

不動産所得には次のようなものがあります。

不動産所得

- 土地や不動産の貸付けによる所得
- 地上権・賃借(ちんしゃく)権などの権利の設定および貸付けによる所得
- 船舶(せんぱく)や航空機などの貸付けによる所得

2．不動産所得の計算方法

不動産所得は、総収入金額から必要経費を控除して求めます。

不動産所得の計算方法

不動産所得 ＝ 総収入金額 － 必要経費

総収入金額	必要経費
・地代	・減価償却(げんかしょうきゃく)費
・家賃	・損害保険料
・権利金	・固定資産税
・礼金	・借入金の利子
・返還しない敷金(しききん)	・不動産取得税
など	など

◆ 借地権の税務

借地権の設定に伴って受け取る権利金は、通常、返還されません。そのため不動産所得として課税されます。

ただし、その額が土地の時価の1/2を超えている場合は、譲渡所得として課税されます。

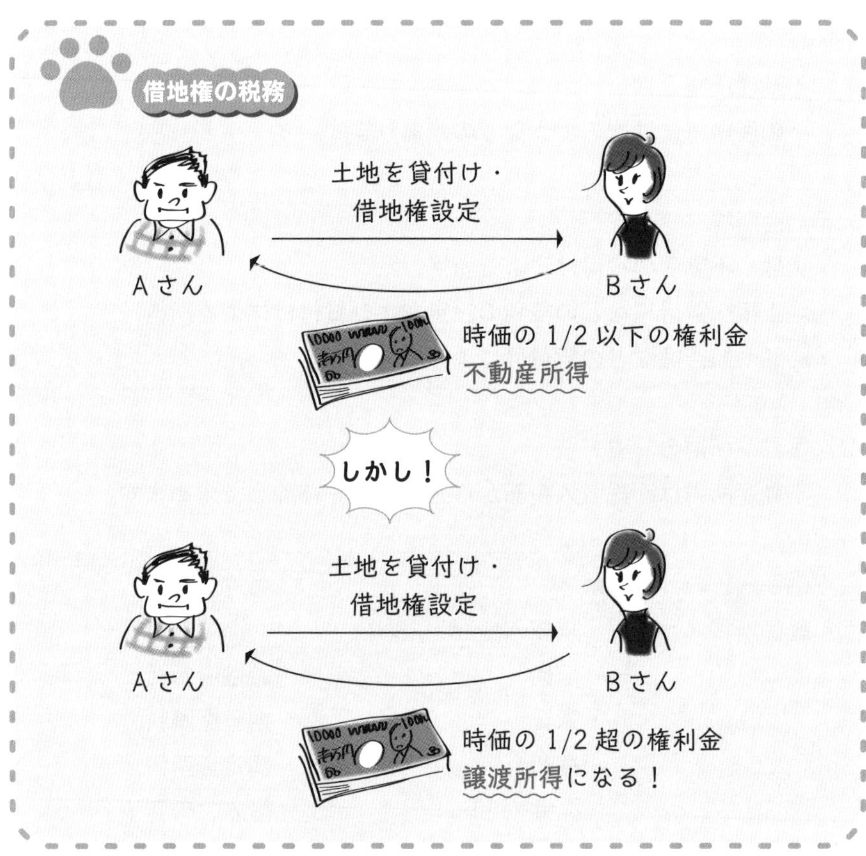

❷不動産の有効活用

不動産を有効活用するために、どのような方法があるのかを押さえていくニャ

不動産の活用方法

不動産を有効活用する方法には、次のようなものがあります。

不動産の有効活用の種類

・アパート・マンション経営

・オフィスビルの経営

・賃貸駐車場

・貸店舗

不動産投資と利回り

どの形態の不動産投資をするにしても、投資にあたっては、利益をどれだけ上げることができるか、採算性（さいさん）を判断しなくてはなりません。

不動産投資の採算性を判断する指標としてよく利用されるのが、**利回り**という考え方です。

1．投資利回り

不動産の利回りとしてよく利用されるのが、次の利回りです。

●表面利回り（単純利回り）

表面利回りは、粗利回り（あらりまわ）、グロス利回りともいわれます。

表面利回りの計算式

$$表面利回り（\%）= \frac{年間賃料収入}{投資額} \times 100$$

●純利回り（NOI利回り）

純利回りは、収益から諸経費を控除して求める利回りです。不動産投資の収益を評価する上で最も基本となる利回りで、ネット利回り、キャップレートともいわれます。

純利回りの計算式

$$純利回り（\%）=\frac{年間賃料収入-実質費用}{投資額}\times 100$$

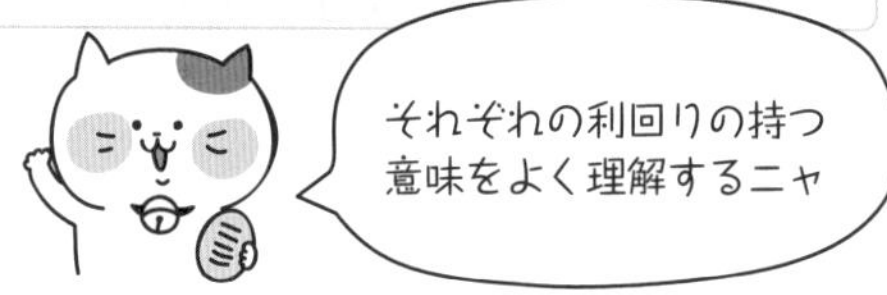
それぞれの利回りの持つ
意味をよく理解するニャ

2．収益還元法

不動産の鑑定評価の方法の１つで、収益用不動産を評価する方法として、**収益還元法**があります。

収益還元法には、直接還元法とＤＣＦ（ディスカウンテッド・キャッシュフロー）法の２つの手法があります。

収益還元法の種類

直接還元法……対象となる不動産の、特定期間の純収益をもとに還元利回りで割り戻して、直接収益価格を求める方法

ＤＣＦ法………対象不動産が将来生み出すであろう純収益や、その不動産を売却したときに得られるであろう収益を現在価値に計算し直して合算し、収益価格を求める方法

◆ 不動産の有効活用の事業手法

賃貸にする建物の建築が必要になるなど、不動産を有効活用するにはお金がかかります。

建築費用を地主がすべて負担して、工事だけを発注する、土地を提供してあとは開発業者 （デベロッパー）に頼むなど、いろいろな方法があります。

●自己建設方式

自己建設方式は、費用負担も建設プランも**土地所有者**が自ら行い、工事だけを業者に頼む方式で、建設後の管理も自分で行うというものです。

全部自分で行うため、**収益はすべて自分のものになる**というメリットがあります。その分、全責任が自分にかかってくるため、すべてのリスクを負い多大な労力がかかります。

●事業受託方式

事業受託方式は、不動産開発を手掛ける開発業者（デベロッパー）などが、計画や工事、管理までを受託する方式です。

専門知識が不要で、自分の**土地を手放さずに、有効活用ができる**というメリットがあります。ただし、必要な資金は自分で調達しなければなりません。

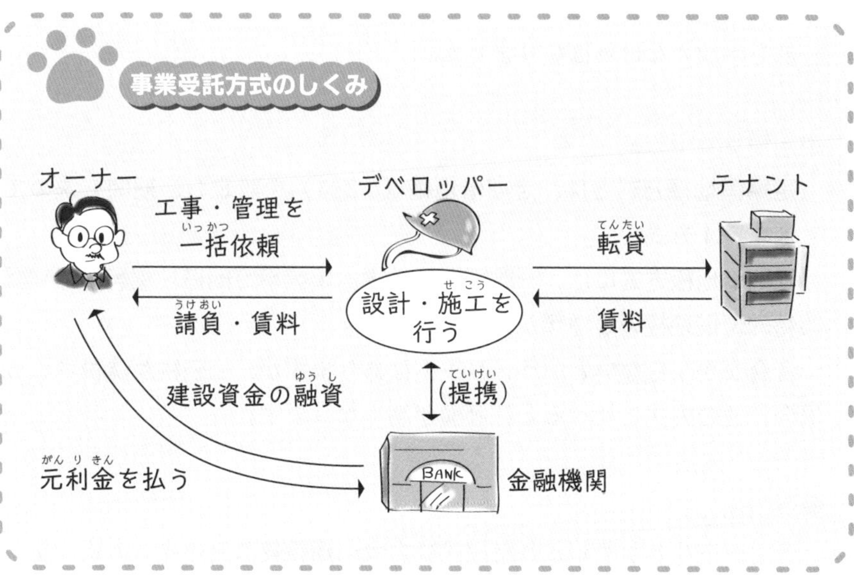

●土地信託方式

土地信託方式は、期間を決めて信託銀行に土地を信託し、有効活用は信託銀行にまかせて、そこから得た収益を「信託配当」として受け取る方式です。

信託期間中の土地・建物の名義は信託銀行になります。

信託期間が終われば、土地も建物も所有者に戻されます。

収益を受け取れるというメリットがありますが、そこから「信託報酬」という形で手数料が引かれます。

●等価交換方式

等価交換方式は、土地をデベロッパーなどに提供してデベロッパーが建物を建て、土地の価格と完成後の建物の権利を、お互いの資金提供割合に応じて分ける方法です。

等価交換方式には、**全部譲渡方式**と**部分譲渡方式**があります。

資金を自分で調達しなくてすむというメリットはありますが、土地の一部を手放さなければなりません。

●定期借地権方式

定期借地権方式とは、定期借地権（p.331）を設定し、期間を決めて土地を貸す方式です。

定期借地権方式には、**一般定期借地権**、**事業用定期借地権等**、**建物譲渡特約付借地権**の３種類があります。

資金がかからないというメリットはありますが、相続税が課税される場合、他の方式と比べると評価額が高くなります。

●建設協力金方式

テナントなどが差し入れた建設協力金を建設費に充当する方式です。建設協力金は建物完成後に保証金となり、毎月の家賃の一部としてテナントに返還されます。

Chapter 5 Section 5

不動産にかかる税金(2)、不動産の有効活用

練習問題

次の各記述のうち、正しいものに〇、誤っているものに×をつけなさい。

不動産の賃貸にかかる税金

1．不動産所得には、船舶や航空機などの貸付けによる所得も含まれる。

2．不動産所得の必要経費には、借入金の利子は含まれない。

3．税務上、借地権設定の際の権利金が、土地の時価の2/3を超えるときは、不動産所得ではなく、譲渡所得になる。

不動産の有効活用

4．不動産投資の際に判断材料となる利回りの1つに、表面利回りがある。

5．純利回りの計算は、年間賃料収入を投資額で除して、100を掛けて行う。

6．自己建設方式のメリットは、収益のすべてが土地所有者のものになる点にある。

7．事業受託方式では、自分の土地を手放さずに有効活用ができ、必要な資金も自分で調達しないですむ。

8．土地信託方式では、信託期間中も土地・建物の名義は所有者のままである。

9．等価交換方式には、全部譲渡方式と部分譲渡方式がある。

10．定期借地権方式には、一般定期借地権、建物譲渡特約付借地権の２種類がある。

「きほん問題集」で
もっと力をつけるニャ！
→問題集p.82-101,
p.202-213

解答

1 ○ 船舶や航空機などの貸付けによる所得も、不動産所得に含まれる。

2 × 借入金の利子は含まれる。

3 × 2/3ではなく、「1/2を超えるとき」。

4 ○ 表面利回りは、不動産投資の際に判断材料となる利回りの１つである。

5 × 設問は表面利回りの計算方法。純利回りの場合は、「（年間賃料収入－実質費用）÷投資額×100」となる。

6 ○ 自己建設方式のメリットは、収益のすべてが土地所有者のものになる点にある。

7 × 資金の調達は、自分でしなければならない。

8 × 名義は信託銀行になる。

9 ○ 等価交換方式には、全部譲渡方式と部分譲渡方式がある。

10 × 事業用定期借地権等もあるので、全部で３種類。

正解

10問

28日目

32

Chapter 6 相続・事業承継 | Section 1

贈与についての基礎知識、贈与に関する税金

今日から最終科目
「相続・事業承継」の勉強に入ります。
初日の今日は贈与について学びましょう。

Chapter 6 Section 1

贈与についての基礎知識、贈与に関する税金

28日目 32

❶贈与と法律

- 贈与の意義と贈与契約
- 贈与の種類
- 親族の範囲や種類

❷贈与と税金

- 贈与税の課税財産と非課税財産
- 贈与税の計算
- 相続時精算課税制度
- 直系尊属からの住宅取得等資金の贈与を受けた場合の非課税制度
- 教育資金の一括贈与に係る贈与税の非課税措置
- 贈与税の申告と納付

❶贈与と法律

贈与契約と贈与の種類、民法上の親族の範囲について、理解しておくニャ

◆ 贈与の意義と贈与契約

贈与（ぞうよ）とは契約の一種で、一方が無償（むしょう）で「この財産をあげます」という意思表示をし、他方が「もらいます」と同意することで成立します。

1．贈与契約

贈与契約には、必ずしも書面が必要ではなく、当事者間の口頭（こうとう）による合意だけでも成立します。

2．贈与の成立と撤回（てっかい）・取消し

贈与の成立と撤回・取消しは、書面によるものと口頭だけのものとでは異なっています。

贈与の成立と撤回・取消し

	書面によるもの	書面によらないもの（口頭）
成立の時期	契約の効力（こうりょく）発生時	契約が履行（りこう）されたとき
撤回・取消し	効力が発生した後、一方的な撤回はできない	履行されていない部分については撤回が可能

◆ 贈与の種類

贈与には、次のような種類があります。

贈与の種類

種類	内容	例
定期贈与	定期的に一定の贈与をすること	毎年1月1日に、100万円を10年にわたって贈与する
負担付贈与	贈与するかわりに一定の負担を負わせるもの	自宅を贈与するにあたって、住宅ローンの残債(ざんさい)を負担させる
死因(しいん)贈与	贈与者が死亡することで、贈与の効力が生じるもの。相続税の対象となる	私が死んだら、家と土地をあげる、など
通常の贈与	上記以外の贈与	土地と店をあげる、など

◆ 親族の範囲や種類

贈与や相続を理解するうえで必要な、民法で規定されている親族の範囲や種類を押さえておきましょう。

1．親族の種類と範囲

親族とは、６親等(しんとう)内の血族(けつぞく)、配偶者、３親等内の姻族(いんぞく)▼をいいます。

親等とは、親族関係の遠近を表す等級だニャ。親子は１親等、兄弟姉妹(けいていしまい)・祖父母は２親等、伯父伯母(おじおば)（叔父叔母）・甥姪(おいめい)は３親等となるニャ

2．扶養(ふよう)義務者

直系親族や兄弟姉妹は、法律上、お互いに扶養する義務を負っています。また、特別な事情がある場合には、家庭裁判所の審判によって、３親等内の親族にも扶養義務が生じます。

用語

姻族…婚姻によって親族になった者同士。

❷贈与と税金

贈与税は、贈与によって財産を取得した人（受贈者(じゅぞうしゃ)）に課税される税金だニャ。特例について、内容をきちんと理解するニャ

贈与税の課税財産と非課税財産

1．贈与税の課税財産

課税財産には、贈与によって取得した土地・建物・現金・預貯金・有価証券などの本来の**贈与財産以外**に、**みなし贈与財産***があります。

＊みなし贈与財産……贈与ではないが、贈与によって得たものと同様の経済的効果があるとみなされるものをいう。

みなし贈与財産

生命保険金	保険料を負担していない者が満期により保険金を取得した場合など
定期金に関する権利	掛金を負担しないで定期金（個人年金など）を受け取る場合など
低額譲渡	通常の価格（時価）より著(いちじる)しく低い額で財産を取得（売買）した場合など
債務免除	子の借金を親が肩代わりするなど

2．贈与税の非課税財産

贈与税の非課税財産には、次のものがあります。

贈与税の非課税財産

非課税財産の内容	留意点(りゅうい)
法人からの贈与による財産	贈与税は課税されないが、一時所得や給与所得として所得税・住民税が課税される
扶養義務者から贈与を受けた生活費や教育費	受け取った生活費で預金や投資をした場合は、贈与税の対象となる
相続開始の年に被相続人から贈与を受けた財産	原則として相続税の対象となる
香典(こうでん)、贈答(ぞうとう)、見舞金など	過大な額の場合は、贈与税の対象となる
離婚による財産分与(ぶんよ)	過大な額の場合は、贈与税の対象となる

贈与税の計算

贈与税は、その年の１月１日から12月31日までの１年間に贈与された財産の合計に対して課税されます。これを**暦年単位課税**（れきねん）といいます。

１．贈与税の基礎控除

贈与税の基礎控除額は**110万円**です。したがって１年間に受けた贈与の合計額が110万円以下であれば、課税されません。

２．贈与税の計算

贈与の合計額から基礎控除額（110万円）を引いた金額に対して、贈与税が課税されます。

税率は、税金のかかる金額が大きくなればなるほど、税率が高くなる**超過累進税率**（ちょうかるいしんぜいりつ）となっています。

贈与税額の計算

贈与税額＝（課税価格－基礎控除額110万円）×税率

↑

本来の贈与財産＋みなし贈与財産－非課税財産

３．特例税率と一般税率

贈与税の税率には、特例税率と一般税率の２種類があります。

特例税率と一般税率

特例税率（特例贈与財産用）

直系尊属（そんぞく）（父母・祖父母など）から、贈与を受けた年の１月１日時点で18歳以上である直系卑属（ひぞく）（子・孫）に対する贈与に適用

例 祖父母から孫への贈与、父母から子への贈与　など

一般税率（一般贈与財産用）

上記の特例税率に該当する贈与以外の贈与財産に適用

例 18歳未満の子や孫に対する、父母・祖父母からの贈与
伯父・伯母（叔父・叔母）から甥・姪への贈与　など

例 **贈与税の計算例**

Q　Aさん（25歳）は1年間に父から200万円、祖父から150万円の贈与を受けた。Aさんが納付すべき贈与税はいくらか。

A　Aさんは18歳以上であり、直系尊属（父・祖父）からの贈与なので、特例税率を適用する。

{(200万円＋150万円）－110万円} ×15％－10万円＝26万円

贈与税の速算表

控除後の課税価格		一般税率		特例税率	
		税率	控除額	税率	控除額
	200万円以下	10%	0万円	10%	0万円
200万円超	300万円以下	15%	10万円	15%	10万円
300万円超	400万円以下	20%	25万円		
400万円超	600万円以下	30%	65万円	20%	30万円
600万円超	1,000万円以下	40%	125万円	30%	90万円
1,000万円超	1,500万円以下	45%	175万円	40%	190万円
1,500万円超	3,000万円以下	50%	250万円	45%	265万円
3,000万円超	4,500万円以下	55%	400万円	50%	415万円
4,500万円超				55%	640万円

※実際の試験では、速算表が与えられます。

4．贈与税の配偶者控除

一定条件を満たす配偶者から居住用不動産または居住用不動産の購入資金の贈与を受けた場合には、110万円の基礎控除とは別枠（べつわく）で、最高**2,000万円**の配偶者控除があります。これを**贈与税の配偶者控除**といいます。

この特例は、次の要件をすべて満たしている場合に適用されます。

なお、この贈与後３年以内に贈与者が死亡した場合でも、この配偶者控除を受けた居住用不動産等（配偶者控除の2,000万円を超えた部分を除く）は、相続税の課税価格への加算の対象から除外されます（→p.412）。

贈与税の配偶者控除の適用要件

- 婚姻（こんいん）期間が**20年**以上（内縁（ないえん）関係を除く）の配偶者からの贈与であること
- 贈与財産が居住用不動産、または居住用不動産購入資金であること
- 贈与の年の翌年３月15日までにそこに住んでおり、その後も住み続けること
- 過去に同じ配偶者から、この特例を受けていないこと（同じ配偶者からは１回しか受けられない）
- その適用を受けることを記載（きさい）した確定申告書を提出すること
  (贈与税額が**ゼロ**であっても提出が**必要**)

◆ 相続時精算課税制度

贈与税は、通常の贈与（暦年贈与）のほかに、相続時精算課税制度（そうぞくじせいさんかぜいせいど）を利用することができます。

相続時精算課税制度とは、贈与時に贈与財産に対する贈与税を納（おさ）め、その贈与者が亡くなったときに、その贈与財産と相続財産とを合計した価額をもとに相続税を計算し、すでに納めた贈与税相当額を控除することで、贈与税と相続税を一体化して納税を行う制度です。ただし年間110万円まで基礎控除が認められ、基礎控除額110万円までの贈与であれば、贈与税

の申告は不要で、贈与税・相続税はかかりません。

基礎控除額を除いた贈与額の累計が、2,500万円を超える部分は一律20%の税率を乗(じょう)じて税額を計算します。基礎控除額110万円を超える贈与を受けた年は申告が必要となっています。

なお、この制度を一度選択すると、同じ贈与者については暦年課税へ変更することはできません。

●相続税の計算

相続時精算課税制度に係る贈与者の相続時に、それまでの贈与財産を**贈与時**の評価額により相続税の課税価格に加算して相続税を加算します。

この際、すでに支払った贈与税額は相続税額より控除することができ、控除しきれない贈与税額は還付(かんぷ)を受けられます。

相続時精算課税制度適用のおもな要件

- 税務署への届出が必要……適用に関わる最初の贈与を受けた年の**翌年2月1日から3月15日**までに「相続時精算課税選択届出書」を添付(てんぷ)の上、贈与税の申告書を住所地の税務署長に提出する
- 贈与者、受贈者ともに制限がある
  - **贈与者**……贈与があった年の1月1日時点で**60歳**以上の父母・祖父母であること
  - **受贈者**……贈与があった年の1月1日時点で**18歳**以上の推定相続人である子・孫であること
- 適用対象財産……贈与財産の種類・金額・贈与回数には制限がない
- 基礎控除額110万円を超える贈与を受けた年は、申告が必要

用語

推定相続人…被相続人が亡くなった際に相続権があると考えられる人のこと。

●住宅取得資金に係る相続時精算課税制度の特例

相続時精算課税制度の特例として、2026年12月31日までに行う住宅取得資金の贈与は、贈与者の年齢制限がなくなります。

住宅取得資金に係る相続時精算課税制度の特例のおもな要件

- 贈与者……親または祖父母（特例として年齢制限なし）
- 受贈者……贈与を受けた年の１月１日において18歳以上の子または孫（代襲（だいしゅう）相続人▼を含む）（所得制限なし）
- 適用対象となる住宅の範囲
  ①住宅の取得……家屋（かおく）の床面積が40㎡以上であること
  ②住宅の増改築…工事費用が100万円以上かつ増築後の床面積が40㎡以上であること

用語

代襲相続人…死亡などの理由により本来の相続人が相続できないときに、その人に代わって相続人となる人。本来の相続人の子など（→p.398）。

◆ 直系尊属からの住宅取得等資金の贈与を受けた場合の非課税制度

2026年12月31日までの間に父母や祖父母など、直系尊属から住宅取得等資金の贈与を受けた場合、以下の要件を満たしていると、この非課税制度の適用を受けることができます。

非課税制度の適用を受けられるおもな要件

- 贈与者が直系尊属（父母・祖父母など）
- 受贈者が贈与を受けた年の１月１日において**18歳**以上の直系卑属（子・孫など）で、贈与を受けた年の合計所得金額が**2,000万円**以下（取得した住宅の床面積が40㎡以上50㎡未満の場合は1,000万円以下）
- 取得した住宅の床面積が**40㎡以上240㎡以下**

非課税限度額

契約締結日	耐震・省エネ・バリアフリー住宅	左記以外の住宅
契約の締結時期を問わない	1,000万円	500万円

通常の贈与税の申告（暦年課税）または相続時精算課税制度のいずれか一方と、併用することができます。

教育資金の一括贈与に係る贈与税の非課税措置

2026年３月31日までの間に、直系尊属（父母・祖父母など）から30歳未満の直系卑属（子・孫など）に対して、金融機関等との教育資金管理契約に基づき教育資金の一括贈与を行った場合、贈与金額1,500万円まで贈与税が非課税になります。ただし、1000万円超の所得のある受贈者に対する贈与は適用対象外となります。

なお、受贈者が30歳に達したことなどにより資金管理契約が終了した場合には、その残高に贈与税が課税されます。

＊学校等以外の者に支払われる金額等は500万円が限度。また、2019年７月１日以後の23歳以上の受贈者に対する学校等以外のための贈与は、教育訓練給付金の支給対象となる教育訓練を受講するための費用に限る。

贈与税の申告と納付

贈与税の申告書は、贈与を受けた翌年の２月１日から３月15日までに、受贈者の住所地を管轄する税務署に提出します。

贈与税の特例を受ける場合は、その特例によって納付すべき税額がゼロになる場合でも、提出しなければなりません。

なお、納付は金銭による一括納付が原則です。ただし、一定の要件を満たせば、分割して納付する延納も認められています。

Chapter 6 Section 1

贈与についての基礎知識、贈与に関する税金

練習問題

次の各記述のうち、正しいものに○、誤っているものに×をつけなさい。

贈与と法律

1. 贈与契約には、必ず書面が必要である。

2. 贈与者が死亡することによって初めて効力が発生する贈与を、死因贈与という。

贈与と税金

3. 法人から贈与により取得した財産は、贈与税の課税財産となる。

4. 贈与税暦年単位課税の1年ごとの基礎控除額は110万円である。

5. 相続時精算課税制度の1年ごとの基礎控除額は110万円である。

6. 直系尊属から住宅取得資金の贈与を受けた場合、非課税制度の対象となるのは、その年の所得の合計額が3,000万円以下の人に限られる。

7. 教育資金の一括贈与の特例を受けることができる条件の1つに、受贈者である直系卑属が30歳未満であることがあげられる。

8. 贈与税は延納できない。

確認
するニャ

解答

1　×　口頭でも成立し、必ずしも書面が必要なわけではない。

2　○　贈与者が死亡することによって初めて効力が発生する贈与は、死因贈与である。

3　×　所得税の対象となるので、贈与税は課税されない。

4　○　贈与税の１年ごとの基礎控除額は110万円である。

5　○　相続時精算課税制度の１年ごとの基礎控除額は110万円であり、この分については将来の相続税の計算に加算する必要はない。

6　×　3,000万円でなく2,000万円以下。

7　○　教育資金の一括贈与の特例では、受贈者である直系卑属は30歳未満でなければならない。

8　×　贈与税は一定の要件を満たせば延納できる。

正解

8 問

絶対合格
するニャ

29日目

32

Chapter 6 相続・事業承継 Section 2

相続と法律（1）

今日から相続について学びます。
まずは相続人の範囲や、
それぞれの相続人の相続分、
相続の承認（しょうにん）と放棄（ほうき）など、
基礎知識を身につけましょう。

相続と法律(1)

29日目
32

ここをまなぶよ

❶相続と法律-1

- 相続人
- 相続分
- 代襲相続
- 遺産分割
- 相続の承認と放棄

❶相続と法律-1

相続人とそれぞれの相続分、
代襲相続とは何か、
遺産分割の方法、
相続の承認と放棄について
押さえていくニャ

◆ 相続人

相続とは、死亡した人の財産を遺族などが承継することです。死亡した人を**被相続人**、財産を承継する人を**相続人**といいます。

1．相続の開始

相続は、**被相続人の死亡によって開始**します。

なお、行方不明で生死がわからない場合は、**失踪宣告**によって死亡したとみなされ、相続が開始します。

失踪宣告は、行方不明者の
利害関係人（親族等）の請求
によって、
家庭裁判所が宣告するニャ

2．相続人の範囲と順位

民法上の相続人とは、死亡した人の財産上の一切の権利義務を引き継ぐことのできる人のことです。

民法では、被相続人の財産を承継できる人の範囲を**法定相続人**として定めています。

> **法定相続人**
> ・配偶者　・子　・直系尊属　・兄弟姉妹

ただし、全員が相続人になれるわけではなく、順位が定められています。配偶者以外の法定相続人については、上位の人がいる場合、下位の人は相続人になることはできません。

相続順位

配偶者 ＝常に相続人になる

第１順位　子
第２順位　直系尊属（父母、祖父母など）→子がいると相続人になれない
第３順位　兄弟姉妹→子・直系尊属がいると相続人になれない

３．子の定義

子には、実子（じっし）だけでなく、養子（ようし）・胎児（たいじ）も含まれます。

実子（**嫡出子（ちゃくしゅつし）**・**非嫡出子（ひちゃくしゅつし）**）と養子は、どちらも子として第一順位で同じ扱いとなり、同じ法定相続分となります。

子の定義

実子	嫡出子	正式な婚姻（こんいん）関係のもとに生まれた子
	非嫡出子	婚姻外で生まれた子で、父または裁判所が認知（にんち）した子
養子	普通養子	実親と養親の両方の相続権を持つ
	特別養子	実親との親族関係がなくなるため、実親およびその親族の相続権は持たない
胎児		被相続人の死亡時に胎児だった者は子とみなし、相続権を持つ

被相続人の相続人でない親族（子の配偶者等）が義理の父母等を介護した場合には、「特別寄与（きよ）料」が請求できます。特別寄与料が請求できるのは、被相続人の相続人でない親族（６親等以内の血族（けつぞく）、配偶者、３親等内の姻族（いんぞく））です。

4．相続人になれない人

相続人の地位にあっても、**相続欠格**と**相続廃除**に該当している場合や相続を放棄している場合は、相続人になることはできません。

相続欠格……被相続人を殺害したり、強迫して遺言書を書かせたりした場合、相続人の欠格事由に該当する

相続廃除……被相続人を虐待したり、重大な侮辱を与えたりした場合に、被相続人が家庭裁判所に申し立ててその相続権を失わせる

◆ 相続分

それぞれの相続人が財産を相続する割合を**相続分**といいます。相続分には指定相続分と法定相続分があります。

1．指定相続分

指定相続分とは、遺言によって被相続人が指定した相続分をいい、法定相続分に優先して適用されます。

ただし、配偶者や子、直系尊属には、最低限の相続分を保証する**遺留分**（→p.408）があります。

2．法定相続分

遺言などによる相続分の指定がない場合は、相続人間の話し合いにより、相続分を決めることになります。その際に１つの目安になるのが法定相続分です。

法定相続分

	配偶者がいる場合	配偶者がいない場合
配偶者のみ	配偶者がすべて相続	—
第１順位（子）	配偶者1/2　子1/2	子がすべて相続
第２順位（直系尊属）	子がいない場合 配偶者2/3　直系尊属1/3	直系尊属がすべて相続
第３順位（兄弟姉妹）	子も直系尊属もいない場合 配偶者3/4　兄弟姉妹1/4	兄弟姉妹がすべて相続

法定相続分

①相続人が配偶者のみの場合＝配偶者がすべて相続

被相続人 ═══ 配偶者 ← すべて相続

②相続人が配偶者と子の場合＝配偶者……$\frac{1}{2}$　子……$\frac{1}{2}$

被相続人

配偶者……$\frac{1}{2}$

子

子

$\frac{1}{2}$を子の数で割る

この例だとそれぞれの子の法定相続分は

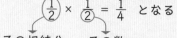

$\frac{1}{2} \times \frac{1}{2} = \frac{1}{4}$ となる

子の相続分　子の数

③相続人が配偶者と直系尊属の場合＝配偶者……$\frac{2}{3}$　直系尊属……$\frac{1}{3}$

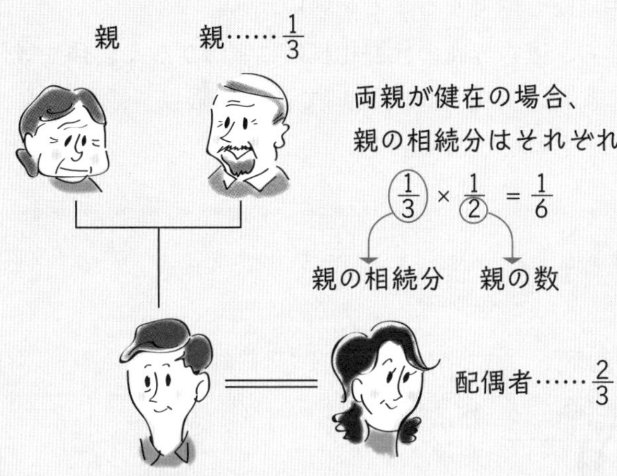

④相続人が配偶者と兄弟姉妹の場合＝配偶者……$\frac{3}{4}$　兄弟姉妹……$\frac{1}{4}$

$\frac{1}{4}$……兄弟姉妹の１人当たりの相続分は

$$\frac{1}{4} \times \frac{1}{2} = \frac{1}{8}$$

兄弟姉妹の相続分　兄弟姉妹の数

◆ 代襲相続

代襲相続とは、相続の開始時に、法定相続人になるはずの人が死亡、相続欠格、相続廃除などの理由によって相続人になれない場合、その人の子が相続権を取得することをいいます。

なお、直系卑属の代襲相続には制限がなく、孫や曾孫も相続権を持ちます。また、兄弟姉妹については**一代限り**（被相続人から見て、甥・姪まで）とされています。

◆ 遺産分割

遺産分割とは、相続人同士で、被相続人の財産を実際に分ける手続きのことをいいます。

1．遺産分割の種類

相続人全員の合意が得られれば、遺言や法定相続分にとらわれず、自由に遺産分割ができます。

遺産分割の種類

指定分割	遺言にのっとって財産を分割する方法。最優先される
協議分割	相続人全員の合意によって分割する方法。 遺言と異なる分割方法に受遺者・相続人全員が合意した場合、 遺言よりも優先される
調停分割	協議分割がまとまらない場合に使われる方法。 家庭裁判所の調停により分割する
審判分割	調停でもまとまらなかった場合、 家庭裁判所の審判により分割することになる

2．遺産分割の方法

具体的な分割の方法には、次のものがあります。

現物分割……土地・家屋（かおく）は配偶者に、預金は長男にというように、個々の財産を現物のまま分割する方法

換価（かんか）分割……遺産の全部または一部を金銭に換（か）えて、その金銭を分割する方法

不動産を売ってその代金を分割するなどの方法が該当するニャ

代償（だいしょう）分割……特定の相続人が遺産の現物を取得し、他の相続人に対して自分の財産を提供する方法

特定の人が不動産を取得し、その他の相続人に特定の相続人の固有の金銭を与えるなどの方法が該当するニャ

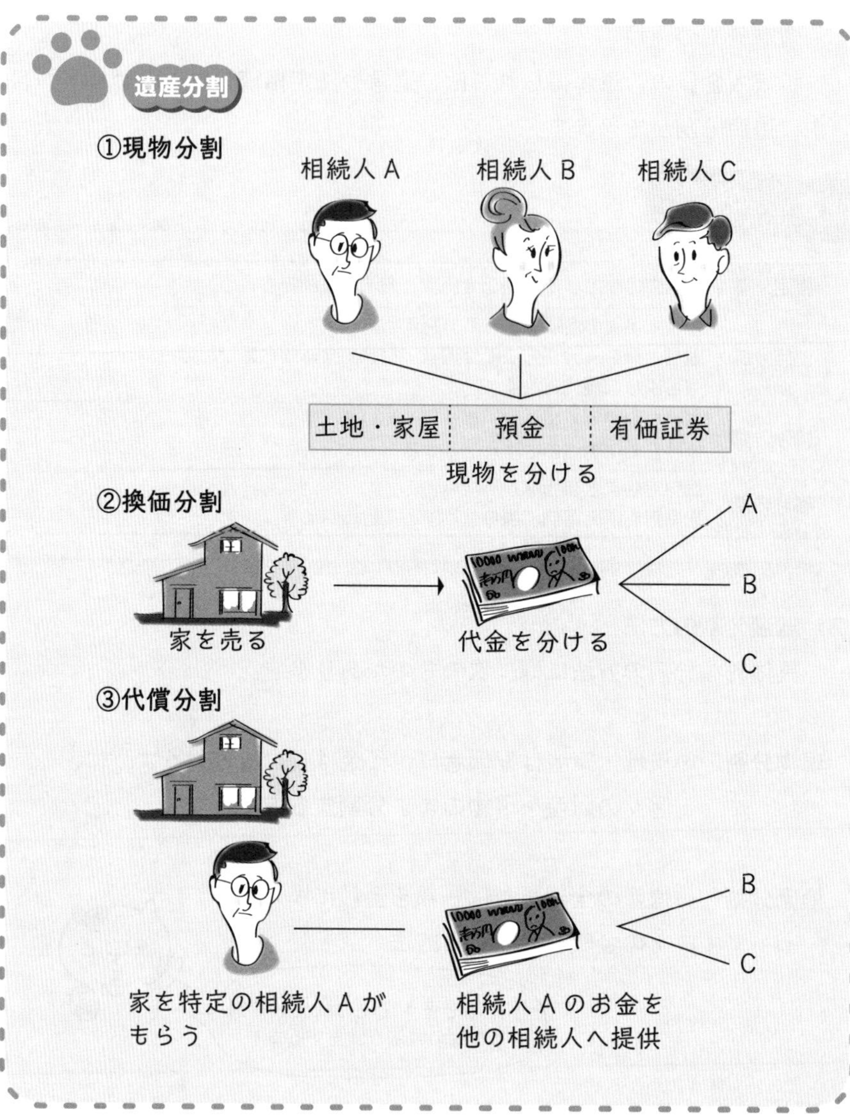

3. 遺産分割協議書

遺産分割をした場合、今後のトラブルを防ぐために、**遺産分割協議書**を作成します。

法律で定められた形式はありませんが、「だれが」「何を」「どんな方法で」取得したかを記載し、相続人全員の署名・捺印（なついん）が必要です。

4．遺産分割等に関する近年の見直し

●配偶者居住権の新設

自宅を「居住権」と「所有権」に分け、配偶者が「居住権」、その他親族が「所有権」を相続することで現預金の少ない配偶者でも、自宅に住み続けやすくなりました。

●居住用不動産の配偶者への遺贈・贈与分を遺産分割から除外

婚姻期間が20年以上の夫婦間で、居住用不動産の遺贈または贈与がされたときは、遺産分割の対象から除外されるようになりました。

●預貯金の遺産分割前の払戻し

生活費や葬儀費用の支払いや相続債務の弁済などに充てられるように、遺産分割前に相続された預貯金の払戻しが受けられるようになりました（法定相続分の３分の１または法務省令で定める額（金融機関ごとに上限150万円）まで）。

●遺産分割前に遺産を処分した場合の遺産の範囲

相続人の１人が遺産の一部を使い込んだ場合には、使い込みがなかったものとして遺産分割がなされます。

◆ 相続の承認と放棄

相続人は、相続の開始があったことを知った日から3ヵ月以内に相続の意思決定を行います。

その際、次のいずれかを選択することができます。

1．単純承認

単純承認とは、被相続人の不動産や現預金などのプラスの財産、借金などのマイナスの財産等、すべて**無制限に相続**する方法です。

マイナスの財産よりもプラスの財産のほうが多い場合には、単純承認を選択するニャ

2．限定承認

限定承認とは、被相続人から受け継ぐプラスの財産の範囲内で、借金などのマイナスの財産を返済し、それを超えるマイナス分については責任を負わない方法です。

財産の全貌がわかっていない場合には、限定承認を選択するといいニャ

3．相続放棄

相続放棄とは、被相続人のプラスの財産もマイナスの財産も、**いっさい相続しない**方法です。

プラスの財産よりも、マイナスの財産のほうが多い場合には、この方法を検討するとよいニャ。ただし、マイナスの財産のほうが多くても、今後の収益が期待できる不動産のローンなどの場合は、財産を受け継いだほうがいい場合もあるニャ

相続の承認と放棄

	単純承認	限定承認	相続放棄
内容	被相続人のいっさいの財産を相続	プラスの財産の範囲内で、マイナスの財産を返済	被相続人のいっさいの財産を放棄。**代襲相続**はできない
単独または相続人全員？	－	相続人**全員**で選択しなければならない	相続人**単独**で選択できる
手続きの要・不要	不要	相続開始を知った日から３ヵ月以内に、家庭裁判所に申述しなければならない	
留意点	あとから借金のほうが多いことがわかっても、相続開始を知った日から3ヵ月が過ぎると、単純承認したものとみなされ、借金も相続することになる	相続人が複数いる場合、相続人全員で家庭裁判所に申し出なければ、限定承認の選択ができない	相続放棄しても、死亡保険金等の生命保険金等を受け取ることはできるが、**生命保険金等の非課税**の適用はされない

Chapter 6 Section 2

相続と法律（1）

練習問題

次の各記述のうち、正しいものに○、誤っているものに×をつけなさい。

相続と法律- 1

1．法定相続人とは、代襲相続人を除き被相続人の配偶者、子、直系尊属、兄弟姉妹に限られる。

2．普通養子になった場合、実親の相続権はなくなる。

3．配偶者と子は、法定相続人の第１順位者である。

4．法定相続人が配偶者と直系尊属の場合の相続分は、配偶者2/3、直系尊属1/3となる。

5．代襲相続できるのは、直系卑属、兄弟姉妹ともに一代限りである。

6．遺言による遺産分割は、その他の分割方法に優先される。

7．協議分割は、相続人全員の参加と合意がないと成立しない。

8．相続放棄は、相続人全員で行わなければならない。

9．限定承認や相続放棄を選択する場合、被相続人の死亡した日から３ヵ月以内に、家庭裁判所に申立てをしなければならない。

答えは
合ってるか
ニャ？

解答

1 ○ 民法上の法定相続人は、被相続人の配偶者、子、直系尊属、兄弟姉妹とされている。

2 × 実親の相続権がなくなるのは、特別養子だけ。

3 × 第１順位者は子だけ。配偶者は常に相続人になる。

4 ○ 法定相続人が配偶者と直系尊属の場合の相続分は、配偶者2/3、直系尊属1/3である。

5 × 一代限りとされているのは兄弟姉妹のみ。直系卑属は制限がない。

6 ○ 設問のとおり。ただし相続人や相続人以外の受遺者（遺言により財産を受け取る人）の全員が遺言と異なる分割に合意した場合は、指定相続に従う必要はない。

7 ○ 協議分割は、相続人全員の参加と合意がないと成立しない。

8 × 相続放棄は、単独で行うことができる。

9 × 被相続人の死亡した日ではなく、「相続があったことを知った日（被相続人が死亡したことを知った日）から３ヵ月以内」が正しい。

正解

9 問

Chapter 6 相続・事業承継 | Section 3

相続と法律(2)、相続税(1)

今日は相続と法律のうち、
遺言(いごん)と成年後見(せいねんこうけん)制度を学びます。
また、相続税の基礎的な知識を
身につけていきましょう。

Chapter 6 Section 3

相続と法律(2)、相続税(1)

❶相続と法律-2

- 遺言
- 成年後見制度

❷相続税-1

- 相続税とは
- 相続税の課税財産と非課税財産
- 債務控除

❶相続と法律- 2

遺言の種類と遺留分は、よく出題される分野だニャ

◆ 遺言

遺言とは、生前に、残す財産について自分の考えを示しておくもので、その人の死亡とともに法律効果が生じます。必ず遺言者本人が行います。

1．遺言の要件

・満15歳以上

・意思能力（判断能力）があること

上記２つの要件を満たしていれば、だれでも作成することができます。

2．遺言の種類

遺言の方式には、**普通方式遺言**と特別方式遺言がありますが、一般には普通方式遺言が使われます。そのため、ここでは普通方式遺言（以下、「遺言」と表記）についての説明をします。遺言には、自筆証書遺言、公正証書遺言、秘密証書遺言の３種類があります。

●自筆証書遺言

自筆証書遺言は、本人が遺言の全文・日付・氏名等を**自書**しなければなりませんでしたが、2019年１月からは「財産目録」はパソコン等での作成や預貯金通帳のコピー(各ページに署名捺印が必要）も認められるようになりました。

証人は不要ですが、相続開始後に家庭裁判所の**検認が必要**です。

なお、2020年７月10日より法務局における自筆証書遺言の保管制度が創設されました。法務局で保管された自筆証書遺言は家庭裁判所の検認は不要です。

●公正証書遺言

公正証書遺言は、公証役場で**本人が口述し、公証人が筆記**します。原本は公証役場に保管されます。証人２人以上*が必要ですが、相続開始後の家庭裁判所での検認は不要です。

●秘密証書遺言

秘密証書遺言は、本人が遺言書を書いて署名・捺印（なついん）した後封印し、公証役場で手続きをします。

証人２人以上*が必要で、相続開始後に家庭裁判所での検認が必要です。

＊未成年者、推定相続人、受遺者・その配偶者・直系血族、公証人の配偶者・４親等内の親族・書記・雇人は証人になることができない。

遺言書の種類

	自筆証書遺言	公正証書遺言	秘密証書遺言
作成方法	自筆で作成。パソコンなどは原則不可	本人が口述し、公証人が筆記	本人が作成後、署名・捺印して封印。公証役場で手続きをする。パソコンなど可
証人の要・不要	不要	必要（2人以上）	必要（2人以上）
家庭裁判所の検認	必要※	不要	必要

※2020年7月10日より検認不要の場合もあり。前ページ参照

３．遺言の効力

作成した遺言は、いつでも撤回することができます。

遺言が複数ある場合には、日付の新しい遺言内容が優先されます。

なお、遺言等により承継（しょうけい）された財産は、原則として登記簿等の対抗要件がなくても第三者に対抗できるとされていますが、法定相続分を超える権利の承継については、対抗要件を備えなければ第三者に対抗できません。

４．遺留分（いりゅう）

遺留分とは、遺言に優先して、**一定の相続人が最低限の相続分を確保するため**の、民法上の規定です。

たとえば、遺言で特定の人に全財産を相続させるという指定がある場合、他の人が経済的に困窮（こんきゅう）するという事態が考えられます。遺留分には

そのような事態を回避する意味合いがあります。

●遺留分権利者

遺留分の権利を持つ人を、**遺留分権利者**といいます。

遺留分権利者になれるのは、法定相続人のうち、配偶者、子（またはその代襲（だいしゅう）相続人）、直系尊属（そんぞく）に限られます。**兄弟姉妹（けいていしまい）には遺留分は認められません。**

●遺留分の割合

相続人が直系尊属のみの場合は遺留分の基礎となる財産の1/3、その他の場合は1/2が遺留分となります。それに、法定相続分割合を掛けて、各遺留分を求めます。遺留分は、原則として金銭で支払われます。

各遺留分の割合

各遺留分権利者の割合＝遺留分算定の基礎となる財産の1/2（または1/3）×その者の法定相続分割合

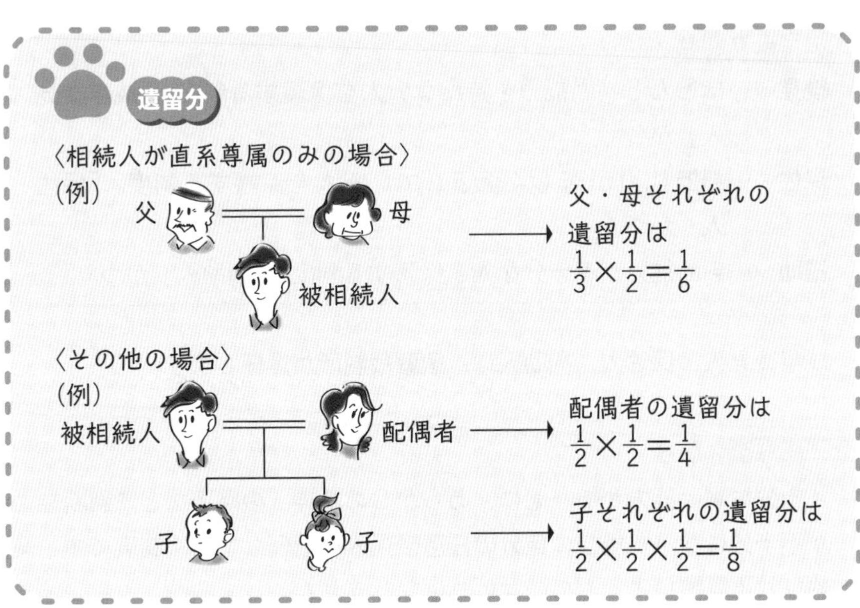

●遺留分の侵害額請求

遺留分が遺言によって侵害（しんがい）されている場合、遺留分権利者は自分の遺留分の権利を主張し、遺留分相当の金銭を取り戻すことができます。

これを**遺留分侵害額請求**といいます。遺留分侵害額請求権は、相続の開始または遺留分を侵害する贈与・遺贈（いぞう）があったことを知った日から**1年以内**（知らなかったときは相続開始から10年以内）に行使（こうし）しないと、時効により消滅します。

◆ 成年後見制度

成年後見（せいねんこうけん）制度とは、認知症や知的障害、精神障害などで判断能力が不十分な人が不利益をこうむることのないよう、その人たちの権利を守るための制度で、**法定後見制度**と**任意後見制度**があります。

1．法定後見制度

法定後見制度は、民法で定める後見制度で、判断能力に応じて、**後見**、**保佐**、**補助**の３つの制度で被後見人（本人）を保護します。

法定後見制度

後見……ほとんど判断能力を持たない人を保護する制度。「成年後見人」がつく

保佐……判断能力が著（いちじる）しく低下している人を保護する制度。「保佐人」がつく

補助……判断能力が不十分な人を保護する制度。「補助人」がつく

成年後見人、保佐人、補助人は、**家庭裁判所が選任**します。

2．任意後見制度

十分な判断能力がある間に、あらかじめ精神上の障害などで判断能力が不十分になった場合の**自分の任意後見人を選任**しておく制度です。契約は**公正証書**によるものでなければなりません。

❷相続税‐1

相続財産には、相続税の
課税対象になるものと、
ならないものがあるよ。
両者についてしっかり理解
しておくことが大切だニャ

◆ 相続税とは

相続税は、相続や遺贈、死因（しいん）贈与によって財産を取得した個人に課税される国税です。

相続税の課税対象となる相続は2014年まで
ほぼ４％で推移していたんだニャ。
2015年１月１日より、基礎控除額（→p.420）が
引き下げられたので、それまでよりも課税対象者は
増えたけど、財産を相続した人すべてにかかると
いうことはないニャ

課税価格の求め方

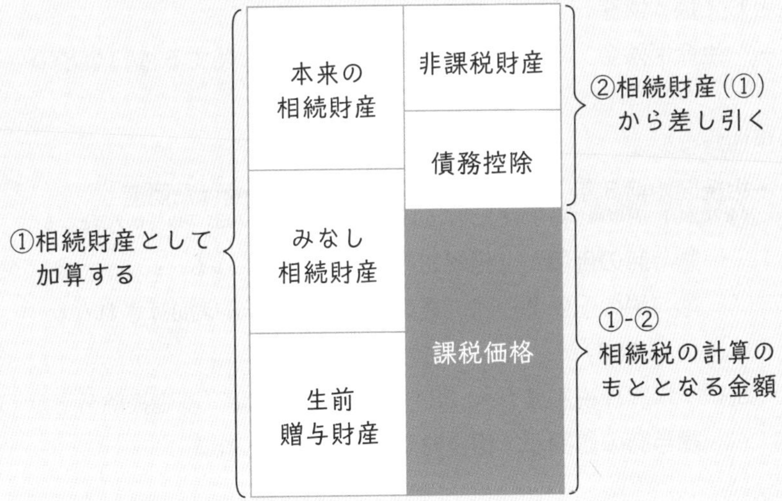

①相続財産として加算する			
	本来の相続財産	非課税財産	②相続財産（①）から差し引く
		債務控除	
	みなし相続財産	課税価格	①-② 相続税の計算のもととなる金額
	生前贈与財産		

相続税の課税財産と非課税財産

相続税では、原則的に課税される財産と、社会政策的見地(けんち)などから、課税されない非課税財産とがあります。

1．相続税の課税財産

相続税の課税財産には、本来の相続財産、みなし相続財産、生前贈与財産があります。

●本来の相続財産

相続や遺贈によって取得した財産で金銭で見積もることができるものすべて……土地、建物、預貯金、現金、有価証券など

●みなし相続財産

民法上、相続や遺贈で取得したものではないが、相続税法では相続財産として扱う財産

……生命保険金、退職手当金、生命保険契約に関する権利など

●生前贈与財産

・相続開始前３年※以内に被相続人から贈与を受けた財産
（※2024年１月以降に贈与する財産については順次延長し、2031年以降は７年となる）

……贈与時の価額が、相続財産として加算される

贈与税の配偶者控除（最高2,000万円）分は加算されない

（→p.384）

・相続時精算課税制度（→p.384）による贈与財産（基礎控除分を除く）

……贈与時の価額が、相続財産として加算される

相続税の課税財産

本来の相続財産	みなし相続財産	生前贈与財産
土地、建物、預貯金、現金、有価証券など	生命保険金*、死亡退職金*、生命保険契約の権利など	相続開始前一定期間以内に贈与された財産、相続時精算課税制度による贈与財産

＊ただし、生命保険金と死亡退職金については、一部が非課税になる。

2．相続税の非課税財産

次のものには、相続税はかかりません。

・墓地・墓石・仏壇・仏具など
・国や地方公共団体、特定法人に寄附した財産
・生命保険金等の一部

死亡保険金＊の非課税限度額

非課税限度額＝500万円×法定相続人の数＊＊

＊契約者（保険料負担者）かつ被保険者が被相続人で、受取人が相続人である保険契約。
＊＊養子は被相続人に実子がいない場合は２人まで、いる場合は１人まで、法定相続人の数に算入できる。
相続放棄があった場合でも、その放棄した人も人数に含める。

・死亡退職金（被相続人の死亡後３年以内に支給が確定したもの）の一部

死亡退職金の非課税限度額

非課税限度額＝500万円×法定相続人の数＊

＊養子は被相続人に実子がいない場合は２人まで、いる場合は１人まで、法定相続人の数に算入できる。
相続放棄があった場合でも、その放棄した人も人数に含める。

・一定額までの弔慰金（実質上退職手当金等に該当すると認められるものを除く）

業務上の理由による死亡

非課税限度額＝死亡時の普通給与×36ヵ月分

業務外の理由による死亡

非課税限度額＝死亡時の普通給与× 6 ヵ月分

相続を放棄した人も
生命保険金を受け取る
ことはできるけど、
非課税の適用は
受けられないニャ

債務控除

債務控除とは、被相続人の債務や葬式費用を、相続財産の価額から控除することです。

1．債務控除の対象者

債務控除ができるのは相続人と**包括受遺者**（ほうかつじゅいしゃ）のみですが、葬式費用は相続放棄した人や相続欠格・相続廃除により相続権を失った人も遺贈によって取得した財産から控除できます。

包括受遺者とは、特定の財産を指定されるのでなく、遺言によって「財産の1/2を遺贈する」というように、割合で指定された財産を受ける人をいうニャ

2．債務控除の対象となるもの

債務控除の具体例

	控除できるもの	控除できないもの
債務	・借入金 ・未払いの医療費 ・未払いの税金（所得税・住民税・固定資産税など）	・墓地や墓石の未払金 ・保証債務 ・遺言執行費用 ・税理士への相続税申告費用
葬式費用	・通夜（つや）や本葬にかかった費用 ・宗教者への謝礼 ・遺体の捜索・運搬（うんぱん）費用	・香典返しにかかった費用 ・法事にかかった費用

Chapter 6 Section 3

相続と法律(2)、相続税(1)

練習問題

次の各記述のうち、正しいものに○、誤っているものに×をつけなさい。

相続と法律- 2

1. 遺言書が複数ある場合は、日付の新しいものが有効とされる。

2. 法定後見制度の後見人は、親族が選ぶことができる。

3. 任意後見制度の契約は、場合によっては公正証書を必要としないことがある。

相続税- 1

4. 相続税は、必ずだれもが納付しなければならない税金である。

5. 相続税の課税財産には、本来の相続財産、みなし相続財産、生前贈与財産がある。

6. 生命保険金はみなし相続財産に該当するが、死亡退職金はみなし相続財産にはならない。

7. 死亡保険金の非課税限度額は、「600万円×法定相続人の数」で算定される。

8. 墓地・墓石の購入費用の未払金は、債務控除の対象となる。

9. 通夜や本葬の費用は債務控除の対象となるが、法事にかかる費用は債務控除の対象とはならない。

10. 相続時精算課税制度による贈与財産（基礎控除額を除く）は、相続財産に加算する必要がある。

難しいかニャ？

解答

1 ○ 遺言書が複数ある場合、日付の新しいものが有効とされる。

2 × 家庭裁判所が選任する。

3 × 必ず公正証書によらねばならない。

4 × 基礎控除額があるので、課税されないことも多い。

5 ○ 相続税の課税財産には、本来の相続財産、みなし相続財産、生前贈与財産がある。

6 × 死亡退職金も、みなし相続財産になる。

7 × 「500万円×法定相続人の数」となる。

8 × 墓地・墓石の購入費用の未払金は、債務控除の対象とはならない。

9 ○ 通夜や本葬の費用は債務控除の対象となるが、法事にかかる費用は債務控除の対象とはならない。

10 ○ 贈与時の価額で相続財産に加算される。

正解

10問

Chapter 6 相続・事業承継 | Section 4

相続税(2)、相続財産の評価(1)

今日は相続税の具体的な計算方法と、
相続税の申告と納付、
不動産以外の相続税の評価について
学んでいきましょう。

Chapter 6 Section 4

相続税（２）、相続財産の評価（１）

31日目 32

❶相続税‐２

◆ 相続税の計算
◆ 相続税の申告と納付

❷相続財産の評価‐１

◆ 不動産以外の相続財産の評価

❶相続税- 2

相続税の計算方法は、
計算工程が多く複雑
だよ。すべてを暗記
する必要はないけど、
流れについて理解
するニャ

◆ 相続税の計算

相続税の算出では、まず、すべての相続財産にかかる相続税の合計額を計算してから、各人の納付（のうふ）税額を算出します。

1. 相続税の計算の流れ

まずは、相続税の計算の流れを確認しておきましょう。

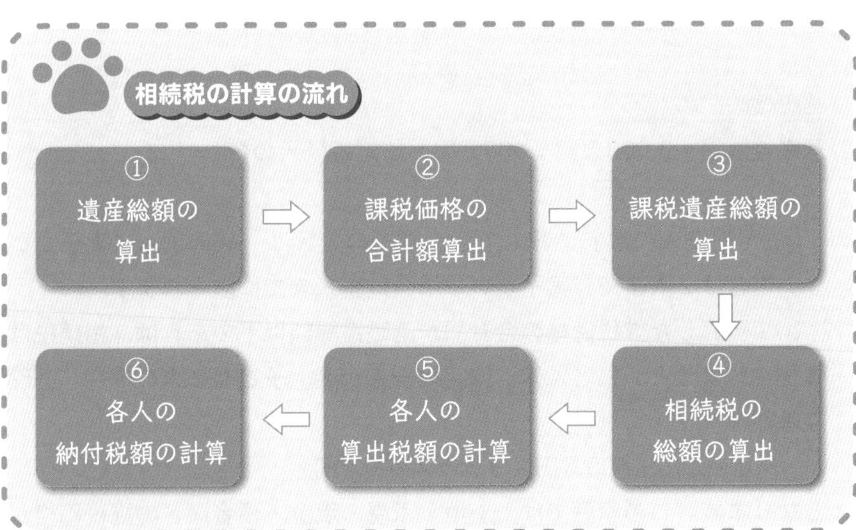
相続税の計算の流れ
① 遺産総額の算出
② 課税価格の合計額算出
③ 課税遺産総額の算出
④ 相続税の総額の算出
⑤ 各人の算出税額の計算
⑥ 各人の納付税額の計算

2. 課税遺産総額の計算

①課税価格の合計額を計算する

各相続人が相続や遺贈で取得した相続財産から、非課税財産や債務を差し引き、相続人ごとの課税価格を算出します。

それを合計して、**課税価格の合計額**を計算します。

例 被相続人Aさんの場合

相続人B（妻）１億800万円
＋
相続人C（長男） 6,000万円
＋
相続人D（長女） 4,000万円

合計２億800万円

②基礎控除額を計算する

次に、基礎控除額を計算します。

基礎控除額の計算式
基礎控除額＝3,000万円＋600万円×法定相続人の数

「法定相続人の数」に算入できる養子の人数は、被相続人に実子がいない場合は２人まで、実子がいる場合は１人までに限られます。

①で計算した課税価格の合計額が基礎控除額以下であれば、相続税は課税されません。たとえば、法定相続人が妻、子ども２人の場合、基礎控除額は

3,000万円＋600万円×３人＝4,800万円

となります。この家庭では、土地・家屋（かおく）・現金・預金などの課税価格が4,800万円以下であれば、相続税は課税されません。

③課税遺産総額の計算式

課税価格の合計額から基礎控除額を差し引いて、課税遺産総額を算出します。この課税遺産総額に対して、相続税が課税されます。

課税遺産総額の計算式
課税遺産総額＝課税価格の合計額－基礎控除額

被相続人Aさんの場合

課税価格合計額２億800万円－基礎控除額4,800万円

＝１億6,000万円←これが課税遺産総額になる

３．相続税の総額の計算

相続税の総額の計算は、次の手順で行います。

相続税の総額の計算手順

① 課税遺産総額を、法定相続人が法定相続分どおりに分割したと仮定して、各人ごとの取得額を計算する

② 下記の相続税の速算表を参考に、①の各人ごとの相続税額を算出する

③ ②で計算した額を合計する（＝相続税の総額）

相続税の速算表

法定相続分に応ずる取得金額	税率	控除額
1,000万円以下	10%	0万円
1,000万円超　3,000万円以下	15%	50万円
3,000万円超　5,000万円以下	20%	200万円
5,000万円超　１億円以下	30%	700万円
１億円超　２億円以下	40%	1,700万円
２億円超　３億円以下	45%	2,700万円
３億円超　６億円以下	50%	4,200万円
６億円超	55%	7,200万円

※実際の試験では、速算表が与えられます。

例 被相続人Aさんの場合

① 相続人ごとの法定相続分の額を計算する

妻・Bの法定相続分 ＝１億6,000万円×$\frac{1}{2}$＝8,000万円

長男・Cの法定相続分＝１億6,000万円×$\frac{1}{4}$＝4,000万円

長女・Dの法定相続分＝１億6,000万円×$\frac{1}{4}$＝4,000万円

② ①の計算結果をもとに、相続人ごとの税額を計算する

妻・B ＝8,000万円×30％－700万円＝1,700万円

長男・C ＝4,000万円×20％－200万円＝600万円

長女・D ＝4,000万円×20％－200万円＝600万円

③ ②で出した相続人ごとの税額を合計して相続税の総額を算出する

1,700万円(妻・B)＋600万円(長男・C)＋600万円(長女・D)

＝2,900万円←これが相続税の総額になる

４．各相続人の算出税額の計算

各相続人の算出税額は、3. で求めた「相続税の総額」を、実際に取得した財産の割合で按分して求めます。

例 相続人ごとの負担すべき税額の計算

実際の相続割合

妻・B………52％

長男・C……29％

長女・D……19％ とする（概算）

相続税全体の額（2,900万円）を、実際の相続割合で按分する

妻・Bの相続税額………2,900万円×52％＝1,508万円

長男・Cの相続税額……2,900万円×29％＝841万円

長女・Dの相続税額……2,900万円×19％＝551万円

5．相続税の2割加算

配偶者、1親等の相続人（子、父母）および代襲相続人である孫以外の人が取得した相続財産に対する相続税は、2割が加算されます。

孫は養子になっていたとしても、代襲相続人でなければ2割加算されるニャ

6．相続税の税額控除

相続税の税額控除には、次のものがあります。

相続税の税額控除

控除の種類	内容
贈与税額控除	〈暦年課税にかかる贈与税額控除〉 ・正味の遺産額に加算された「相続開始前3年（順次延長され2031年以降は7年）以内の贈与財産」の価額に対する贈与税が控除される 〈相続時精算課税にかかる贈与税額控除〉 ・遺産総額に加算された「相続時精算課税の適用を受ける贈与財産」の価額に対する贈与税額が控除される。控除しきれない金額がある場合には、申告すれば還付される
配偶者の税額軽減	・法律上の婚姻関係にある配偶者が対象 ・相続税の申告書を提出することが必要 ・相続税額のうち、配偶者が相続した部分については法定相続分まで、あるいはそれを超える場合は1億6,000万円までは控除される $\text{控除額＝相続税の総額×}\dfrac{\text{次の①②のうち、いずれか大きいほうの額}}{\text{各人の課税価格の合計額}}$ ①各人の課税価格の合計額×配偶者の法定相続分 ②1億6,000万円
未成年者控除	・18歳未満の法定相続人 ・控除税額＝（18歳－相続開始時の年齢）×10万円
障害者控除	・85歳未満の障害者である法定相続人 ・控除税額＝（85歳－相続開始時の年齢）×10万円（20万円）* ＊1級または2級の特別障害者に該当する場合
相次相続控除	・10年間に2回以上の相続があった場合 ・一定の税額を控除
外国税額控除	・外国財産を取得し、その国で相続税に相当する税金を納付した場合

◆ 相続税の申告と納付

1．相続税の申告

相続税の申告書は、相続の開始があったことを知った日の翌日から10ヵ月以内に提出します。期限に間に合わなかった場合は、**延滞税**や加算税が加算されます。

提出先は、被相続人の死亡時における住所地の税務署です。

納付すべき相続税額がなければ、申告書の提出は不要です。ただし、次の場合は、税額が**ゼロ**であっても、申告書の提出が必要になります。

> **申告書の提出が必要な場合**
> ・配偶者の税額軽減を利用するとき（→p.423）
> ・小規模宅地等の評価減の特例を利用するとき（→p.435）

2．相続税の納付

相続税は納付期限までに**金銭で一括納付**するのが原則です。

ただし、一定の要件を満たせば、**延納**や**物納**が認められます。

●延納

相続税の全部または一部を、元金均等払いの年払いで、**分割して納付**する方法です。

> **延納のおもな要件**
> ・相続税額が**10万円**を超えること
> ・納期限までに金銭一括納付が困難であること
> ・原則として担保を提供すること
> ・申告期限までに延納申請書を提出し、税務署長の許可を得ること

●物納

延納でも相続税を納付できないときに、相続財産そのもので相続税を納付する方法です。

物納のおもな要件

・延納によっても金銭納付が困難であること
・申告期限までに物納申請書を提出し、税務署長の許可を得ること
・相続財産が物納が認められている財産（**物納適格財産**）であること

物納できる財産・物納できない財産

○物納できる財産………第１順位……国債、地方債、不動産、船舶（せんぱく）、上場されている株式、社債、証券投資信託などの受益証券、投資証券など
第２順位……上場されていない社債、株式など
第３順位……動産

×物納できない財産……質権（しちけん）や抵当権（ていとうけん）などの目的となっている財産
所有権の帰属（きぞく）等について係争（けいそう）中の財産
共有となっている財産

②相続財産の評価- 1

不動産以外の相続
財産の評価方法に
ついて見ていくニャ

不動産以外の相続財産の評価

財産評価は、原則として財産評価基本通達(つうたつ)に従って評価されます。

財産評価基本通達という
のは、国税庁による相続
税対象財産の評価方法に
関する指針だニャ

ただし、私たちの身の回りの家庭用家具や什器(じゅうき)備品、衣類などの一般動産については、新たに同程度のものを買った場合の価額＝**再調達価額**(さいちょうたつかがく)によって評価されます。

1．ゴルフ会員権

取引相場がある場合は、「取引価格×70%」で計算します。

2．金融資産

金融資産は次のように財産の種類ごとに評価が異なります。

金融資産の評価

種類	評価の仕方
預貯金	普通預金……課税時期の**預入残高**(あずけいれざんだか)（預金通帳の残高） 定期預金……預入残高＋（解約時の既(き)経過利子－源泉徴収税額）
利付(りつき)公社債	課税時期の最終価格＋（既経過利息－源泉徴収税額）
生命保険契約（権利の評価）	相続開始の日の**解約返戻金**(かいやくへんれいきん)の額

3．株式の評価

上場株式と、未上場の株式（自社株）では、評価方法が異なります。

●上場株式の評価

上場株式は、金融商品取引所で取引されている価格をもとに、次の4つの価額のうち、**最も低い価額**で評価します。

・課税時期（被相続人の死亡した日）の終値
・課税時期の属する月の毎日の終値の月平均額
・課税時期の属する月の前月の毎日の終値の月平均額
・課税時期の属する月の前々月の毎日の終値の月平均額

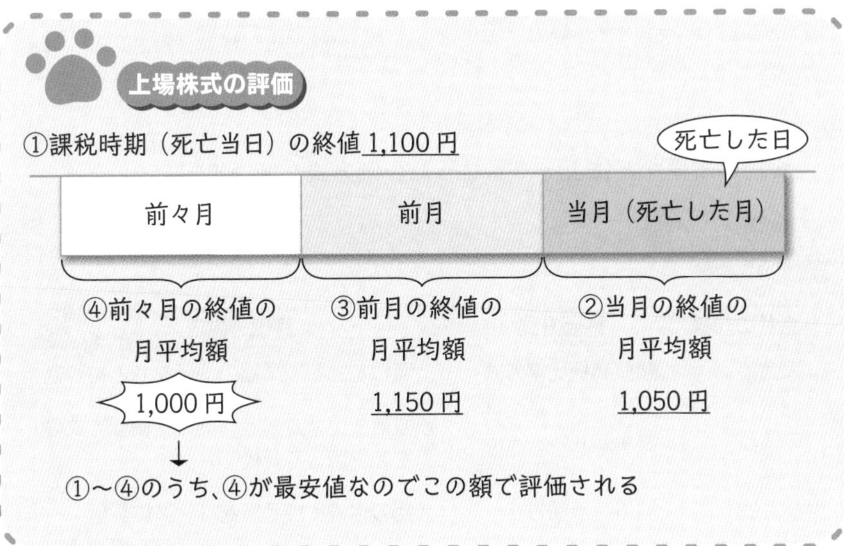

●未上場の株式（自社株）の評価

未上場の株式は、実際には売買されないことが多いため、株式の時価の評価が困難です。

そこで、株主を同族株主等と同族株主等以外に区分し、同族株主等の取得する株式は、**原則的評価方式**、同族株主等以外の取得する株式は**特例的評価方式**を使って評価します。

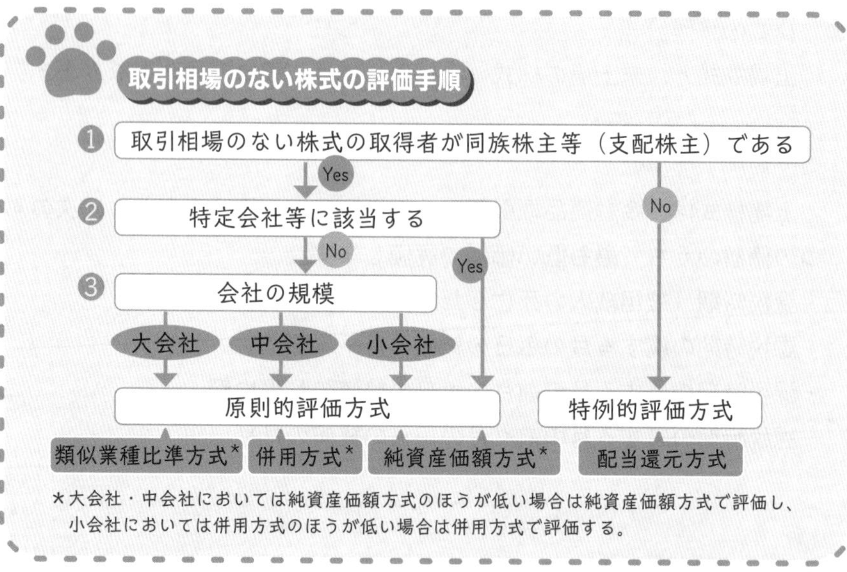

●原則的評価方式

会社の規模などによって異なった評価方式を使います。

原則的評価方式

会社の規模	評価方式	評価の内容
大会社	類似業種比準（るいじぎょうしゅひじゅん）方式	上場している同業種の株価をもとに評価
中会社	併用（へいよう）方式	類似業種比準方式と、純資産価額方式の両方を併用して評価
小会社	純資産価額方式	会社の相続税評価額をベースに評価

●特例的評価方式（配当還元（かんげん）方式）

過去の配当実績を基準として評価する方式です。その会社の直前２年間の配当金額をもとに評価します。配当が無配当であったり、２円50銭未満の配当であったりした場合は２円50銭の配当があったものとして計算します。

Chapter 6 Section 4

相続税(2)、相続財産の評価(1)

練習問題

次の各記述のうち、正しいものに○、誤っているものに×をつけなさい。

相続税- 2

1．相続税の基礎控除額は「3,000万円＋800万円×法定相続人の数」で算出される。

2．配偶者、1親等の相続人（子、父母）および代襲相続人である孫以外の人が取得した相続財産に対する相続税は、2割が加算される。

3．配偶者の税額軽減では、内縁(ないえん)関係でも事実上の婚姻関係があれば適用される。

4．相続税の申告書は、相続があった日の翌日から10ヵ月以内に提出する。

5．相続税の納付は、金銭一括納付が原則である。

6．相続税の延納は、元利均等年払いで分割納付する方法である。

相続財産の評価- 1

7．生命保険契約に関する権利の評価額は、原則として相続開始の日の解約返戻金の額となる。

8．同族株主等以外の株主が取得した未上場の株式の評価は原則的評価方式が用(もち)いられる。

最終日も
がんばる
ニャ

解答

1　×　「3,000万円＋600万円×法定相続人の数」で算出される。

2　○　配偶者、1親等の相続人（子、父母）および代襲相続人である孫以外の人が取得した相続財産に対する相続税は、2割が加算される。

3　×　正式な婚姻関係でないと適用されない。

4　×　「相続があった日」ではなく「相続があったことを知った日」が正しい。

5　○　相続税の納付は、原則として金銭一括納付である。

6　×　元利均等払いではなく、元金均等払い。

7　○　生命保険契約に関する権利の評価額は、原則として相続開始の日の解約返戻金の額となる。

8　×　特例的評価方式である配当還元方式が用いられる。

正解
8 問

32日目

32

Chapter 6 相続・事業承継 | Section 5

相続財産の評価（２）、相続対策

この学習も最終日となりました。
相続財産（不動産）の評価、
相続対策、保険の活用について
学んでいきましょう。

Chapter 6 Section 5

相続財産の評価(2)、相続対策

32日目 32

ここをまなぶよ

❶相続財産の評価‐2

- 宅地の評価

❷相続対策

- 相続対策
- 相続と保険の活用

❶相続財産の評価- 2

宅地の評価方式と、小規模宅地の評価減について、しっかり理解しておくニャ

◆ 宅地の評価

不動産の評価単位と評価方式は、次のとおりです。

1．評価の単位

土地は、宅地・田・畑・山林など**地目**別に、相続開始日の**土地の現況**によって、**一画地**ごと（利用単位ごと）に評価されます。

2．評価の方式

宅地の評価方式には、路線価方式と倍率方式があり、地域ごとに定められています。

> **宅地の評価方式**
>
> **路線価方式**……**市街地の宅地の評価**に使用
> 国税庁が発表する路線価（1㎡当たりの価額。千円単位で表示される）をもとにし、その宅地の状況、形状などを考慮して計算
>
> **倍率方式**………**路線価が定められていない**市街地外の評価に使用
> その宅地の固定資産税評価額に国税局長が定めた倍率を乗じて計算

3．宅地の評価

宅地は建物との関係で、自用地、借地権、貸宅地、貸家建付地の4つに分類して評価します。

①自用地

自用地＝土地所有者が自由に利用できる土地
（自宅が建っている、空き地になっているなど）

②借地権

借地権＝建物の所有を目的として他人の土地を借りる権利

③貸宅地（底地）

貸宅地＝借地権つきの宅地
（他人に貸し付けている宅地）

④貸家建付地

住んでいるのは貸している相手C

貸家建付地＝土地所有者が建物を建築し、その建物を貸し付けている場合の宅地

宅地の相続税評価の計算式

自用地

路線価方式または倍率方式により評価した価格

借地権

自用地評価額×借地権割合

貸宅地

自用地評価額×（1－借地権割合）

貸家建付地

自用地評価額×（1－借地権割合×借家権割合×賃貸割合）

4．建物の評価

建物は、一棟ごとの固定資産税評価額に基づいて評価します。ただし、宅地と同じく、利用状況によって評価方法が異なります。

建物の評価

自用建物（自分で使う建物）
固定資産税評価額×1.0

貸家（貸付用建物）
固定資産税評価額×（1－借家権割合×賃貸割合）

5．小規模宅地等の評価減の特例

小規模宅地等の評価減の特例は、相続によって、被相続人等の居住用や事業用に使っていた土地の一定の面積について、**評価額が減額される制度**です。

●特定居住用宅地等

一定の要件を満たした居住用の宅地については、330㎡までの土地について、評価を80%減額することができます。

特定居住用宅地等の要件

・**配偶者**が取得した場合
・同居していた**親族**が取得し、申告期限までに**所有**し、かつ、**居住**し続けていた場合　など

配偶者が取得すれば、無条件で減額されるけれども、その他の親族の場合は、条件つきで減額されるということだニャ

１㎡当たり路線価20万円の特定居住用宅地を配偶者が500㎡相続した場合

500㎡×20万円＝１億円 …………………①……本来の価額

330㎡×20万円×0.8＝5,280万円 ………②……軽減される額

①１億円－②5,280万円＝4,720万円…③……本来の価額から軽減される金額を引く

この価額が相続税の評価額となる

●特定事業用宅地等

一定の要件を満たした事業用の宅地については次のような特例があります。

特定事業用宅地等の特例

区分	限度面積	減額割合
特定事業用宅地等（取得した人が申告期限まで事業を引き継いだ場合など）	400㎡*	80%
貸付事業用宅地等	200㎡	50%

＊特定居住用宅地等と特定事業用宅地等は別枠（べつわく）で計算することができるため、最大730㎡までが80%減額の対象となる。

●申告要件等

これらの特例を受けるためには、以下の要件を満たしていなければなりません。

申告の要件

・申告期限までに**遺産分割が終了**していること（ただし、申告期限後３年以内に遺産分割が成立した場合は適用される）

・この特例を適用することで税額がゼロになっても、**申告書を提出すること**

❷相続対策

贈与や不動産、保険
を活用して、
相続税額を軽減する
方法を学ぶニャ

◆ 相続対策

相続対策とは、相続人同士の争い（あらそ）を防止し、将来、相続が起こったときの相続税額を軽減させるための準備のことをいいます。

1．贈与を使った財産移転による相続対策

生前贈与の活用によって、相続の際の相続税を軽減するために、財産移転を行う方法です。

●贈与（暦年贈与（れきねん））の活用

生前に財産を贈与します。本人の意思で贈与する相手を決めることができるので、孫や相続人の配偶者など相続人以外に相続財産権を移転することも可能です。贈与財産は相続税評価額が上昇しても、相続財産に影響しないので、評価上昇が予想される財産については早いうちに贈与しておくほうが有利となります。

贈与には年間**110万円**の**基礎控除**があるので、これを利用するといいでしょう。ただし、定期贈与（→p.380）とならないよう注意が必要です。また、一定期間の生前贈与財産は、相続税の課税財産となるので、早めに検討しましょう。

●贈与税の配偶者控除の活用

一定条件を満たす配偶者から居住用不動産等を取得した場合、110万円の基礎控除額とは別に、**2,000万円**まで非課税で贈与を受けることができます（→p.384）。

注意点
- 婚姻（こんいん）期間が**20年以上**なければならない
- 同一の配偶者については、一生に**一度**しか利用できない

●相続時精算課税制度の活用

相続時精算課税制度を活用して、生前に子どもや孫に2,500万円まで非課税で贈与できます。また１年ごとに基礎控除額110万円があり、その分については、贈与税・相続税の対象となりません。

注意点

・基礎控除額110万円があるが、贈与できる人の年齢や関係が限定されている（p.385）ので早めに贈与していかないと、あまり節税にならない

値上がりが期待できる不動産を贈与する場合に、この制度を使うと相続対策になるニャ

例

贈与時に2,500万円の不動産が３年後、相続が発生したとき3,000万円になっていたなどの場合、結果として、値上がり分に対する相続税を圧縮（あっしゅく）できることになる。

2．課税価格対策

不動産は通常の取引価格（時価）と、国の財産評価基本通達（つうたつ）による相続税評価額との間に、差が生じる場合があります。

そのため、不動産を利用して、財産評価を引き下げ、**相続財産の課税価格を減少させる**ことができます。

不動産を利用した課税価格対策はいろいろあるよ。
次のページで確認するニャ

課税価格対策の方法

宅地の購入

メリット……相続税評価額が時価の80％程度になる
ただし、財産の換金(かんきん)性が低下するデメリットあり

賃貸建物（アパート・マンション等）の活用

メリット……貸家建付地の評価減を利用することで、土地の相続税評価額を引き下げる（家賃収入を納税資金に充(あ)てることもできる）
ただし、建築資金が必要。また空家になるリスクもある

相続と保険の活用

生命保険は、保険料負担者と保険金受取人が同一人物であるかそうでないかによって、課税関係が変わってきます。

そのため、生命保険を活用することで、死亡保険金の非課税枠（相続税）、一時所得の特別控除（所得税）を利用し、税負担を軽くすることができます。

また、生命保険金で**納税資金を確保**し、**代償(だいしょう)分割**（→p.399）**のため**の資金も準備することができます。

このように、被相続人の生命保険金を、後継者(こうけいしゃ)など特定の相続人が受け取れるようにしておけば、遺産分割対策としても活用することができます。

保険活用の例

保険料負担者と保険料受取人が異なる場合

保険料負担者	被保険者	死亡保険金受取人

被相続人 （A さん）	被相続人 （A さん）	相続人 （B さん）

課税関係……相続税

相続税の生命保険金等の非課税枠の適用が受けられる

保険料負担者と保険金受取人が同じ場合

保険料負担者	被保険者	死亡保険金受取人

相続人 （B さん）	被相続人 （A さん）	相続人 （B さん）

課税関係……所得税

一時所得として所得税・住民税の課税対象となる

Chapter 6 Section 5

相続財産の評価（2）、相続対策

練習問題

次の各記述のうち、正しいものに○、誤っているものに×をつけなさい。

相続財産の評価- 2

1．路線価は都道府県が公表する。

2．借地権が設定されている土地を、貸家建付地という。

3．特定居住用宅地等については、配偶者が相続した場合、330㎡までの面積について70％が評価減となる。

4．貸付事業用宅地等については、貸店舗等の場合、200㎡までの面積について50％が評価減となる。

相続対策

5．贈与税の配偶者控除を活用するには、婚姻期間が20年以上なければならない。

6．相続時精算課税制度を利用すれば、贈与額累計で2,000万円までが非課税になる。

7．死亡保険金の非課税枠（相続税）を利用すると、税負担を軽くする効果がある。

8．保険料負担者と死亡保険金受取人が同じ生命保険契約による生命保険金は、被保険者の死亡により相続税の対象となる。

「きほん問題集」
を解いて
もっと合格に近づくニャ！
→問題集p.102-119,
p.214-238

解答

1 ×　路線価は国税庁が公表する。

2 ×　貸宅地という。

3 ×　70％ではなく80％。

4 ○　貸付事業用宅地等については、貸店舗等の場合、200㎡までの面積について50％が評価減となる。

5 ○　贈与税の配偶者控除を活用するには、婚姻期間が20年以上なければならない。

6 ×　受贈者１人当たり、毎年、110万円の基礎控除があり、さらに累計2,500万円までが非課税になる。

7 ○　死亡保険金の非課税枠（相続税）を利用し、相続税負担を軽くすることができる。

8 ×　一時所得として所得税、住民税の対象となる。

正解

8 問

· MEMO ·

さくいん

た

な

は

ま

や

ら

わ

· MEMO ·

• MEMO •

●法改正・正誤等の情報につきましては、下記「ユーキャンの本」ウェブサイト内「追補（法改正・正誤）」をご覧ください。
https://www.u-can.co.jp/book/information

●本書の内容についてお気づきの点は
・「ユーキャンの本」ウェブサイト内「よくあるご質問」をご参照ください。
https://www.u-can.co.jp/book/faq
・郵送・FAXでのお問い合わせをご希望の方は、書名・発行年月日・お客様のお名前・ご住所・FAX番号をお書き添えの上、下記までご連絡ください。
【郵送】〒169-8682 東京都新宿北郵便局 郵便私書箱第2005号
ユーキャン学び出版 FP技能士3級資格書籍編集部
【FAX】03-3378-2232
◎より詳しい解説や解答方法についてのお問い合わせ、他社の書籍の記載内容等に関しては回答いたしかねます。

●お電話でのお問い合わせ・質問指導は行っておりません。

'24～'25年版　ユーキャンのFP3級　きほんテキスト

2016年５月31日　初　版　第１刷発行
2017年５月26日　第２版　第１刷発行
2018年５月24日　第３版　第１刷発行
2019年５月25日　第４版　第１刷発行
2020年５月22日　第５版　第１刷発行
2021年５月21日　第６版　第１刷発行
2022年５月20日　第７版　第１刷発行
2023年５月24日　第８版　第１刷発行
2024年５月24日　第９版　第１刷発行

編　者　ユーキャンFP技能士試験研究会
発行者　品川泰一
発行所　株式会社　ユーキャン　学び出版
〒151-0053
東京渋谷区代々木1-11-1
Tel 03-3378-2226
ＤＴＰ　有限会社　中央制作社
発売元　株式会社　自由国民社
〒171-0033
東京都豊島区高田3-10-11
Tel 03-6233-0781（営業部）

印刷・製本　シナノ書籍印刷株式会社

※落丁・乱丁その他不良の品がありましたらお取り替えいたします。お買い求めの書店か自由国民社営業部（Tel 03-6233-0781）へお申し出ください。

　ISBN 978-4-426-61575-8